イノベーションの歴史

橘川武郎
Kikkawa Takeo

日本の革新的
企業家群像

有斐閣

はしがき

　「失われた10年」と呼ばれた1990年代に始まった日本企業と日本経済の低迷は長期化し，今日もなお継続している。本書を執筆したのは，一経営史家として，このような閉塞状況を打破することに多少なりとも貢献したいと考えたからである。

　ここで「一経営史家」という点を強調したのには，二つの意味がある。一つは，筆者が応用経営史の手法をとっていることである。

　応用経営史とは，経営史研究を通じて産業発展や企業発展のダイナミズムを析出し，それをふまえて，当該産業や当該企業が直面する今日的問題の解決策を展望する方法である。一般的に言って，特定の産業や企業が直面する深刻な問題を根底的に解決しようとするときには，どんなに「立派な理念」や「正しい理論」を掲げても，それを，その産業や企業がおかれた歴史的文脈（コンテクスト）のなかにあてはめて適用しなければ，効果をあげることができない。また，問題解決のためには多大なエネルギーを必要とするが，それが生み出される根拠となるのは，当該産業や当該企業が内包している発展のダイナミズムである。ただし，このダイナミズムは，多くの場合，潜在化しており，それを析出するためには，その産業や企業の長期間にわたる変遷を濃密に観察することから出発しなければならない。観察から出発して発展のダイナミズムを把握することができれば，それに準拠して問題解決に必要なエネルギーを獲得する道筋がみえてくる。そしてさらには，そのエネルギーをコンテクストにあてはめ，適切な理念や理論と結びつけ，問題解決を現実化する道筋も展望しうる。これが，応用経営史の考え方である。

　筆者は，この応用経営史の考え方に立つからこそ，本書を執筆した。現在の日本企業と日本経済は，難局に直面している。だからこそ，この時点で，経営史家として発言する必要があると判断したのである。

　とはいえ，もしそうであるとしたら，もっと早く執筆すべきだったのではないかという疑問が生じよう。もっともな問いかけであるが，実は筆者にとって，本書を執筆することは容易ではなく，長い時間がかかってしまった。

　本書の出版について，当時，有斐閣に役員としておられた伊東晋さん，同編

集部の柴田守さんからご提案があったのは，実に 14 年も前の 2005 年のこと
である。当初のタイトル案は『戦後日本経営史』であったが，その後，問題解
決への指針を導くためにはより長期的な視点が必要であり，戦後期だけを対象
としていては不十分だと考えるにいたった。リーマン・ショックや東日本大震
災が起き，日本企業と日本経済をめぐる状況がさらに悪化していたからである。

やがて，江戸時代から今日までを視野に入れ，イノベーションの担い手とな
った革新的企業家の動向に即して日本の経済発展の流れを描くという基本方針
は固まったが，そこからがまた難産であった。取り上げるべき革新的企業家の
リストはすぐに作成できたが，そのうち筆者自身が深く研究したことがある企
業家は，渋沢栄一，小林一三，松永安左エ門，二代鈴木三郎助，出光佐三，井
深大・盛田昭夫，本田宗一郎・藤沢武夫，土光敏夫にとどまり，全体の 3 分の
1 程度にすぎなかったからである。残りの企業家に関しては，経営史学の発展
を支えてきたユニークな「作法」に依拠すること，つまり，各企業家に関する
先達たちのケーススタディの成果を紹介したうえで，可能な限りそれに筆者独
自の解釈を加味し，最終的には大局的な歴史観を示すという叙述方法をとるこ
とを決断するまで，時間がかかった。先に一経営史家であることを強調したも
う一つの意味は，この点に求めることができる。

それにしても 14 年ものあいだ，迷走する筆者を忍耐強く見守ってくださっ
た有斐閣の編集部の方々には，ひたすら頭を下げるしかない。伊東さん，柴田
さんをはじめ関係者の皆様，本当にありがとうございました。

2019 年 8 月 28 日
欧州経営史学会 2019 年大会が開催されるロッテルダムに向かう機中にて

橘川　武郎

■目　次

はじめに：イノベーションとは何か／
　　　　シュンペーターとカーズナーとクリステンセン────1
　　　本書のねらい：三つの問い（1）　イノベーションとは何
　　　か：三つのとらえ方（2）　本書の構成：三つの時期（3）

第**1**部
ブレークスルー・イノベーションの時代

概　観**1**：江戸時代 ──────────────── 6

ケース**1**：鴻池善右衛門／
　　　　全国市場を舞台にした革新の連鎖 ················· 9
　　　鴻池家の系図（9）　清酒の開発と江戸への搬送（10）
　　　廻漕業の開始（11）　金融業への進出と大名貸（11）　算
　　　用帳と複式簿記（13）　明治維新後の鴻池（14）

ケース**2**：三井高利／
　　　　新たなビジネス・チャンスと小売革新 ·········15
　　　三井高利の略歴（15）　革新的な「店前売」（17）　高利
　　　の小売革新の画期性（18）　総有制の導入（20）

ケース**3**：中井源左衛門／
　　　　地方商人の全国市場での活躍 ················21
　　　近江商人の活躍（21）　中井家の系図（23）　中井家の経
　　　営の革新性（25）　発展の限界とその理由（26）

論　点**1**：アーリーモダンかプリモダンか ─────── 28
　　　江戸時代の「新しさ」（28）　宮本又郎の「江戸時代＝ア
　　　ーリーモダン」説（28）　早期離陸の前提条件（29）

概 観2：幕末開港から日露戦後まで ――――――――30

世界資本主義との遭遇（30） 資金と賃金労働者の蓄積（31） 日本の産業革命（32） 三つのタイプの実業家（33）

ケース4：中上川彦次郎／
専門経営者による財閥の改革 ……………………34

日本の財閥の特徴（34） 中上川彦次郎の略歴（37） 不良債権の回収（38） 専門経営者の登用（39） 工業化路線の推進とその挫折（41）

ケース5：岩崎弥太郎・岩崎弥之助／
資本家経営者による財閥の形成 ………………… 42

岩崎弥太郎の略歴（42） 岩崎弥之助の略歴（44） 政商からの脱却（47） 専門経営者の登用（48） 工業化路線の推進（48）

ケース6：安田善次郎・浅野総一郎／
二人の資本家経営者の連携による財閥の形成 ……… 50

総合財閥と金融財閥・産業財閥（50） 由井常彦著『安田善次郎』（51） 安田善次郎の略歴（54） 浅野総一郎の略歴（56） 資本家経営者間の連携（58）

ケース7：渋沢栄一／
出資者経営者による経営資源の動員 ……………… 59

波乱万丈の生涯（59） 出資者経営者として（60） 3タイプの実業家の相互補完作用（62） 社会企業家として（63） 財界リーダーとして（64） 民間外交家として（65） 「合本主義」とその今日的意義（66）

論 点2：なぜ早期に離陸できたか／
「最初の後発国工業化」の要件 ――――――――69

後発国工業化の一般的な要件（69） 「最初の後発国工業化」の固有な要件（70） 3タイプの経営者の関係（71） ブレークスルー・イノベーションの帰結としての早期離陸（72）

目　次　v

第2部
インクリメンタル・イノベーションの時代

概　観3：第一次世界大戦から1980年代まで ───── 76
第一次世界大戦と景気変動（76）　長期の成長軌道に乗
った日本経済（77）　第二次世界大戦へ（77）　高度成長
から安定成長へ（78）　インクリメンタルな技術革新と
「日本的経営」（80）

ケース8：小林一三／
**　　　都市化の旗手による新産業創出 ……………………… 81**
大衆消費社会への扉を開けた都市化と電化（81）　大阪
の住宅難（81）　箕面有馬電軌の不動産業経営（84）　小
林一三の企業家的革新（87）　電化にも貢献（88）

ケース9：松永安左エ門／
**　　　電化の旗手による「民営公益事業」方式の定着 ………… 91**
電力業との遭遇（91）　「科学的経営」を実践（92）　『電
力統制私見』の先見性（94）　電力国家管理の強行（95）
電気事業再編成を主導（97）　活躍の二つの要因（98）
「民営公益事業」方式の定着（99）

ケース10：二代鈴木三郎助／
**　　　例外的なブレークスルー・イノベーションの事業化 …101**
「三大発明」の一つ（101）　池田菊苗による「味の素」
の発明（101）　二代鈴木三郎助らによる事業化（103）
「味の素」と出会う以前の二代鈴木三郎助（103）　「味の
素」を事業化しえた要件（105）　「味の素」事業化をめ
ざす苦闘（107）　なぜ「味の素」を事業化しえたのか
（109）

ケース11：豊田喜一郎／
**　　　ブレークスルーからインクリメンタルへ ………………110**
山崎広明著『豊田家紡織事業の経営史』（110）　豊田佐
吉と利三郎，喜一郎（111）　G型自動織機の開発（113）
自動車製造事業への参入（114）　豊田争議と喜一郎の引
退（115）　トヨタ生産方式（118）

ケース 12：野口遵・鮎川義介／
新興コンツェルンの形成と大陸進出 ·····················120
新興コンツェルン（120）　野口遵の略歴（121）　鮎川義
介の略歴（125）　宇田川勝著『日産の創業者　鮎川義
介』（129）　アジア大陸への展開（131）

ケース 13：出光佐三／
「大陸の石油商」から「民族系石油会社の雄」へ ·······132
日章丸の奇跡（132）　出光商会の海外展開（133）　満州
進出と南満州鉄道への車軸油納入（134）　「外地重点主
義」の推進（137）　南方派遣と敗戦（140）　「民族系石
油会社の雄」への変身（142）

ケース 14：西山弥太郎／
設備投資の先導役による高度成長の牽引 ·····················143
「再生の 10 年」（143）　「もう一つの奇跡」（144）　革新性
のポイント（145）　鉄鋼業の歴史を変えた男（146）　根
拠ある決断（149）　高度経済成長へ（149）

ケース 15：松下幸之助／
「消費革命」の仕掛け人による高度成長の牽引 ···········151
「消費革命」の進行（151）　家電メーカーによる流通系
列化（154）　「経営の神様」による「松下商法」（155）
戦前の松下幸之助（156）　戦後の松下幸之助（158）

ケース 16：井深大・盛田昭夫・本田宗一郎・藤沢武夫／
「世界のソニー」「世界のホンダ」の革新性 ··················162
世界のソニー，世界のホンダ（162）　4 人のプロフィー
ル（163）　1946 年の創立と初期の製品・販売戦略の共
通性（164）　1952 年の海外出張と差別化投資（167）
1957〜58 年からの海外市場への本格的進出（171）
1963〜64 年の既成大市場への参入（174）　革新的企業
者活動の客観的条件（176）　革新的企業者活動の主体的
条件（178）

ケース 17：土光敏夫／
「財界名医」「ミスター行革」が抱いた危機感 ··············182
「タービンの土光」の基礎づくり（182）　国産 1 号ター
ビンの納入（183）　石川島東芝タービンの立て直し
（184）　石川島重工業の経営再建（185）　東芝の経営再
建（189）　経団連会長から「ミスター行革」へ（190）

目　次　vii

土光が抱いた危機感（192）

論　点3：なぜ長期にわたり成長できたか／
　　　　キャッチアップと内需主導 ——————————— 194
　　末廣昭『キャッチアップ型工業化論』の検討（194）　世
　　界銀行『東アジアの奇跡』の検討（196）　インクリメン
　　タル・イノベーションの帰結としての長期成長（197）

第3部
二つのイノベーションに挟撃された時代

概　観4：1990 年代以降 ——————————— 202
　　日本経済の暗転（202）　日本的経営の機能不全（203）
　　「投資抑制メカニズム」（204）

ケース18：稲盛和夫／
　　　　ベンチャー経営者によるマネジメント革新 ……… 206
　　ベンチャー経営者として京セラを創業（206）　将来志向
　　の市場開拓・技術開発（208）　時間当たり採算と「アメ
　　ーバ経営」（210）　経営理念提示型企業家（211）　第二
　　電電の創業（212）　日本航空の再建（216）

ケース19：鈴木敏文／
　　　　日本発世界へのコンビニエンス・ストア革新 ……… 217
　　日本小売業発展のダイナミズム（217）　鈴木敏文の略歴
　　（220）　コンビニエンス・ストアの店舗展開戦略（221）
　　フランチャイズ制の導入（222）　単品管理と「仮説検証
　　型発注」（223）

ケース20：柳井正・孫正義／
　　　　二人のリスク・テーカーの例外的な挑戦 ……………… 226
　　2003 年以前の柳井正（226）　メイド・イン・チャイナ
　　の時代を開く（227）　2004 年以降の柳井正（230）
　　2006 年以前の孫正義（232）　2007 年以降の孫正義
　　（236）

論　点4：なぜ失速したか／
　　　　ICT 革命と「破壊的イノベーション」 ——————— 238
　　ICT 革命による「先発優位」の確立（238）　クリステン

セン『イノベーションのジレンマ』の「破壊的イノベーション」(239)　『イノベーションの解』と残る疑問への答え（240）

おわりに：イノベーションの再生／「2正面作戦」のための条件 ——————243

本書のまとめ（243）　イノベーションを再生させる道（244）

引用・参照文献一覧　247
索引（事項，人名，企業名・組織名等）　257

本書のコピー，スキャン，デジタル化等の無断複製は著作権法上での例外を除き禁じられています。本書を代行業者等の第三者に依頼してスキャンやデジタル化することは，たとえ個人や家庭内での利用でも著作権法違反です。

はじめに：イノベーションとは何か／シュンペーターとカーズナーとクリステンセン

❖ 本書のねらい：三つの問い

本書のねらいは，イノベーションのあり方の変化に注目して，日本の経済発展の流れを明らかにすることにある。その際，光を当てるのは，イノベーションの担い手となった革新的企業家の動向である。

企業家の活動に即して経済発展の大きな流れを明示することは，経営史家の仕事である。筆者も，経営史学にかかわる学徒の一員として，先達たちの研究成果にも依拠しつつ，この魅力的な課題にチャレンジしてみたい。

日本の経営史を振り返るとき，解くべき問いが三つある。

一つ目は，日本経済はなぜ早期に離陸し成長軌道に乗ったのか，という問いである。日本経済の離陸は，もちろん欧米先進国と比べれば遅れて生じたが，それ以外の後発国・地域のなかでは最も早いものとなった。なぜ，それは可能だったのだろうか。この問いの答えを導くためには，時計の針を，早期離陸の前提条件が形成された江戸時代にまで戻す必要がある。

二つ目は，成長軌道に乗った日本経済は，どうして長期にわたり世界史上でもまれな高成長をとげることができたのか，という問いである。20世紀初頭に産業革命を完了した日本は，1910年代から1980年代にかけて，主要諸国のなかで最も高い経済成長率を維持した。この加速された成長は，1945年の第二次世界大戦における敗北によって，一時的には後退したものの，結果的にはそれをも乗り越えて，約80年間も継続した。それを可能にした要因を解明することも，重要な意味をもつ。

三つ目は，その長期的にわたる相対的高成長が，1990年代初頭のバブル景気の崩壊によって一挙に終息し，その後の日本経済の失速状態が今日まで続いているのはなぜか，という問いである。日本経済にとって1990年代は「失われた10年」だと言われたが，それが，いつの間にか「失われた20年」「失われた30年」になって，現在にいたっている。日本経済失速の真因を解明することは，日本経済再生の道を探るうえでも必要不可欠な作業だと言える。

2

❖ イノベーションとは何か：三つのとらえ方

本書では，これらの問いに対する答えを得るために，イノベーションのあり方の変化という視角を導入する。そのためには，そもそもイノベーションとは何かを明らかにしなければならない。

大きく言って，イノベーションについては，二つのとらえ方がある。シュンペーター（Joseph A. Schumpeter）のとらえ方とカーズナー（Israel M. Kirzner）のとらえ方が，それである[1]。

シュンペーターは，『経済発展の理論』[2]，『景気循環論』[3]，『資本主義・社会主義・民主主義』[4]などの一連の著作において，「創造的破壊」を核とするダイナミックなイノベーション観を打ち出した。それは，①新製品の開発，②新製法の開発，③新市場の開拓，④新原料市場の開拓，⑤組織の革新，からなる新結合を重視する考え方であり，均衡を破壊する「ブレークスルー・イノベーション」ないし「ラディカル・イノベーション」と概括しうるイノベーションのとらえ方である。

一方，カーズナーは，『競争と企業家精神』[5]において，不均衡の存在を前提として，そこから最適の均衡へ向かう競争プロセスを重視するイノベーション観を提示した。この考え方によれば，均衡の破壊ではなく，均衡を創造する累積的で漸進的なイノベーション，つまり「インクリメンタル・イノベーション」こそが重要な意味をもつ，ということになる。

もちろん，現実の歴史過程では，ブレークスルー・イノベーションとインクリメンタル・イノベーションが，同時に発生しうる。しかし，このような二分法の視角を導入することは，イノベーションの本質を理解するうえで有効だと考える。

これまでイノベーションについては，シュンペーター流のブレークスルー・イノベーションとカーズナー流のインクリメンタル・イノベーションという二

---

1 以下のシュンペーターとカーズナーのイノベーション観に関する記述は，主として，安部悦生「革新の概念と経営史」明治大学『経営論集』42巻1号，1995年，による。ただし，同論文では，「イノベーション」という言葉は用いず，「革新」という言葉を使っている。

2 J. A. シュンペーター，塩野谷祐一・中山伊知郎・東畑精一訳『経済発展の理論（上）』岩波書店，1977年。

3 J. A. シュンペーター，金融経済研究所訳『景気循環論（Ⅰ）』有斐閣，1958年。

4 J. A. シュンペーター，中山伊知郎・東畑精一訳『資本主義・社会主義・民主主義』東洋経済新報社，1995年。

5 I. M. カーズナー，田島義博監訳・江田三喜男ほか訳『競争と企業家精神』千倉書房，1985年。

つのとらえ方が併存してきたが，最近になって，それらとはまったく異なる新しいイノベーション観が登場した。ハーバード大学のクリステンセン（Clayton M. Christensen）が 1997 年に刊行した *The Innovator's Dilemma*（Harvard Business School Press, 邦題『イノベーションのジレンマ』[6]）のなかで提唱した「破壊的イノベーション」(disruptive innovation) が，それである。

「破壊的イノベーション」とは，既存製品の持続的改善に努めるインクリメンタル・イノベーションに対して，既存製品の価値を破壊してまったく新しい価値を生み出すイノベーションのことである。インクリメンタル・イノベーションによって持続的な品質改善が進む既存製品の市場において，低価格な新商品が登場することが間々ある。それらの新製品は低価格ではあるが，あまりにも低品質であるため，当初は当該市場で見向きもされない。しかし，まれにそのような新商品の品質改善が進み，市場のボリューム・ゾーンが求める最低限のニーズに合致するレベルに到達することがある。その場合でも，既存製品の方が品質は高いが，価格も高い。それでも，新製品がボリューム・ゾーンの最低限のニーズにまで合致するようになると，価格競争力が威力を発揮して，新製品が急速に大きな市場シェアを獲得する。一方，既存製品は，逆に壊滅的な打撃を受ける。これが，クリステンセンの言う「破壊的イノベーション」のメカニズムである。

破壊的イノベーションは，ブレークスルー・イノベーションとインクリメンタル・イノベーションに続く，「第 3 のイノベーションのとらえ方」だと言うことができる。本書では，これら三つのイノベーションのとらえ方を念頭に置いて，分析を進める。

※ 本書の構成：三つの時期

本書では，江戸時代から今日にいたる日本の経済発展のプロセスを分析対象とする。そのプロセスを，三つの時期に分けて把握する。

第 1 の時期は，江戸時代から日露戦争（1904〜05 年）後までであり，本書の第 1 部で取り上げる。日露戦後を終期とするのは，日本で産業革命が完了したのは 1900 年代後半のことだからである。第 1 部では，「日本経済はなぜ早期

---

6 C. M. クリステンセン，玉田俊平太監修・伊豆原弓訳『イノベーションのジレンマ　増補改訂版』翔泳社，2011 年。

に離陸し成長軌道に乗ったのか」という，一つ目の問いについて検討する。

第2の時期は，1910年代から1980年代までであり，本書の第2部で目を向ける。この時期に日本経済は，第二次世界大戦に敗北した1940年代を除き，主要国のなかでほぼ一貫して相対的に高い経済成長率を実現した。第2部で検証するのは，「日本経済は，どうして長期にわたり世界史にもまれな高成長をとげることができたのか」という，二つ目の問いである。

第3の時期は，1990年代から今日までであり，本書の第3部で掘り下げる。日本経済が失速した1990年代は「失われた10年」と呼ばれたが，経済成長率の低迷はその後も継続し，いつのまにか「失われた20年」，さらには「失われた30年」と呼ばれるようになった。第3部では，「長期的にわたる相対的高成長が，1990年代初頭のバブル景気の崩壊によって一挙に終息し，その後の日本経済の失速状態が今日まで続いているのはなぜか」という，三つ目の問いについて考察する。

イノベーションのあり方という観点から以上の全プロセスを振り返ると，大まかに言って，第1の時期はブレークスルー・イノベーションの時代，第2の時期はインクリメンタル・イノベーションの時代，第3の時期はブレークスルー・イノベーションと破壊的イノベーションに挟撃された時代，とみなすことができる。その理由については，各部での分析を終えたのちに後述する。

本書の各部は，三つの部分から構成される。「概観」では，それぞれの時期の時代背景を描く。「ケース」では当該期の代表的な革新的企業家を取り上げ，彼らがどのようなイノベーションを実現したかを追う。「論点」では，イノベーションのあり方という観点から，各時期の特徴を浮かび上がらせる。なお，「おわりに」は，本書のまとめに当たる。

本書の叙述の中心を占めるのは，革新的企業家の行動に光を当てる「ケース」の部分である。経営史学およびその周辺領域では，企業家の革新的活動に関して，膨大な量のケーススタディが蓄積されてきた。互いのケーススタディの成果を尊重したうえで，それらに自分固有の解釈を加え，最終的には大局的な歴史観を明示する。これが，経営史学の発展を支えてきた，ユニークな「作法」である。本書も，この作法に則り，まずは，各企業家に関する先達たちのケーススタディの成果を紹介する。そして，可能な限り，それに筆者独自の解釈を加味し，「イノベーションの歴史」の全体像の析出へとつなげてゆきたい。

第1部

ブレークスルー・イノベーションの時代

概観1：江戸時代

ケース1：鴻池善右衛門

ケース2：三井高利

ケース3：中井源左衛門

論点1：アーリーモダンかプリモダンか

概観2：幕末開港から日露戦後まで

ケース4：中上川彦次郎

ケース5：岩崎弥太郎・岩崎弥之助

ケース6：安田善次郎・浅野総一郎

ケース7：渋沢栄一

論点2：なぜ早期に離陸できたか

概観 **1**：江戸時代

　第1部の前半では，江戸時代に目を向ける。

　イノベーションは，多くの場合，企業を舞台に展開される。日本において近代的な意味での企業が登場したのは，明治時代のことである。ただし，そうであるからといって，江戸時代が，日本におけるイノベーションの歩みに無関係なわけではない。むしろ，最近では，近代につながる「新しさ」をもった時代として江戸時代を再評価し，同時代にはいくつかの注目すべきイノベーションが実現したとする見方が有力である。

　「新しさ」のポイントの一つは，江戸時代に，市場経済が大きく発展したことである。江戸時代には，藩単位の領国内市場と，全国規模の領国間市場とが，二重に発展した。領国内市場では，城下町に集住する「士工商」（武士・職人・商人）と農村に住む「農」（農民）とのあいだで取引が行われたが，その市場の大きさは，領主が領民（多くは農民）とともに領地（村落）に住む典型的なヨーロッパの封建制のもとでの市場規模より，相当に大きかった。しかも，各藩の余剰米は，海路を使って大坂[1]に搬送され，余剰米を販売した代金で藩内では調達できない物資（武器・肥料・衣料品等）を購入する，全国規模の市場取引も活発であった。

　市場取引の活発化は，急速な経済成長をもたらした。それがとくに顕著だったのは，1603年に始まった江戸時代の初期，つまり17世紀から18世紀初頭にかけてのことであった。宮本又郎の詳しい説明を聞こう。

　　「全国人口は1600年から1720年にかけて，1200万人から3128万人へ増加したと推計されている。750年頃の全国人口が550万人，すなわち1600年までの8世紀半に2倍強しか増えなかったことと比較すれば，1600年から1720年までの人口成長のスピードがいかに急速なものであったか理解できよう（中略）。

　　これだけ人口の増加があったことは，それを支える生産の増加があったこ

　1　現在の「大阪」は，江戸時代には「大坂」と表記されることが多かった。

とを意味する。戦国期から 17 世紀は日本史上空前の大開墾期であり，推計
耕地面積は 1600 年頃の 207 万町歩から 1720 年頃には 293 万町歩へ増加した。
そしてそれは単なる量的増加ではなく，大河川下流の安定した用水を確保で
きる肥沃な水田の増加であった。また当時導入された赤米という多収穫品種
も生産増加に貢献した。二毛作の導入や，肥料の多投，備中鍬に代表される
ような農具の革新もあった。さらに，従来複合家族経営下で隷属的地位に置
かれていた農民たちが新しい耕地に移って，自立性を高め，それによって生
産増進へのインセンティブが増したことも指摘できよう」[2]。

　江戸時代の初期にあたる 17 世紀から 18 世紀初頭にかけての時期は，それ
までの日本の歴史において空前の経済成長期だったのである。

　江戸時代の「新しさ」のもう一つのポイントは，市場経済の発展を背景にし
て，革新的なビジネスモデルで急成長をとげるプレーヤーが出現したことであ
る。酒の製造・販売から出発して廻漕業・金融業へと多角化した鴻池家，長期
的視野に立った投資を行い別子銅山（江戸幕府の直轄鉱山）の委託経営で成功
をおさめた住友家，日本の小売のあり方を一変させるイノベーションを実現し
金融業へも進出した三井家……これら「三大商家」は，そのようなプレーヤー
の代表格である。これら 3 家のうち，住友家と三井家は，その後，近代日本を
牽引する大財閥・大企業集団へと成長していった。

　「三大商家」が発展の足掛かりを得たのは，江戸時代初期の経済成長期のこ
とである。18 世紀半ばからは経済成長のペースは鈍化したが，活発な市場取
引自体は，日本全国に広がっていった。市場取引の広がりはビジネス・チャン
スをもたらしたが，それを活かした代表的な存在としては，近江商人の中井家
を挙げることができる。

　この第 1 部の前半では，江戸時代に登場した革新的なビジネスモデルの創始
者として，鴻池家の鴻池善右衛門，三井家の三井高利，および中井家の中井源
左衛門を取り上げる。彼らが実現した事業革新は，世界的視野から評価すれば，
必ずしもブレークスルー・イノベーションとは言えないかもしれない。しかし，
ここで忘れてはならないのは，1641（寛永 18）年に完成した鎖国によって，当
時，日本は海外と切り離されていたという事実である。鴻池善右衛門・三井高

　2　宮本又郎「日本型企業経営の起源」宮本又郎・阿部武司・宇田川勝・沢井実・橘川武郎『日本
　　経営史［新版］』有斐閣，2007 年，5 頁。ここでの推計値の出所は，速水融・宮本又郎「概説
　　17-18 世紀」速水融・宮本又郎編『日本経済史 1　経済社会の成立』岩波書店，1988 年。

利・中井源左衛門らにとっては，日本こそが「世界」だったのであり，日本におけるイノベーションは「世界」におけるイノベーションと同義だったのである。その意味で彼らは，ブレークスルー・イノベーションの担い手だったとみなしうるのである。

ケース **1**：鴻池善右衛門／ 全国市場を舞台にした革新の連鎖 [3]

※ 鴻池家の系図

　商家としての鴻池家の始祖と言われる山中新六（のちの新右衛門）は，江戸時代以前の 1570（元亀元）年に生まれた。1598〜1600（慶長 3〜5）年ごろ，清酒の醸造に成功し，江戸への搬送，いわゆる「江戸積」を始めた。新六は，江戸幕府成立後の 1619（元和 5）年に大坂[4]に店舗を構え，酒の醸造と販売に携わった。

　山中新六は，1625（寛永 2）年に廻漕業を開始した。その海運業で活躍したのは，1651（慶安 3）年に死去した新六の八男である正成であった。1608（慶長 13）年に生まれた正成は，新六から大坂店を継承し，鴻池善右衛門を名乗った。本家の「伊丹鴻池家」に対し「今橋鴻池家」と呼ばれたこの善右衛門家は，鴻池一族中，最も栄えた商家となった。正成が没したのは，1693（元禄 6）年である。

　正成の跡を継いだ今橋鴻池家の二代目の之宗（1643〜96 年，寛永 20〜元禄 9年）は，喜右衛門と名乗った。之宗の時代から，鴻池家[5]は金融業に力を入れるようになった。その出発点となったのは，1656（明暦 2）年に両替屋を創業したことである。

　鴻池家では，1670（寛文 10）年に，複式構造をもつ商業帳簿として，「算用帳」が成立した。これも，二代目の之宗の時代のことである。

　今橋鴻池家の三代目にあたる宗利（1667〜1736 年，寛文 7〜元文元年）は，善右衛門を名乗った。それ以降，鴻池家では，歴代当主が善右衛門の名を受け継ぐようになり，幕末までに 10 代を数えた[6]。本ケースにおいては，始祖・山中新六や二代目・之宗を含め，歴代鴻池善右衛門を一括して「鴻池善右衛門」と

---

3 ケース 1 の記述は，とくにこだわらない限り，宮本又郎「鴻池善右衛門」作道洋太郎・宮本又郎・畠山秀樹・瀬岡誠・水原正亨『江戸期商人の革新的行動』有斐閣，1978 年，による。

4 現在の「大阪」という表記が広く使われるようになったのは明治維新後のことであり，それまでは，もともとの「大坂」という表記が使用されることが多かった。

5 以下では，便宜上，今橋鴻池家のことを「鴻池家」と呼ぶ。

6 二代目の鴻池喜右衛門・之宗を含む。

10 第1部 ブレークスルー・イノベーションの時代

呼び，彼らの革新的事業活動に光を当てる。

　三代鴻池善右衛門である宗利は，1707（宝永4）年に鴻池新田を竣工させ，1723（享保8）年には，長く鴻池家の家憲となる「家定記録覚」を制定した。宗利の代に定められた家訓は，鴻池家の家産の分散を抑止する機能をはたした。事業面について言えば，宗利は，酒造業をやめ，大名貸を本格的に展開する方針をとった。

　鴻池家の事業は，明治維新後も受け継がれた。しかし，江戸時代の「三大商家」を構成した三井家や住友家が明治期に財閥に転化したのに対し，鴻池家が財閥化することはなかった。

❖ 清酒の開発と江戸への搬送

　鴻池家の一連の事業革新の出発点となったのは，清酒の開発であった。従来の濁り酒に対して清酒が作り出されたのは中世末のことだったと言われているから，鴻池家が清酒を発明したわけではない。清酒の江戸への搬送，いわゆる「江戸積」に関しても，先行者が存在したと推察される。「にもかかわらず，諸書において，鴻池が清酒造りや江戸積の創始者として伝承されるにいたったのはなにゆえであろうか」[7]と問いを発した宮本又郎は，その答えについて，「先進技術を基礎にした鴻池の酒が，同業者のそれにたいして一段と高い名声を博し，そのことのゆえに鴻池が斯業の革新者（イノベーター）として喧伝されるにいたったのではあるまいか」[8]と論じている。

　宮本又郎は，鴻池家が行った「新商品」である清酒の江戸積について，「①最初二斗桶を使用したが，需要の大なるをみて四斗樽にかえ，この二樽を馬一駄として，これを数十駄陸路で江戸におくったこと，②大名屋敷相手の顧客直接販売であったこと，③最初の一荷四斗下しの例によると，江戸への一往復の生産流通コストは三五〇～三六〇文で，売上高は八貫文であったから，その粗利潤は七貫六五〇～六四〇文という驚くべき高いものであったこと」[9]を指摘したうえで，「鴻池が酒江戸積でえた利潤は新製品を新しい市場で販売するという二つのイノベーションにたいしてもたらされた創業者利潤であった」[10]と結

7　宮本前掲「鴻池善右衛門」55頁。
8　同前56頁。
9　同前57頁。
10　同前58頁。

論づけている。

❖ 廻漕業の開始

酒の江戸積の規模が拡大を続けたため，鴻池家は，搬送の経路を陸路から海路に転換する方針をとった。1625（寛永2）年の廻漕業の開始がそれであるが，ときに「新六は五六歳，正成一八歳であった」[11]。新製品（清酒）の開発に始まった鴻池家のイノベーションは，新市場の開拓（江戸積）を経て，物流の革新（廻漕業への進出）へつながった。まさに，「イノベーションの連鎖」が生じたのである。

宮本又郎によれば，海運業に力を入れた初代鴻池善右衛門の正成は，「手船百余艘をもって自醸の酒とともに一般貨物，とくに西国大名の米穀運送をおこなったという」[12]。ただし，宮本は，「しかしながら，廻船輸送業務が鴻池家の主要業務となったことはなかったらしい」[13]とも付け加えている。

❖ 金融業への進出と大名貸

二代鴻池善右衛門の之宗以降の鴻池家が主業としたのは，金融業であった。鴻池家が両替業を開始したのは，1656（明暦2）年のことである。「初代正成四八歳，二代目之宗一四歳のとき」[14]であった。

宮本又郎は，鴻池家が金融業へのシフトを強めた経緯を，当時の問屋の一般的動向とからめて，次のように説明している。

「初期の鴻池の商品取引はいわば『よろず屋』的商法というべき，多数の商品を取り扱っていた。鴻池が，酒造業，酒の江戸販売業，廻船業などさまざまの契機から商品取引に参入したから，このように取扱商品が広範にわたったと考えられる。この種の『よろず屋』的商業は一七世紀前半の問屋の一般的な特徴であった。これにたいし，一七世紀後半から現われてくる問屋は商品別に専業化した問屋が多く，その経営は荷主からの委託販売を中心とした初期の万問屋と異なり，自己の計算で，自己の商品を卸売する問屋となったといわれている。そして，この専業問屋の独立化と併行して，金融専門業

---

11 同前 59 頁。数え年によるカウントである。
12 同前 59 頁。
13 同前 59 頁。
14 同前 63 頁。

12　第1部　ブレークスルー・イノベーションの時代

者としての両替屋が登場してくる。元禄期以降，鴻池が商品取引から徐々に
手をひき，両替業に専門化していく背景には，このような商業・金融の専門
化という社会経済上の変化があったのである」[15]。

前掲した「概観1」で述べたように，江戸時代「新しさ」のポイントの一つ
は，市場経済が大きく発展していたことにあった。その市場経済は，藩単位の
領国内市場と全国規模の領国間市場とに二分されるが，このうち領国間市場に
ついては，「幕藩制的商品流通機構」と言い換えることができる。宮本又郎に
よれば，鴻池家の金融業は，その「幕藩制的商品流通機構」のなかで「中枢的
位置」を占めたと言う。宮本の所説を聞こう。

「鴻池は大名側からの大坂→江戸への，商人側からの江戸→大坂への貨幣
の流れを為替という手段によって結びつけ，貨幣現送が現実におこなわれる
場合の社会的コストを為替手数料に転化させ切り下げることによって，商品
取引を円滑化ならしめる専門の金融業者として機能していたといってよい。
それは石高制にもとづいて収取された年貢米を大坂において換金し，その貨
幣を江戸に送り，大坂から江戸へ廻送された消費物資の購入にあてるという
幕藩制下における財と貨幣の循環構造においては不可欠の金融業務であり，
この意味で鴻池は幕藩制的商品流通機構のなかでの中枢的位置に坐ることに
なったのである」[16]。

金融業を主業とするようになった鴻池家は，二代目の之宗が死去すると，も
ともとの家業であった酒造業からも撤退した。そして，三代善右衛門・宗利の
時代からは，金融業のなかでも大名貸に特化する方針がとられるようになった。

その大名貸について，宮本又郎は，次のような興味深い議論を展開している。

「町人の大名への貸付，大名貸はしばしば，窮乏化しつつある大名が富裕
化しつつある商人に消費貸借を要求したものと考えられることが多い。しか
し，このような考えは必ずしも正しくない。たしかに大名財政の窮乏化はあ
ったし，それによって大名貸のこげつき，踏み倒しは初期から存在した。し
かし，もし大名財政の窮乏化が長期的な傾向を現わすもので，しかもそのこ
とを商人が看破していたなら，商人が合理性をもちあわせている限り，その
ような『不良企業』への貸付を連続的におこなうようなことはなかったろう

15　同前 62 頁。
16　同前 67–68 頁。

し，まして，それを専業とするような両替商は成立しなかったであろう。む
しろ，鴻池などにとっては，結果的にはともかく，大名貸を専業としようと
した意思決定の際には，大名貸が有利な安定的な事業と考えられていたにち
がいないと思われる。そしてそのような確信の背後には，幕藩領主が，当時
における至上の富の源泉である土地を支配し，かつ最大の消費物資である米
を掌握している限り，揺ぎなき経済的基礎をもっているという認識があった
といえよう」[17]。

このような議論をふまえて宮本は，「鴻池の大名貸は，蔵物流通と結びつい
た貸付であり，そしてこの点に鴻池の大名貸の革新性があった」[18] としている。

❖ 算用帳と複式簿記

ここまでみてきたように，新製品の開発に始まった鴻池家のイノベーション
の連鎖は，新市場の開拓や物流の改革を経て，革新的な金融業の展開にまで及
んだ。そのプロセスで，世界史的な意味をもつ会計面でのイノベーションが生
まれた。

その「会計面でのイノベーション」とは，1670（寛文 10）年に鴻池家で「算
用帳」が成立したことをさす。この算用帳は，「複式構造をもつ商家帳合とし
て，現存するもっとも古いものの一つ」[19] である。

ここで，会計史研究者である西川登の見解を紹介しよう。

「江戸時代には参勤交代制によって，工業先進地域の京都および天下の台
所たる大坂と大消費都市の江戸との間で，遠隔地間の信用取引が発達した。
（中略）上方の大商家で，17 世紀後期に複式簿記による帳合が発展した。18
世紀中の帳合で複式簿記と確認できる現存例は，ほとんど上方の大商家に限
られる」[20]。

鴻池家の算用帳は，西川登が言う 17 世紀後期に上方の大商家で発展した複
式簿記 [21] の帳合の代表格である。そして西川は，その複式簿記について，次の

17 　同前 78 頁。
18 　同前 79 頁。
19 　同前 69 頁。
20 　西川登「商家の帳合法と財務管理」経営史学会編・山崎広明編集代表『日本経営史の基礎知
　　識』有斐閣，2004 年，22-23 頁。
21 　西川登は，「複式簿記の要件は，すべての取引を二面的に把握して記録し，帳簿記録の集計か
　　ら貸借対照表や損益計算書などの決算書類を作成しうることである」（西川前掲「商家の帳合法と

14　第1部　ブレークスルー・イノベーションの時代

ように解説する。

　　「江戸時代の帳合で用いられた複式簿記の技法が，日本で自生したものか，南蛮貿易を通じてヨーロッパからもたらされたものかについては，説が分かれ，決定的な証拠はない。しかし，現存史料からはイタリア式簿記[22]の痕跡すらも発見されていないことと，17世紀後期における遠隔地取引や信用経済の発展とを重ねれば，和式複式簿記が自生したと考えられよう」[23]。

　この西川登の見解にもとづくならば，鴻池家は，複式簿記方式の算用帳を自生させたことになる。鎖国下で日本は海外と切り離されており，鴻池家にとっては日本こそが「世界」であった。そのような状況のもとで「世界初」の複式簿記を生み出した鴻池家は，ブレークスルー・イノベーションの担い手だったと言えるだろう。

❖明治維新後の鴻池

　鴻池家のイノベーションの連鎖は，始祖の山中新六，初代の善右衛門・正成，二代目の喜右衛門・之宗，三代目の善右衛門・宗利と，4代にわたって続いた。しかし，その後の世代になると，鴻池家の事業革新は停滞するようになった。「蔵物流通と結びついた貸付」という意味で優れたビジネスモデルであった大名貸も，幕藩体制の動揺による利子率の低下から，「一九世紀には破局的状態」[24]となった。

　明治維新後の鴻池の状況については，宮本又郎が，以下のように概括している。

　　「幕末・維新期にはインフレも手伝って，家産は実質的には減少したが，さらに120万両ほどに達していた大名貸債権の約4分の3が新政府によって棒引きされ，大きな打撃を被った。1877（明治10）年，第10代目善右衛門幸富は，分家・別家とともに第十三国立銀行を設立。同行は1897（明治30）年に個人経営鴻池銀行，1919（大正8）年株式会社鴻池銀行となり，さ

　　財務管理」22頁）と述べている。西川は，このような見方に立って，17世紀後期に上方の商家が導入した「高級な帳合も複式簿記の一種であるといえる」（同前22頁）と結論づけている。

22　現在の西洋式複式簿記の技法は，15世紀末ごろのイタリアでほぼ完成し，「イタリア式簿記」の名でヨーロッパに広がったと言われている。この点については，西川前掲「商家の帳合法と財務管理」22頁参照。

23　西川前掲「商家の帳合法と財務管理」22頁。

24　宮本前掲「鴻池善右衛門」81頁。

らに 33（昭和 8）年，三十四銀行，山口銀行と合併して三和銀行となった。明治期には大阪随一の豪商として，大阪通商会社・為替会社，蓬莱社，日本生命，大阪倉庫などの新事業へ資本参加するが，経営には積極的に参加せず，銀行業を中心に家産を維持するという保守的な戦略をとり，1921 年，鴻池合名会社を設立するも，財閥を形成するにはいたらなかった」[25]。

　この宮本又郎の見解によれば，鴻池が三井や住友とは異なり財閥とならなかった理由は，鴻池の経営陣の保守的な姿勢にあったことになる。始祖から 4 代にわたってイノベーションの連鎖を実現した鴻池が，時の経過とともに保守的な経営姿勢のゆえに成長軌道からはずれてゆく。歴史とは，なんとも皮肉なものである。

ケース **2**：三井高利／新たなビジネス・チャンスと小売革新

❖三井高利の略歴

　「三大商家」の一角を占める三井家の隆盛をもたらしたのは，三井高利（1622〜94 年，元和 8〜元禄 7 年）である。高利は，1622（元和 8）年に伊勢松坂（三重県松阪市）[26] で生まれた。

　三井家の祖先は六角氏に仕える小大名であったが，六角氏が織田信長との戦に敗れたため，伊勢に逃れ，高利の父の高俊の代になると，松坂で質屋および酒・味噌・醬油を扱う商業を営むようになっていた。屋号の「越後屋」は，高利の祖父・三井高安が「越後守」を名乗っていたことに由来する。

　「越後屋」の商売を実際に切り盛りしていたのは，高俊の妻で高利の母である殊法であったと言われる。三井広報委員会の「松阪の地で育まれた三井の心」は，「高利は三井グループの祖と呼ばれるが，無から商売を始めたわけではない。母親の殊法は非常に聡明で，当時の『越後殿の酒屋』を実質的に支えるほど商才に長けていた。大変な倹約家である一方，お客に対してはサービス

---

25 宮本又郎「鴻池善右衛門」経営史学会編・山崎編集代表前掲『日本経営史の基礎知識』74 頁。
26 現在の「松阪」という表記が広く使われるようになったのは 1889（明治 22）年の町制施行後のことであり，それまでは，もともとの「松坂」という表記が使用されることが多かった。

16　第1部　ブレークスルー・イノベーションの時代

精神が旺盛で，誠実であったといわれる。4男4女の末っ子として生まれた高利は，おそらく母の殊法が商人として最も輝いていた時期に，その背中を見て育ったのだろう」[27]と記している。

　三井高利にとって大きな転機となったのは，数えで14歳のときに初めて江戸に下ったことである。その後の経緯について瀬岡誠は，次のように述べている。

　　「高利が初めて江戸に下ったのは，一六三五（寛永一二）年のことである。このとき，父高俊はすでに世になく，殊法は仏門に入り，宗教人として生きていた。高利が江戸に下ったのは，手代奉公として長兄・俊次の江戸店を手伝うためであった。当時，俊次はみずから京都に仕入店をもち，江戸店は弟・重俊にまかせていた。四年後，重俊は老母を養うため松坂に戻る。このため高利が店の管理者となり，大いに活躍した。彼は『江戸店持ち京商人』として独立することを夢みて必死に働いた。ところが松坂の重俊が三六歳の若さで死んでしまう。すると，つね日ごろから高利の卓越した企業者能力に脅威を感じていた俊次は，重俊の死を口実に，高利が松坂に戻り老母の世話をすることを命じたのである」[28]。

　こうして，1649（慶安2）年に松坂へ戻った三井高利は，やがて金融業を始め，大名貸も手がけた。その高利は，長兄・俊次が死んだ1673（延宝元）年に，江戸本町一丁目に呉服店を開業した。三井家の大黒柱となった高利は，のちに「江戸商法」とも呼ばれるようになった革新的な店頭販売である「店前売（たなさきうり）」を行い，一連の小売革新を実現して，大きな成功をおさめた。この小売革新については，次項で詳述する。なお，母・殊法は，1676（延宝4）年に他界した。

　「江戸商法」で大成功をおさめた三井高利は，1686（貞享3）年に本拠を松坂から京都に移し，両替店を開設して，金融業に本腰を入れる体制を整えた。それから4年後の1690（元禄3）年，三井家は，越後屋八郎兵衛・三井二郎右衛門の名で，幕府の大坂御金蔵銀御為替御用を引き受けるにいたった。

　1694（元禄7）年に三井高利は没した。死の直前に高利は，遺産の割当てを

27　三井広報委員会「松阪の地で育まれた三井の心」https://www.mitsuipr.com/history/columns/003/。原文は，三井グループ・コミュニケーション誌『MITSUI Field』vol.3, 2009 Summer，に掲載された。

28　瀬岡誠「三井高利」作道・宮本・畠山・瀬岡・水原前掲『江戸期商人の革新的行動』151-152頁。

盛り込んだ遺書を作成し，諸子一代のあいだ，財産を分割しない措置を講じていた。

◈ 革新的な「店前売」

三井高利が江戸店で開始し，遂行した小売革新とは，どのようなものだったのだろうか。三井広報委員会の「越後屋誕生と高利の新商法」は，以下のように説明している。

「高利は，自分の子どもたちが育つにつれ，15歳になると，男子は江戸の商人の下に送って商売を見習わせた。また，知り合いの中で眼鏡にかなった若者たちも，手代見習いとして江戸に送り込み，江戸で雄飛する日が来るときのための基礎固めを着々と行っていたのである。

高利が松阪に帰って24年目の延宝元年（1673），長兄・俊次が病死を機に高利は，殊法の許しを得て，宿願であった江戸進出を実行に移す。

高利はすでに52歳の老齢であった。このとき江戸で修行中の息子達は長男・高平は21歳，次男・高富は20歳，3男・高治は17歳に達していた。

高利は息子達に指示し，江戸随一の呉服街である江戸本町1丁目に間口9尺の店を借り受けさせ，『越後屋三井八郎衛門』の暖簾を掲げ，『三井越後屋呉服店』（越後屋）を開業。次いで京都に仕入れ店を開いた。京都の店は高平，江戸の店は高富が管理し，高利は江戸に赴くことなく，松阪にあって采配を振るった。

なお，『越後屋』の屋号は松阪の店から受け継いだもの，『八郎右衛門』は高利の字である『三井八郎兵衛高利』にちなんで高平が『三井八郎右衛門高平』と名を改めたことによる。この『八郎右衛門』は三井家の名跡として，総領家当主が代々，襲名することとなる。

経験を積んだ息子や人を配し，呉服店を開店させたとはいえ，当時の江戸にはすでに老舗大店が幾店も軒を連ねていた。このような難局に対し，高利は天才的な創意で新機軸の商法を編み出していく。

その代表的な商法が『店前売り』と『現銀（金）掛値なし』である。当時，一流の呉服店では，前もって得意先の注文を聞き，後から品物を持参する見世物商いと，直接商品を得意先に持参して売る屋敷売りが一般的であり，支払いは，盆・暮の二節季払い，または12月のみの極月払いの掛売りが慣習であった。そのため，貸倒れや掛売りの金利がかさむので，商品の値が高く，

18　第1部　ブレークスルー・イノベーションの時代

資金の回転も悪かった。高利はこの制度を廃止し，店前売りに切り替え，商品の値を下げ，正札をつけて定価制による店頭販売での現金取引を奨励した。現金売りによる収入は資金の回転を早め，二節季払いの仕入れ先には数倍活用された。

　もうひとつは呉服業者間では禁じられていた『切り売り』の断行である。当時は一反単位の取引が常識で，どの店も一反から売っていたものを，客の需要に応じて切り売りし，江戸町民の大きな需要を掘り起こした。

　このほか，『即座に仕立てて渡す』というイージーオーダーである『仕立て売り』も好評を呼び，越後屋はやがて江戸の町人から『芝居千両，魚河岸千両，越後屋千両』と呼ばれ，1日千両の売り上げを見るほど繁盛した」[29]。

　この説明にある従来型の「見世物商い」や「屋敷売り」は，たとえば屋敷を構えることができるような特定の資産家をターゲットとする小売手法であった。これとは対照的に，三井高利が始めた「店前売り」は，不特定多数の顧客を対象とするものだった。市場経済が発展した江戸時代の「新しさ」を象徴するように，17世紀後半の江戸においては，街を歩く町人たちが呉服を購入できる状況が現出した。この新たなビジネス・チャンスに鋭く反応した高利は，小売面での画期的なイノベーションである「江戸商法」を編み出したのである。

❖ 高利の小売革新の画期性

　三井高利が推進した小売革新について，上村雅洋は「現金正札販売」と概括したうえで，以下のように記述している。

　「江戸時代のマーケティング手法の中で，特異な存在であり，かつ画期的な方法とされるのが，現金正札販売であろう。これは，現代の販売方法として定着し，薄利多売の方法として生かされている。江戸時代の販売方法としては，恒常的で長期的な取引が一般的であったため，掛売りが商業習慣として定着しており，それは小売段階においても浸透していた。それを打ち破る革新的な商法を展開し，急激な経営拡大に成功したのが，三井家であったとされる」[30]。

29　三井広報委員会「越後屋誕生と高利の新商法」https://www.mitsuipr.com/history/edo/02/。

30　上村雅洋はここに，「もちろん，三井の呉服販売がすべて現金売りであったわけではなく，従来の掛売りも行われていたし，掛売り商いが増加する場合も見られた（三井文庫，1980，70-72頁）」（上村雅洋「マーケティングと物流」宮本又郎・粕谷誠編著『講座日本経営史第1巻　経営

ケース**2**：三井高利　　19

　「呉服の現金正札販売は，三井家の創業者三井高利（中略）によって実施
され，卸売りである諸国商人売や店頭での小売である店先売り，呉服物の切
売などとともに，従来の慣習にとらわれない革新的販売方法として生み出さ
れた。従来，江戸に集住する武家顧客を相手に，屋敷を個別に訪問し，顧客
の需要に応じて販売し，掛売りを行う手法が一般的であった。しかし，江戸
が急成長を遂げるにつれ，武家を対象とするだけでなく，一般の大衆を中心
に大きな需要が起きてきた。こうした新規需要に応えるためには，新しい販
売方法が求められた。また，三井高利も1673（延宝元）年に本町1丁目に店
を設けたが，居並ぶ呉服屋の中で新興商人として頭角を現すには，従来通り
の伝統的な商法ではなく，新しい商法を工夫する必要があった。こうして，
顧客のニーズに対応して登場したのが，現金正札販売であった。新規需要者
にとって，正札販売は売買上の駆け引きもなく，購入時の安心につながり，
現金販売であるため価格が安く，気軽に購入することができた。また，三井
にとっても現金販売のため素早く確実に資金回収ができ，コストダウンをも
たらし，大量販売が可能となった。正札販売は，売買交渉時間の節約にもつ
ながり，不特定多数の人々が行き交う江戸のような都市においては，適合的
な販売方法であった」[31]。

　ここで上村が言及しているように，三井高利が実行した小売革新は，その後，
「現代の販売方法として定着」するにいたった。「見世物商い」や「屋敷売り」
に代わって登場した「店前売り」は，その後支配的な小売手法となり，店頭販
売が小売の中心を占める状況は，今日でも続いている。店頭販売を揺るがす形
でeコマースが台頭するようになったのは，ようやく最近のことである。

　店頭販売の登場は海外諸国においても観察されたが，ここで重要なことは，
三井高利による「店前売り」導入の革新が，鎖国下で行われたことである。鎖
国下で日本は海外と切り離されており，三井高利にとっては日本こそが「世
界」であった。そのような状況のもとで「世界初」の小売革新を遂行した三井
高利は，複式簿記を生み出した鴻池家の場合と同様に，ブレークスルー・イノ
ベーションの担い手だったと言えるだろう。

　　史・江戸の経験』ミネルヴァ書房，2009年，238頁）と注記している。なお，注記中の「三井文
　　庫，1980」とは，三井文庫『三井事業史　本篇』第1巻，1980年，のことである。
31　上村前掲「マーケティングと物流」225-226頁。

20　第1部　ブレークスルー・イノベーションの時代

❖ 総有制の導入

　三井高利の小売革新の成功によって，三井家は大いに発展をとげ，「三大商家」の一角を占めるにいたった。三井家の事業は，呉服商と両替商を二つの柱としていた。1710（宝永7）年，三井家は，呉服店と両替店を一括して統轄する組織として，大元方を設置した。

　大元方をつくったのは三井高利の長男・高平であったが，高平は，財産分与に関しても，父・高利の方針を踏襲した。高利は，死の直前に作成した遺書によって，諸子一代のあいだ，財産を分割しない仕組みをつくった。この仕組みを，高平は，自らが定めた三井家の家憲である「宗竺[32]遺書」において，永続的なものとして制度化した。

　この点について宮本又郎は，安岡重明の所説にも拠りつつ，次のように説明している。

　　「三井家の場合，創業者の八郎兵衛高利は伊勢松坂から江戸に出て呉服店を開業し財をなしたが，1694（元禄7）年に没するときまでには，江戸・京都・大阪（ママ）の三都に呉服店，両替店をもち，多店舗経営を行うようになっていた。高利は没する3ケ月前に遺言状を書き，財産の相続方法を取り決めた。これによれば『惣有物』（総資産）は70に割り，総勢6人の息子および娘と孫娘の婿（三井家の養子）3人，計9名に割合の軽重をつけて分与されることになっていた。しかし，高利の死後相続が行われると，相続人たちは長男高平に一札を差し入れ，遺贈された元手金を分割しないで，『身上一致』して運用すること，つまり相続人の共同財産として運用することを誓約したのである」[33]。

　　「高利の相続人が2代目高平に差し入れた誓約書は一代限りのものであったが，高平は1722（享保7）年に遺書を書き（『宗竺遺書』と呼ばれる），『元手金』を220割にするとともに，永代にわたって持分権利者の分割請求を認めない，すなわち元手金の大元方による一括管理を家法として制定した。これ以降，大元方の持分権は三井9家（のち2家増加して11家となる）にのみ保有されるものとなり，かつ所有権の分割請求，処分は認められなかったし，さらに各家の相続は単独相続を原則としていたから，所有はまったく封

32　「宗竺」は，三井高平の法名である。

33　宮本又郎「市場と企業」宮本・粕谷編著前掲『講座日本経営史第1巻　経営史・江戸の経験』63頁。

鎖的かつ永続的なものとなった。このような三井大元方の所有のありかたについて，安岡重明（中略）はローマ法的な『共有』(Miteigentum) という概念よりも，ゲルマンの村落共同体の所有形態である『総有』(Gesamteigentum) という概念によって説明する方がより適合的であると主張している。つまり，『総有』においては，所有の客体の管理機能は共同所有者の団体に帰属し，共同所有者個々の権利は所有物件からの収益を受け取る権利のみであり，三井同族の大元方に対する立場はそのようなものであったとするのである」[34]。

　三井家で導入された総有制は，家産の分割を認めず，所有者の処分の自由を封殺するものだったので，結果的に所有を制約する機能をはたした。やがて三井家では同族に代わって番頭が力をもつようになり，その延長上で，明治期には専門経営者の登用が進んだ。専門経営者の登用は，本書のケース4やケース5で後述するように，三井が財閥として発展する重要な条件となった。

ケース3：中井源左衛門／地方商人の全国市場での活躍

◈ 近江商人の活躍

　江戸時代においてイノベーションを成し遂げた商家は，鴻池家・住友家・三井家の「三大商家」に限られたわけではなかった。ここで取り上げる近江商人の中井家もまた，イノベーションの担い手であった。

　作道洋太郎は，創造的革新を中心的な概念とするシュンペーターのイノベーション理論を紹介したうえで，「江戸時代において，このような創造的革新の担い手を検証することができるであろうか」[35]と問う。そして，「シュンペーターの提示した（中略）視角は，江戸期商人の企業者活動における革新性を明らかにする場合にも，きわめて有効であ」[36]るとしたうえで，以下のように述べる。

　「酒造業から海運業を営むようになり，さらに両替業に転じ，諸侯にたい

34　同前64頁。
35　作道洋太郎「江戸期商人の系譜と特質」作道・宮本・畠山・瀬岡・水原前掲『江戸期商人の革新的行動』3頁。
36　同前3頁。

22　第1部　ブレークスルー・イノベーションの時代

する大名貸を経営の基軸とした鴻池家，薬種商・出版業を起点として，のち
に銅吹業に転じ，その後銅貿易業・銅山経営・両替業・札差業など多角的な
事業経営をおこなった住友家，呉服業・両替業を中心として，江戸期商人の
理想とした『江戸店持ち京商人』となった三井家，近江日野の合薬の『持ち
下り商い』により資本を蓄積し，三都はじめ仙台・大田原・名古屋・尾道・
杵築など全国各地に出店を設け，多店舗経営により成功を収めた中井家には，
いずれも革新的企業者活動の歴史が刻み込まれている」[37]。

　つまり，作道は，中井家を，「三大商家」と並ぶイノベーションの体現者と
みなしているのである。

　すでに概観1で述べたように，江戸時代の「新しさ」のポイントの一つは，
市場経済の発展にあった。市場経済の発展は，近江商人のような既存の地方商
人にも大きなビジネス・チャンスをもたらした。行商と出店を全国各地で展開
し蓄財する，新しいビジネスモデルを構築することが可能になったからである。
この点について水原正亨は，次のように説明している。

　「近江商人は，行商による富の蓄積を示す指標を出店という形で表現した。
出店を足場としてまた行商もおこなったが，しだいに店舗経営に移行したの
で，出店は北海道を除いて『釜の飯』の食えそうな所すなわち消費人口の多
いところに設けられた。近江商人の出店においては周辺の在方の商人に商品
を売りかつ周辺農村へ行商に出かけたが，貸売をその旨としたので往々にし
て支払に窮した農民は近江商人の要求する商品を生産せざるをえなくなって，
これが江戸時代の商品経済を発展させることになった。たとえば中井家の四
代源左衛門のころには仙台領内の殖産興業を委嘱されて領民に生産資金を貸
し付けて生糸と紅花の増産をはかっている。近江商人は各地に支店網を作り，
貨幣経済の発達を促進する役目を担った。本家は江州[38]に置き，妻子もそこ
に置くが，商品は置かず，本家から指図して出店の経営を支配人に委せ，主
人は『店廻り』といってほとんど一年中出店を巡回した」[39]。

　この説明からわかるように，江戸時代における商品経済の発展は，近江商人
の全国大での活躍の前提条件となった。一方で，中井家を含む近江商人の活躍

37　同前 6-7 頁。

38　近江国の異称。

39　水原正亨「中井源左衛門」作道・宮本・畠山・瀬岡・水原前掲『江戸期商人の革新的行動』
179 頁。

は，商品経済の発展をいっそう促進した。商品経済の発展と近江商人の活動とのあいだには，このような相互促進作用がみられたのである。

❖ 中井家の系図 [40]

中井家の祖先は，1584（天正12）年ごろ，近江の日野（滋賀県蒲生郡日野町）に移り住んだ。日野塗の製造販売業を手がけ，行商の商域を拡大したが，1725（享保10）年に当時の中井家の当主であった光治が死去すると，家運は急速に傾いた。その危機を救ったのは，光治の嗣子・光武であった。

中井家の中興の祖となった光武は，1716（享保元）年に生まれた。苦労を重ね，1734（享保19）年から日野の特産品である漆器や合薬，太物 [41] などの行商を続けて，徐々に家産を増やしていった。水原正亨によれば，「最初の本格的な出店は，一七四九（寛延二）年奥州の要衝にあった下野国大田原に設けられた。光武三四歳のときであったが，最初の資本二両がこのときには七七五両一分の資産に増殖されていた」[42]。水原は，以下のように続ける。

「大田原店では合薬・太物のほかに薬種類など取扱商品の種類も増え，共同企業の質屋・酒造場をも兼業として関東から奥羽南部に進出し，東北進出の足がかりを確保しつつあった。かくして創業三五年を迎えた一七六九（明和六）年には総資産七四六八両二分に達し，日本長者番付に名前が記載されるにいたった。

中井家が飛躍的な発展をするのはこの明和六年であった。すなわち仙台・伏見・丹後の後野店を同時に開設し行商から完全に店舗商業に移行したのであるが，その意図するところは東北地方に不足している綿・木綿・古手 [43] 類を上方方面から持ち込み，上方へは東北から生糸・紅花・青苧 [44] を運び，その生糸を京都あるいは丹後の機業地へ供給するいわゆる『産物廻し』の商法を実行するためであった」[45]。

この「産物廻し」の商法を，一種の企業内循環の仕組みを使って大規模に展開することこそ，光武が中井家を再興させた革新的なビジネスモデルであった。

---

40 この項の記述は，主として水原前掲「中井源左衛門」184-191頁による。

41 太い糸の織物。

42 水原前掲「中井源左衛門」186頁。

43 使い古した衣服等。

44 イラクサ科の多年草で，高級織物の糸の原料となった。

45 水原前掲「中井源左衛門」186-187頁。

24　第1部　ブレークスルー・イノベーションの時代

それは，江戸時代における全国市場の成立を前提としたものであったが，逆に
その全国市場の発展を促進するものでもあった。

　光武が開設した店舗のなかには閉鎖されるところもあったが，全体としては
店舗の拡充は続き，相馬店・今市店・江戸店・京都店などが設けられた。その
なかで「もっとも成功したのは仙台店であって，一八〇三（享和三）年の当店
のみの資産は四万九四〇五両余であった」[46]。

　中井家の中興の祖となった光武は，源左衛門と名乗るようになった。それ以
降，源左衛門の名は，代々受け継がれるようになった。本ケース3においては，
中興の祖・中井光武をはじめとして，歴代源左衛門を一括して「中井源左衛
門」と呼び，彼らの事業活動に光を当てる。

　初代中井源左衛門の光武は，1794（寛政6）年に引退し，家督を次男の光昌
に譲った[47]。光武が死去したのは，1805（文化2）年のことである。

　二代目中井源左衛門の光昌は，父・光武のビジネスモデルを引き継いで，全
国で店舗開設を続けた。大坂店，羽前天童店，陸前石巻店，豊後杵築店が，そ
れである。水原正亨は，「一七九七（寛政九）年に光昌が譲りうけた財産は
三万一〇〇両であったが，それからの活躍はめざましく，死去する一八〇八
（文化五）年までの一〇年余に，資産を五万六二九九両に増殖させている」[48]と
述べている。二代目中井源左衛門光昌については，家訓をまとめた「中氏制
要」のなかで，封建権力との結合を戒めた点にも注目すべきである。

　店舗の開設は，三代目中井源左衛門の光凞の時代も続いた。名古屋店や港店
（石巻店の枝店）が，それである。水原正亨によれば，「光凞は一八三三（天保
四）年四八歳で死去するまでの二五年間で五万両余の資産を一一万両余に増殖
しているから，彼も経営の才能を十分発揮したといえる」[49]。

　順調に発展をとげてきた中井家の事業が暗転するようになったのは，四代目
中井源左衛門の光基の時代のことである。幕末となり，幕藩体制の動揺が強ま
ると，諸藩は，中井家の各店舗から徴収する御用金を増やす方針をとった。光
基は，御用金負担を軽減するため，港店（石巻店の枝店）・相馬店・陸前石巻店
を閉鎖し，名古屋店・羽前天童店・大坂店の整理を進めた。仙台店と京都店に

46　同前187頁。
47　中井光武の長男・源三郎尚武は，早逝していた。
48　水原前掲「中井源左衛門」189頁。
49　同前190頁。

集中する方針をとったのである。

　五代目中井源左衛門の光康の時代に中井家は，明治新政府が仙台藩への融資を不返済としたため，大きな打撃を蒙った。仙台店は，結局，1889〜1890（明治22〜23）年ごろ閉鎖された。

　六代目中井源左衛門の光忠の時代には，中井家に残された店舗は，京都店だけとなった。1934（昭和9）年には神戸店を開設したが，最終的には，1942（昭和17）年に中井家は，完全に廃業した。

◈ 中井家の経営の革新性

　以上のような中井家の変遷から明らかなように，事業経営の革新性という点では，初代中井源左衛門の光武が抜きん出ていた。その革新性は，二代目中井源左衛門の光昌や三代目中井源左衛門の光熙には，継承されていたと言える。

　光武・光昌・光熙と続いた中井家の経営の革新性の本質は，どこにあったのだろうか。それは，江戸時代における全国市場の発展がもたらしたビジネス・チャンスの拡大に俊敏に対応して，「産物廻し」という新しいビジネスモデルを作り上げ，行商から多店舗経営へといち早く転換した点に求めることができる。

　ただし，多店舗経営を成功させるためには，多額の資金を調達しなければならなかったし，効率的に各店舗を統括する仕組みを構築しなければならなかった。これらの問題を中井家がいかに克服したかについて山田雄久は，江頭恒治の研究[50]をふまえて，次のように説明している。

　「近世の近江商人は（中略），東北や関東の農村部へ向けて行商を展開し，各地に店舗を設置した。大商家として成長した事例としては，近江国日野の中井源左衛門家が1734（享保19）年に関東での合薬行商を開始し，行商から店舗商業へと事業を拡充して，奥羽から九州まで商圏を伸ばした。同家は全国に20を超える現地店舗を設置して各種事業を行い，地元の商家との合本組織による店舗経営を展開することで共同事業体を設立し，別家との関係に基づく支店や枝店を設置した。これらの各店舗では，複式決算構造に基づく帳合法を用いた帳簿を作成し，共同事業として着実に事業を拡大したのであり，東北地方では大田原店や仙台店が複数の支店を統括するなど，地元の

50　江頭恒治『近江商人　中井家の研究』雄山閣，1965年。

商家との共同出資に基づく合資会社的な企業形態を取っていた」[51]。

多店舗展開に必要とされる資金を調達し，各店舗を効率的に統括するために中井家が採用したのは，他人資本の動員による共同事業方式の活用という手法であった。水原正亨は，中井家が採用した共同事業方式について，①「中井家が機能資本家であって他の出資者は無機能的な，無限責任的持分出資者に相当する例」（仙台店・伏見店・後野店），②「形式上中井家は無機能資本家であるが，実際には会計監査その他の経営の意志決定を中井家が掌握していて，実務（製造業関係）は現地の機能資本家あるいは無出資の運営者が行使する体制にあり，かつ他に二，三名の無機能資本家が資本参加している場合」（天童店・尾道店），③「機能資本家（現地の運営者）一名と形式上無機能資本家である中井家との共同企業の場合であって，（中略）中井家が意志決定を有する場合」（大田原店・小泉店〔大田原店の枝店〕・押立店，杵築店，日野定〔仙台店の枝店〕，日野万，日野銀），④「中井家とその支配人の共同事業で，機能資本家中井家と労務出資のみをおこなう支配人との企業」（相馬店）の４類型に分けたうえで，とくに①と②の型に光を当て，「ほかの無機能資本家から出資を仰いでいる点」からみて，「これは無限責任的とはいえ，合資形態の先駆として注目に値する事例である」としている[52]。これに対して鴻池や三井のような「三都の大商人の共同企業」の場合には，同族間の共同出資によるケースが多く，「他人資本を集める合資というよりも資産の分散を防ぐ目的が相当大きな比重を占めている」というのが，水原の見解である[53]。

中井家の事業は，「産物廻し」という新しいビジネスモデルを生み，全国的な多店舗展開を通じて，合資形態の先駆を創出するにいたった。これもまた，鎖国下の江戸時代に達成されたブレークスルー・イノベーションの一例だとみなすことができる。

❖ 発展の限界とその理由

初代から三代までの中井源左衛門が革新的な事業経営を遂行したにもかかわらず，中井家は，幕末・維新期の時代の荒波に翻弄され，明治以降，発展をと

---

51 山田雄久「商人と商業組織」廣田誠・山田雄久・木山実・長廣利崇・藤岡里圭『日本商業史』有斐閣，2017 年，41 頁。

52 水原前掲「中井源左衛門」200-201 頁参照。

53 同前 202 頁参照。

げることができなかった。その理由について水原正亨は，以下のように述べている。

「中井家が三井家のように明治以後に大躍進できなかった理由としては，封建権力との結合を家訓によって戒めていたにもかかわらず，時代の波に逆らえず仙台藩との関係によって大損害を蒙るという皮肉な運命もその一つであったであろうが，三井・鴻池などの商家においてはつねに否定されてきた身代の分散が，中井家においては初代から二代目に移行するときにおこなわれていたこと，人材を欠いたことなどもあげられよう」[54]。

仙台藩との結合が中井家に大打撃を与えることになった点ついては，すでに言及した。それでは，初代から二代目に移行する際の「身代の分散」とは，どのようなものだったのか。水原の説明を聞こう。

「一七九七（寛政九）年光武は遺産の分配をおこない，本家・仙台店・相馬店（総資本金三万一〇〇両分）を光昌に，京都店・尾道店（総資本金二万二三七三両分）を三男正治右衛門武成に，大田原・小泉店（総資本金約一万両）は長男源三郎の遺子りよの智養子光儔に与えて源三郎の名を継がせた。さらに光武の三女ふみの夫で光武の姉の養子市左衛門には支店は与えなかったが金子（約五八一五両）を与え，正治右衛門・源三郎・市左衛門家が分家となった」[55]。

このような「身代の分散」は，「産物廻し」による多店舗経営を遂行するうえでは，避けて通ることができないプロセスだったのかもしれない。同じ共同企業方式をとりながら，それが「身代の分散」につながった中井家と，「資産の分散の防止」に寄与した鴻池家・三井家とでは，対照的な帰結が生じたのである。

---

54 同前 221 頁。
55 同前 188 頁。

論点 1 ： アーリーモダンかプリモダンか

❖ 江戸時代の「新しさ」

ここまで，第1部の前半では，江戸時代に焦点を合わせ，全国市場を舞台にして革新の連鎖を起こした鴻池善右衛門，新たなビジネス・チャンスに対応して小売革新を実現した三井高利，同じくビジネス・チャンスの到来を見逃さず地方商人でありながら全国市場で活躍した中井源左衛門という，三つのケースに光を当ててきた。これらの商人の革新的活動は，江戸時代（とくに17世紀）の一つの特徴である顕著な経済成長の原動力となった。

一連の革新的活動が可能になった背景には，市場経済の発展が著しかったという，江戸時代の「新しさ」がある。この点に注目して大胆な議論を展開した論者としては，宮本又郎の名前を挙げるべきだろう。

❖ 宮本又郎の「江戸時代＝アーリーモダン」説

宮本又郎は，江戸時代の「新しさ」に注目して，同時代をアーリーモダン（初期近代）としてとらえ，近代のなかに含めるべきだと主張している[56]。これは，江戸時代を封建制の時代と把握し，近代とは異なるプリモダン（前近代）だとする従来の通説に根本的な転換を迫る，インパクトのある議論である。

宮本は，「江戸時代＝アーリーモダン」説の論拠として，次の6点を挙げる。

第1は，朝廷・公家・寺社等の古代勢力の勢力が決定的に後退したことである。これは，長く続いた律令制や荘園制の崩壊や宗教勢力の衰退を意味した。

第2は，経済活動の広域化が実現したことである。領国内市場と領国間市場の成立により，二重の意味で経済活動が広域化したため，「国民経済」の形成が促進された。

第3は，人々の生活空間が大きく変貌したことである。土木・灌漑技術の向上，新稲作品種の導入などによって定住農業が普及する一方で，商工業従事者の町場への定住が進み都市の発達をもたらした。

---

56 以下のアーリーモダン説の記述は，宮本前掲「日本型企業経営の起源」1-5頁による。

第4は，士農工商という身分制は，分業関係の成立を意味したことである。分業の成立は，自給自足の縮小と商品貨幣経済の拡大へつながった。

第5は，「鎖国」体制は，中国と西洋の影響を最小限にとどめ，国家の自立を図ろうとする意識を反映したものだったことである。日本は，鎖国によって，古代以来続く中国中心の「華夷秩序」体制からも，16世紀中葉以来強まったヨーロッパ勢力のアジア進出からも，基本的には自由でありえた。

第6は，日本の歴史で事実上初めて国内通貨が統一されたことである。また，江戸時代には，度量衡の統一や交通・運輸手段の発達などもみられた。

以上が，宮本の「江戸時代＝アーリーモダン」説の概要である。全体として，傾聴に値する議論であり，とくに士農工商と鎖国についてポジティブな評価を与える点は，きわめて斬新だと言える。

※早期離陸の前提条件

ただし，筆者は，士農工商という身分制が存在した以上，江戸時代は近代に含めることができない，プリモダンの時代だと考える。身分制の有無は，前近代と近代を区別する絶対的な条件だからである。

とはいえ，江戸時代の日本が通常の封建社会とは異なる「新しさ」を色濃くもっていたことは，否定しがたい事実である。江戸時代とは，封建制と市場経済とが併存した時代だったのである。

本書冒頭の「はじめに」で提示した日本経営史全体にかかわる三つの問いのうちの一つ目は，「日本経済はなぜ早期に離陸し成長軌道に乗ったのか」という問いであった。工業化以前に「新しさ」を兼ね備えた封建社会が存在したことは，日本経済が早期離陸を実現するうえで，重要な前提条件となったのである。

概観**2**：幕末開港から日露戦後まで

❖ 世界資本主義との遭遇

　第1部の後半では，江戸時代末期から日露戦後までの時期に活躍した4ケース6人の革新的企業家を取り上げる。彼らが遂行した革新の本質は，個別で評価すれば，基本的にはインクリメンタル・イノベーションだったということができる。しかし，それらが組み合わされてできあがったユニークなシステムは，欧米以外では最初の工業化が日本において実現することを可能にした。その意味では，第1部後半で取り上げる企業家たちは，全体として，世界史的な意味をもつブレークスルー・イノベーションを実現したともみなしうるのである。

　ここではまず，時計の針を明治維新より約15年前の幕末開港の時点に合わせて，そこから日本の近代化・工業化のプロセスを再確認することにしよう。

　工業化それ自体は，機械制の導入以前にも手工業の形で始まることがあるので，江戸時代の日本で，工業化への胎動がみられなかったわけではない。19世紀の半ばには，織物業を中心にして問屋制家内工業がかなりの発展を示していたし，一部には，マニュファクチュア（工場制手工業）経営も存在した。しかし，これらは，「工業化以前の工業化」という意味をもつプロト工業化（メンデルス〔Franklin Mendels〕とデーヨン〔Pierre Deyon〕が18世紀のフランドルに関する研究にもとづいて提唱した概念であり，「原基的工業化」と和訳されることが多い）[57]に当たるものであり，日本における本格的な工業化の開始は，幕末の開港による世界資本主義との接触をまたなければならなかった。

　1853（嘉永6）年のペリー（Matthew C. Perry，アメリカ海軍提督）来航，翌1854（安政元）年の日米和親条約締結，4年後の1858（安政5）年の日米修好通商条約締結というプロセスを経て，徳川幕府は，鎖国の放棄と開港とを余儀なくされた。すでに「世界の工場」としての地位を固めていたイギリスをはじ

---

[57]　プロト工業化について詳しくは，斎藤修『プロト工業化の時代──西欧と日本の比較史』岩波書店，2013年，参照。

めとする世界資本主義に直接遭遇することになった日本は，彼我の経済力・軍事力の格差に圧倒されることになった。それを象徴したのは，日本が，各国と締結した修好通商条約において，司法権の侵害（片務的な領事裁判権）と関税自主権の喪失（協定関税制）とを容認せざるをえなかったことである。このうち後者は，「世界的にまれな自由貿易主義の実践国に日本を固定し，産業政策の政策手段として保護関税を採用する自由を奪った」[58] ものであり，日本が関税自主権をほぼ回復するのは，1911（明治44）年の日米新通商航海条約の締結をまたなければならなかった。

　幕末開港が及ぼした最大の政治的影響は，尊王攘夷運動の起爆剤となり，結果的には徳川幕府の倒壊と日本の封建制の終焉とを導いたことに求めることができる。1868年の明治維新をめぐっては，近代国家の成立をもたらした世界史上の市民革命に匹敵するものだとする学説と，半封建的な絶対王政を誕生させた絶対主義的変革にすぎないとする学説とが，対立している。ここでは，明治維新後の諸変革を通じて，経済活動を行ううえで欠かすことのできない契約の自由・営業の自由・移転や職業の自由などが保障されたこと，および1873年からの地租改正とそれに続く秩禄処分によって，近代的な土地所有権が確立したことを重視して，明治維新は，近代国家の成立をもたらしたとする説を採用する。

◈ 資金と賃金労働者の蓄積

　幕末開港は，経済的な面でも，原始的蓄積を一気に加速させるという重大な影響を，日本社会に及ぼした。原始的蓄積とは，資本主義に必要な二つの要素，つまり資金と賃金労働者が蓄積されることである。明治維新後も原始的蓄積の進行は続き，大隈財政と松方財政がもたらしたインフレーションとデフレーションの荒波のなかで農民層分解が急進展することによって，最終局面を迎えた。大隈重信と松方正義は，それぞれ1873年と1881年に，大蔵卿に就任した。大隈財政期にはインフレーションが顕在化し，松方財政下ではデフレーションが進行したのである。1882年に日本銀行が設立されたことは，原始的蓄積の一つの側面である資金の蓄積がひとまず達成されたことを示す，象徴的な出来事であった。

　58　三和良一『概説日本経済史　近現代』東京大学出版会，1993年，23頁。

32　第1部　ブレークスルー・イノベーションの時代

　資本主義の前提となる原始的蓄積が最終局面を迎えつつあった1880年前後の日本では，株式会社の形態をとった有力企業の設立が相次いだ。1879年には東京海上保険が，1881年には日本鉄道が，1882年には大阪紡績が，それぞれ設立された。これらの先駆的事例の成功は株式会社制度への信頼を高め，1886年から1889年にかけての4年間には，同制度を利用した保険会社，鉄道会社，紡績会社などの新設ブーム，いわゆる「企業勃興」が生じた。この企業勃興は，1890年恐慌によって頓挫を余儀なくされたが，日本でも工業化が本格的に進展するようになったことは間違いない。

◈ 日本の産業革命

　企業勃興に続いて1890年に恐慌が生じたことは，日本でも，資本主義的生産が本格的に始まったことを意味した。一国レベルで資本主義が確立することを産業革命と呼ぶとすれば，日本の産業革命は，イギリスに100年以上遅れて1880年代にスタートすることになった。

　日本のような後発国の産業革命においては，一面で，すでに先発国で開発された新鋭技術を利用できる代わりに，他面で，先発国からの輸入圧力のもとで工業化を達成しなければならないという問題もある。後発国では労働コストが低いから労働集約的な軽工業ではそれほどでもないが，資本集約的な重工業においては，先発国からの輸入圧力は，相当に厳しいものとなる。したがって，後発国の産業革命が完了するためには，①繊維工業などの軽工業で機械制工場生産が確立するだけでなく，②軽工業が輸出産業化して重工業製品の安定的な輸入を保証するようになるか，③重工業自体の国産化の見通しが立つか，のどちらかが実現する必要がある。

　日本の場合，①の点に関しては，大阪紡績が，1883年に1万500錘規模の大型工場の操業を開始したことが，一つの画期となった。②の点については，1897年に綿糸の輸出量が輸入量を凌駕し，1900〜05年の時期に生糸輸出が急増したことが，重要であった。さらに，③の点に関しても，1904年に官営八幡製鉄所の高炉が本格的に操業するようになり，1900年代後半には造船業や兵器製造の自給体制が確立するなどの事態がみられた。

　こうして日本の産業革命は，1900年代の半ばから後半にかけて，完了するにいたったのである。

　産業革命が進行する過程で，日本は，二つの戦争を経験した。1894〜95年

概観2：幕末開港から日露戦後まで　　33

の日清戦争と，1904～05年の日露戦争である。これらの戦争を経て，日本の財政規模は一挙に拡大し，多方面にわたって財政資金が散布された。まず，「日清戦後経営」として，軍備拡張，航海奨励法や造船奨励法の制定（いずれも1896年），官営製鉄所の設置（1896年に製鉄所官制を公布，1897年に八幡に立地を決定），特殊銀行の設立（開業年次は，日本勧業銀行が1897年，府県農工銀行が1898～1900年，北海道拓殖銀行が1900年，日本興業銀行が1902年），電信・電話事業の拡張などの政策が遂行された。ついで，「日露戦後経営」として，軍備拡張，鉄道の国有化と南満州鉄道（満鉄）の設立（いずれも1906年），官営製鉄所や電信・電話事業の拡張などの措置が講じられた。この間，1897年には，清国から獲得した多額の賠償金を背景にして，金本位制が成立した。また，1895年の台湾領有，1905年の南樺太領有，1910年の韓国併合を通じて，植民地経営も本格化していった。

❖ 三つのタイプの実業家

　日本の工業化過程では多くの実業家が活躍したが，彼らは大きく三つのタイプに分けることができる。それは，
　(1)　中上川彦次郎に代表される専門経営者（salaried managers），
　(2)　岩崎弥太郎，岩崎弥之助や安田善次郎，浅野総一郎に代表される資本家（オーナー）経営者（owner managers），
　(3)　渋沢栄一に代表される出資者経営者（investor managers），
の3者である。
　この第1部の後半では，三つのタイプの経営者の活動について，順次掘り下げてゆく。そのうえで，それらについて，イノベーションという観点から評価を加える。

34 第1部 ブレークスルー・イノベーションの時代

ケース4：中上川彦次郎／専門経営者による財閥の改革

❖日本の財閥の特徴

　最初に取り上げるのは，専門経営者の中上川彦次郎である[59]。専門経営者とは，高等教育機関や勤務先で得た専門知識を活用してトップマネジメントに昇進した者のことであり，所有にもとづきトップマネジメントとなった資本家経営者とはタイプを異にする実業家のことである。

　ここで注意を要するのは，第二次世界大戦以前の日本では，財閥系企業の方が，非財閥系企業に比べて，資本家経営者ではない専門経営者の進出が著しかったことである。1905年の時点での「大企業七五社中二八の会社における専門経営者について」詳細なリストを作成した森川英正は，「専門経営者は，財閥系の大企業に比較的多く輩出している」と結論づけている[60]。

　財閥系企業の方が専門経営者の進出が著しかったという事実は，財閥がファミリー・ビジネスであることを考えれば意外な事実であるが，日本の経営史研究が発見した重要な事実だと言える。

　財閥に関する分析は，日本の経営史研究がとくに大きな成果をあげてきた分野である。財閥とは，山崎広明によれば，「中心的産業の複数部門における寡占企業を傘下に有する，家族を頂点とした多角的事業形態」のことである[61]。財閥自体は世界各国でみられる経営体であるが，日本の経営史学研究は，自国の財閥について，固有の特徴を解明する点で成果をあげてきた[62]。その特徴としては，次の3点を指摘することができる。

59　三井銀行時代の中上川彦次郎について詳しくは，粕谷誠『豪商の明治』名古屋大学出版会，2002年，参照。

60　以上の点については，森川英正『日本経営史』日本経済新聞社，1981年，77-81頁参照。

61　1979年の経営史学会第15回大会における山崎広明の発言による。この点については，森川英正・湯沢威「第15回大会統一論題『大正期における中規模財閥の成長と限界』討議報告」『経営史学』第15巻第1号，1980年，参照。

62　経営史学的視角に立った代表的な日本の財閥についての研究業績としては，安岡重明『財閥形成史の研究』ミネルヴァ書房，1970年，森川英正『財閥の経営史的研究』東洋経済新報社，1980年，法政大学産業情報センター・橋本寿朗・武田晴人編『日本経済の発展と企業集団』東京大学出版会，1992年，などを挙げることができる。

ケース4：中上川彦次郎　35

　第1は，近代的な経営体へ脱皮する改革を経て，日本の財閥が形成されたことである。時の権力者と密着して特権的に収益をあげる政商にとどまっている限り，三井（実質的な開業は1673年）や三菱（実質的な開業は1873年）も，長期にわたって成長し続けることは不可能であった。1881年の政変により政府による支援を失った海運会社・三菱の危機，政治家向けを含む不良貸出の増加で生じた1890年代初頭の三井銀行の経営難などは，政商路線の限界を端的に示すものであった。この危機を，三菱は，二代目当主，岩崎弥之助の経営多角化戦略（海運業からの撤退と造船業・銀行業・鉱山業・倉庫業・不動産業への進出）で乗り切った。また，三井銀行も，1891年に同行理事に着任した中上川彦次郎が推進した一連の改革（不良貸出の整理，投融資等による諸工業の育成，専門経営者の大量採用など）で，経営難から脱却した。三井や，三菱は，これらの改革を通じて，古い体質の政商から近代的な経営体へと脱皮し，長期的な成長軌道に乗ったのである。

　第2は，日本の財閥が，「強烈な工業化志向」[63]を示し，「綿紡績業や電力業，およびそれらの関連産業などの少数事例を除けば，多くの産業において，リーダー（＝リスク・テイカー）としての役割をはたした」[64]ことである。三井財閥のトップとなった中上川彦次郎は，工業化路線を推し進めた。また，ビジネス・チャンスが拡大した第一次世界大戦前後の時期に，各財閥は，持株会社の設立，直系会社の株式会社化，傍系会社網の形成などによって，コンツェルン[65]化をはたした。このコンツェルン化運動は，①「金融財閥」と呼ばれた安田と野村は，多角化に対して消極的な姿勢をとった，②1908年までにすでに「総合財閥」と呼ばれるほどの多角化をとげていた三井・三菱・住友は，残された主要産業である重化学工業へ進出した，③それまで特定の産業分野に主たる事業基盤を置いてきた，いわゆる「鉱業財閥」の古河・久原，「製造業財閥」の浅野・川崎＝松方，「流通財閥」の大倉・鈴木は，きわめて積極的に多角化を推進して，一応，総合コンツェルンの形態を整えた，などを主要な内容とするものであった[66]。このうち，③のパターンの多角化は，1920年の反動恐慌以

63　森川前掲『財閥の経営史的研究』299頁。

64　橘川武郎『日本の企業集団』有斐閣，1996年，230頁。

65　「コンツェルン」とは，持株会社による複数の傘下企業の株式所有を通じて，同一資本で異なる産業部門の支配をめざす独占組織の一形態のことである。

66　この点については，橘川武郎『産業経営史シリーズ8　財閥と企業グループ』日本経営史研究所，2016年，35-39頁参照。

36　第1部　ブレークスルー・イノベーションの時代

降の景気後退局面で多くの場合，失敗に終わったが，それでも，コンツェルン化した日本の財閥が「強烈な工業化志向」を有していた事実自体は，否定できないであろう。

　第3は，日本では，財閥系企業の方が，非財閥系企業に比べて，資本家経営者ではない専門経営者の進出が著しかったことである。三井の場合，中上川彦次郎自身が慶應義塾出身の専門経営者であり，彼は，慶應義塾出身者を多数，三井家の事業に呼び寄せた。三井に集まった慶應出身者たちは，第二次世界大戦以前の日本を代表する専門経営者となった。同様の事態は三菱の場合にもみられたが，そこでは，オーナー経営者である岩崎弥太郎や岩崎弥之助が専門経営者の採用に積極的な姿勢をとった点に，特徴があった。

　財閥系企業において専門経営者の進出が相対的に顕著だったのは，「日本の財閥では，家族・同族と本社との関係と，本社と直系事業会社との関係において，所有に対する封じ込めが二重に作用していた」[67]からである。家族・同族と本社との関係において，所有が封じ込まれるうえで大きな意味をもったのは，日本の財閥における家族・同族の所有が総有制のもとに置かれたという現実である。ケース2でみたように，総有制は，「家産の分割を認めず，同族各家からみれば私的な所有としての本来の性格である処分の自由を容認しない」[68]ものだったので，所有を制約する機能をはたした。また，財閥本社と直系事業会社との関係においては，前者が後者の安定株主としての役割を担った。財閥系企業を中心に専門経営者が進出したことを反映して，日本の大企業全体（非財閥系企業も含む）の取締役会に占める専門経営者のウェートは，1930年までに着実に増大した。

　一連の経営史研究を通じて，日本の財閥には，①権力と結びついた政商から脱皮し経営の近代化・合理化を断行した，②工業化を強く志向し多くの産業でビジネス・リーダーとなった，③専門経営者を積極的に採用・登用した，などの特徴がみられたことが明らかになった。なかでも注目されるのは，ファミリー・ビジネスとしての性格をもつ日本の財閥が実は専門経営者の登用に熱心であったという③の点である。財閥内で活躍の場を与えられた専門経営者は，①の経営近代化や②の工業化の中心的な担い手となった。ここで紹介した日本の

67　橘川前掲『日本の企業集団』231頁。
68　武田晴人「多角的事業部門の定着とコンツェルン組織の整備」法政大学産業情報センター・橋本・武田編前掲『日本経済の発展と企業集団』78頁。

ケース4：中上川彦次郎　37

財閥に関する事実発見は，後発国の工業化にとって有用なインプリケーション
を提供しており，日本の経営史研究が実現した重要な国際貢献と評価すること
ができる。

　これら①②③の点は，いずれも，中上川彦次郎の三井改革と深くかかわって
いる。中上川は，日本の財閥固有の三つの特徴が形成されるうえでキー・パー
スンとなった人物だったと言える。以下では，中上川について，三井入りまで
の経緯を簡単に振り返ったうえで，①③②の順に彼の行動を追うことにしよう。

❖ 中上川彦次郎の略歴

　中上川彦次郎は，1854（安政1）年，現在の大分県中津市で生まれた。彦次
郎の母婉は，中津藩士・福沢百助の娘であり，慶應義塾を開いた福沢諭吉の姉
であった。つまり，中上川彦次郎は，福沢諭吉の甥にあたるわけである。

　福沢を慕って上京し，慶應義塾に学んだ中上川は，1874（明治7）年から77
年にかけてイギリスに留学した。帰国後，井上馨のもとで明治政府の工部省や
外務省で働いた中上川は，その後，時事新報社や山陽鉄道の社長を務めた。
『時事新報』は，福沢諭吉によって創設された日刊新聞であり，第二次世界大
戦以前の日本の「5大新聞」の一角を占めていたが，1936（昭和11）年に廃刊
となった。また山陽鉄道は，現在，主としてJR西日本が管轄する山陽本線に
あたる路線などを建設した鉄道会社であり，1906（明治39）年の鉄道国有化以
前は，民有民営方式をとっていた。

　中上川は，1891年に山陽鉄道社長を辞し，井上馨の推薦で，三井銀行理事
に就任した。三井は，幕末・維新の激動期を番頭であった三野村利左衛門の采
配で乗り切ったが，1877年に三野村が死去すると，リーダーの不在に苦しめ
られるようになった。また，三野村の政商路線がもたらした不良債権の累積に
よって，三井銀行は経営危機に直面するにいたった。1891年に起こった京都
分店の預金取付けは，それを象徴する出来事であった。三井銀行は，危機打開
のため，外部からリーダーを招聘する道を選んだのである。

　中上川の三井銀行入行に関して粕谷誠は，三井物産の創業者である益田孝
が重要な役割をはたしたこと，従業員に対して主導性を宣言するねらいを有し
た三井同族の意向を反映した措置だったことなどを強調している[69]。このうち

69　粕谷前掲『豪商の明治』57-64頁参照。

38　第1部　ブレークスルー・イノベーションの時代

後者の点について粕谷は,「同族が従業員に対して主導権をもつのであるが,その場合に同族の付託を受け,誤りなく経営を遂行する有能な専門経営者が必要とされていたのであり,ここに中上川に対する同族・井上の期待があった」[70]としている。

　三井銀行入りした翌年の 1892 年に三井銀行副長となった中上川は,不良債権の回収,専門経営者の登用,工業化路線の推進などの一連の経営改革に取り組んだ。しかし,日清戦争（1894〜95 年）後の不況の影響などで工業化部門の赤字が続くなどしたため,中上川は三井内部で次第に孤立化していった。病を得た中上川は,1901 年に 50 年に満たない人生を終えた。

❖ 不良債権の回収

　中上川彦次郎が遂行した①の経営近代化・合理化としては,政商路線の帰結として三井銀行が抱えるにいたった不良債権を整理したことに注目すべきであろう。中上川が入行したのちに三井銀行が進めた不良債権回収のよく知られた事例に,東本願寺への貸出金の取立てがある。

　粕谷誠『豪商の明治』によれば,1891 年 6 月の時点で三井銀行の東本願寺への貸出残高は 99 万 300 円に及び,最大の貸出先である三池炭礦（貸出残高107 万 6749 円）に次ぐ規模であった。この東本願寺への貸出は,もともと,松方正義の斡旋によって始まったものであった（以上,同書 52-53 頁参照）。

　三井銀行は,中上川入行後に東本願寺への不良債権を回収した。粕谷前掲『豪商の明治』は,「第二位の東本願寺への貸出金については返済に関する史料を欠くが,一八九三年四月時点で全額返済が見込まれていること,償却や担保流込がなされたという事実がないことから,全額取り立てられたとみてよいであろう。一八九一年六月には『実価』が約半分しか見込まれていなかったから,中上川によって純資産が増加し,流動性も改善されたことになる」(65 頁) と述べている[71]。

　一方で,粕谷前掲『豪商の明治』は,「中上川による不良債権の『整理』は,

---

[70]　同前 64 頁。

[71]　粕谷前掲『豪商の明治』は,この時期の三井銀行において,「このように中上川によって資産『実価』が増加した事例」として,中村道太や田中久重への不良債権の整理も挙げている（65 頁参照）。なお,1891 年 6 月時点での三井銀行本店の貸出残高についてみると,中村道太は第 4 位,田中久重は第 10 位の貸出先であった（同書 52 頁参照）。

東本願寺のように，中上川入行後の談判によって取り立てられたものに一括しうるものではない。中上川入行前に担保流込が行われており，その後も資産『実価』がそれほど上昇せずに償却された第三十三国立銀行[72]や，全額償却された『滞貸付金』のような多様な形態が存在していたのである」(67頁) とも記している。中上川の不良債権回収を過大評価することを戒めているわけである。

❖ 専門経営者の登用

　中上川彦次郎は，③の専門経営者の採用・登用に，きわめて積極的な姿勢で臨んだ。森川英正は，中上川の三井入り以前の時期に，当時は三井同族の支配下になかった三井物産において学卒者の採用が積極的に行われたことを指摘した[73]うえで，次のように述べている。

　　「三井の唯一の直営事業である三井銀行における『学卒』者採用の動きは遅く，明治二十四年（1891年——引用者注）に理事に就任した中上川彦次郎が，二十五年以後において銀行改革・三井工業化の政策を推進する中で，慶應義塾を卒業して，多様な職業に就いていた人材を大量に入行させたのがその最初です」[74]。

　表4-1は，中上川が三井銀行に入行させた慶應義塾出身者を一覧したものである[75]。このリストを作成した中村青志は，中上川彦次郎について，「彼自身が財閥の専門経営者の先駆けであるとともに，その時代に採用された高学歴の人材は，後に三井内部のみならず，産業界各分野の中心的人材として活躍した」としたうえで，「政商的な古い体質からの脱皮や人的資源の近代化などを中心に，中上川が三井の発展に果たした役割は大きい」と続けている[76]。専門経営者が大量に登用された三井財閥において，同族と専門経営者とはどのような関係にあったのだろうか。この点に関して，森川英正は，「三井一族一一家（中略）の主人たちが，トップ・マネジメントに就いて三井財閥をひきいるべ

---

[72]　1891年6月時点での三井銀行本店の貸出残高についてみると，第三十三国立銀行は第3位の貸出先であった（粕谷前掲『豪商の明治』52頁参照）。

[73]　森川前掲『日本経営史』39頁参照。

[74]　同前40頁。

[75]　中村青志「中上川彦次郎の三井改革」宇田川勝・中村青志編『マテリアル日本経営史』有斐閣，1999年，27頁参照。

[76]　同前26頁参照。

40　第1部　ブレークスルー・イノベーションの時代

▶表 4-1　三井銀行に入行した慶應義塾出身者

氏　名	出身学校	三井銀行入行前の職業	入行年	その後の活躍先企業等（役職）
津田興二	慶應義塾	教員・新聞記者	1892 年	富岡製糸場（所長）
村上　定	慶應義塾	新聞記者・山陽鉄道	1892 年	共同火災保険（専務）
藤山雷太	慶應義塾	県会議員	1892 年	大日本製糖（社長）
小林一三	慶應義塾	新卒	1892 年	阪急電鉄（社長），東宝（社長），商工大臣
和田豊治	慶應義塾	日本郵船	1893 年	富士瓦斯紡績（社長）
武藤山治	慶應義塾	広告取次，新聞記者	1893 年	鐘淵紡績（社長）
波多野承五郎	慶應義塾	外交官，新聞記者	1894 年	三井銀行（理事），東神倉庫（取締役）
鈴木梅四郎	慶應義塾	新聞記者	1894 年	王子製紙（専務）
柳荘太郎	慶應義塾	新聞記者	1894 年	三井銀行
矢田　績	慶應義塾	新聞記者，山陽鉄道	1895 年	三井銀行（監査役）
池田成彬	慶應義塾・ハーバード大学	新聞記者	1895 年	三井銀行，三井合名，日本銀行総裁，大蔵大臣
藤原銀次郎	慶應義塾	新聞記者	1895 年	三井物産，王子製紙（社長），商工大臣
平賀　敏	慶應義塾	教員・役人	1896 年	藤本ビルブローカー銀行，阪急電鉄（社長）
日比翁介	慶應義塾	商店支配人	1896 年	三越（専務）

きだという建て前が存在しながら，それが一つも守られませんでした。それならば，実質的には専門経営者にトップ・マネジメントを一任するかというと，必ずしもつねにそうだというわけではなく，しばしば同族が専門経営者の意思決定に介入するという事態が見られました」[77]と概括している。

　なお粕谷誠は，中上川の起用にあたって三井同族が影響力を行使したこと，中上川の改革が三井同族によって大きく制約されていたこと，を強調している[78]。ただし，筆者は，その三井同族が三井銀行の経営改革を進めるにあたって専門経営者である中上川に依拠せざるをえなかったこと，中上川の改革自体にもここで指摘してきたような斬新な内容が含まれていたことが，歴史的には重要な意味をもつと考える。

77　森川前掲『日本経営史』135-136 頁。

78　粕谷前掲『豪商の明治』73-75 頁参照。

ケース4：中上川彦次郎　41

　ここで取り上げた専門経営者の登用は，三菱の場合にもみられたが，そこで
は，資本家経営者である岩崎弥太郎や岩崎弥之助が専門経営者の採用に積極的
な姿勢をとった点に，特徴があった。この点については，次のケース5におい
て，改めて論じることにする。

❖ 工業化路線の推進とその挫折

　最後に，中上川彦次郎が②の工業化の推進に，いかに取り組んだかについて
みておこう。この点について安岡重明は，次のように書いている。

　　「彦次郎はかねてより工業立国に寄与すべきだという考えをいだいていた。
　明治二六（一八九三）年六月の四合名会社[79]設立のさいに，これらの諸会社
　を統轄するために三井元方・三井家同族会が作られた。従来各社が所有して
　いた非営業用の土地は，地所部を新設してこれに管理させ，各社が所有して
　いる諸工場は工業部を新設してこれにまかせ，両部を三井元方が管理すると
　いう組織整備を行なった。そして，彦次郎は工業部の発展に力をそそいだの
　である」[80]。

新設された三井の工業部には，前橋紡績所，大嶹製糸所，新町絹糸紡績所，
三重製糸所，名古屋製糸場，富岡製糸所などが所属していた[81]。安岡によれば，
「そのほか明治二三年（1890年──引用者注）の恐慌のときに一時経営難に陥っ
た鐘淵紡績株式会社には，中上川がみずから社長となってのりこんで，てこ入
れをし，拡張資金に不足していた王子製紙株式会社には藤山雷太を派遣して，
その実権を握った。また不良貸付の整理によって田中久重から入手した芝浦製
作所の整備拡充を図った」[82]のである。

　このように三井入りした中上川彦次郎は，積極的に工業化路線を推進した。
しかし，結果的には，それは挫折を余儀なくされた。日清戦後の不況の影響も
あって，工業化路線は短期的には業績の悪化を招いたため，三井内部では中上
川の改革への批判が高まったのである。このこともあって，中上川は，1901
年に47歳の若さで死去し，自らの改革の成果を確認することはなかった。安

79　「四合名会社」とは，三井銀行・物産・鉱山・呉服店の各社のことである。

80　安岡重明「中上川彦次郎　業なかばに倒れた理想主義的企業家」安岡重明・長沢康昭・浅野俊
　　　光・三島康雄・宮本又郎『日本の企業家（1）　明治篇』有斐閣，1978年，27頁。

81　同前27頁参照。

82　同前27-28頁。

42 第1部 ブレークスルー・イノベーションの時代

岡重明が中上川彦次郎を「業なかばに倒れた理想主義的企業家」と呼ぶ[83]のは，このためである。

ケース5：岩崎弥太郎・岩崎弥之助／資本家経営者による財閥の形成

◈ 岩崎弥太郎の略歴

三井の中上川彦次郎が専門経営者の典型だとすれば，資本家経営者の代表格と呼びうるのは，三菱の創業者となった岩崎弥太郎である。弥太郎の略暦をみておこう。

岩崎弥太郎は，1835（天保5）年に土佐国安芸郡（高知県安芸市）で，身分の低い地下浪人・岩崎弥次郎の長男として生まれた。弥太郎は，土佐藩の下級職として長崎に出張したり，藩主の江戸参勤に加わったりしたが，規律遵守面で問題を起こし，いずれも職を解かれた経験をもつ。しかし，弥太郎は，徐々に持ち前の商才を発揮するようになり，土佐藩内で活躍するにいたった。そのきっかけとなったのは，土佐藩の機関である開成館の長崎土佐商会に派遣されたことである。三和良一は，以下のように述べている。

「慶応三（一八六七）年に開成館の長崎土佐商会に赴任した時から，弥太郎の運は開けた。土佐物産を販売し，武器・艦船を購入する貿易が土佐商会の業務で，弥太郎は主任として外商と接し，本格的な商取引経験を蓄積した」[84]。その後「弥太郎は，長崎から大阪土佐商会に移り，汽船の購入やその資金調達に腕をふるい，藩権少参事に昇進した。明治政府の藩営事業禁止令と土佐藩の緊縮政策によって，大阪土佐商会は藩から分離し，土佐開成商社に改組する計画がたてられ，明治三年（1870年——引用者注）に九十九（つくも）商会として通商司の認可を得た」[85]。

九十九商会は，1871（明治4）年の廃藩置県で土佐藩から完全に独立し，翌

---

83 同前1頁参照。

84 三和良一「三菱の発生と岩崎弥太郎」中川敬一郎・森川英正・由井常彦編『近代日本経営史の基礎知識［増補版］』有斐閣，1979年，30頁。

85 同前30頁。

1872 年に三川商会と改称した。岩崎弥太郎は，1873 年に三川商会を三菱商会に改組し，自ら主宰者となった。

三菱商会の活動については長沢康昭が，次のように記している。

「三菱商会は海運業を中心とし，鉱山，炭坑，樟脳製造，製糸などの多角経営を行なっていた。これらの事業のうちもっとも発展したのは海運業であった。当時政府は，三井などの豪商に命じて日本国郵便蒸汽船会社を設立させ，沿岸航路を外国汽船会社から守ろうと考えていた。しかし，この会社は能率が悪く経営は不振で，汽船数隻しかもたない三菱商会にすら競争でおくれをとるほどであり，政府の意図は実現しそうになかった。加えて明治七年（1874 年——引用者注）の征台の役での軍事輸送をこの会社が断わるという不祥事すら生じた。このとき三菱商会は敢然と政府の求めに応じて軍事輸送を行なったから，政府は三菱商会を保護することを決し，明治八年『第一命令書』を下して三菱を保護会社にした。この時三菱はすでに寄託されていた政府所有船一三隻および日本国郵便蒸汽船会社所有汽船一八隻，合計三一隻の汽船を無償で交付され，毎年二五万円の運航費助成金を支給されることになった。三菱の海運部門は郵便汽船三菱会社と改称され，日本最大の独占的・特権的海運会社となった」[86]。

政府の支援を得た岩崎弥太郎率いる郵便汽船三菱会社は，当時，日本周辺の航路を支配していた外国汽船会社へ果敢に挑戦した。まず，上海航路を開拓し，アメリカ系の太平洋蒸汽船会社に競争を仕掛け，それに勝利した。さらに，上海航路や東京・大阪間航路において，イギリス系のピーオー汽船会社との競争にも打ち勝った。

ただし，政府からの支援に頼る岩崎弥太郎の路線には，大きな落とし穴があった。長沢康昭は言う。

「政府と密着して事業を行なういわゆる『政商』路線は，うまい汁を吸える反面，危険も大きかった。三菱もうまい汁を長い間吸うことはできなかった。明治一四年（1881 年——引用者注）に『明治一四年の政変』が起こり，これまで三菱のうしろだてとなってきた大隈重信が政府より追放された。薩長政府は，大隈の背後に，言論界では福沢諭吉，実業界では岩崎弥太郎がお

---

[86] 長沢康昭「岩崎弥之助」安岡・長沢・浅野・三島・宮本前掲『日本の企業家(1) 明治篇』48 頁。

44　第1部　ブレークスルー・イノベーションの時代

り，この三者が三角同盟を結んでいると見て，一転して三菱に圧迫を加えは
じめたのである」[87]。

三菱抑圧に方針を転じた政府は，1882年に三井や渋沢栄一の協力を得て，
郵便汽船三菱会社に対抗するライバルとして共同運輸会社を設立した。郵便汽
船三菱会社と共同運輸会社との競争は，熾烈をきわめた。そして両社は，徐々
に疲弊の色を濃くし，「共倒れ」のおそれが強まった。後世，岩崎弥太郎と渋
沢栄一はしばしばライバル視されるようになった[88]が，その背景には，郵便汽
船三菱会社と共同運輸会社とのあいだに繰り広げられた，この激烈な企業間競
争がある。

激烈な競争によって，郵便汽船三菱会社・共同運輸会社とも，深刻な経営危
機に直面することになった。そのさなか病に倒れた岩崎弥太郎は，1885年に
死去した。

❖ 岩崎弥之助の略歴

岩崎弥太郎の死後，郵便汽船三菱会社の社長の座を継いだのは，弥太郎の実
弟の弥之助であった。岩崎弥之助は，1851（嘉永4）年に土佐国安芸郡で，岩
崎弥次郎の次男として生まれた。弥太郎と弥之助とのあいだには，16歳の年
齢差があったことになる。

岩崎弥之助は，土佐藩校の致道館や重野安繹の私塾で学んだあと，1872（明
治5）年にはニューヨークに留学した。翌1873年に帰国し，三菱商会と改称
されていた兄・弥太郎の会社に入って，副社長となった。それから12年後の
1885年に弥之助は，三菱の二代目の当主となったのである。

長沢康昭は，岩崎弥之助が二代目であったことについて，次のように述べて
いる。

「二代目ということは，その地位についた人物を微妙な立場においやる。
初代は成功も失敗も自らのものであり，他を顧慮することなく自由に経営を
行ないうる。これに対して二代目は，受けついだ遺産をふやすことはあって
も，減らすことは許されない。ところが，事業には危険がつきものであり，
事業を伸ばそうとして大きな利益のみこまれる事業分野に進出すれば危険も

87　同前49頁。
88　たとえば，城山三郎が渋沢栄一を描いた小説である『雄気堂々』新潮社，1972年（原題「寒
灯」としての発表は1971年）でも，このような見方がとられている。

大きく，失敗する可能性も大きい。かといって安全な事業にのみ固執すれば利益も少なく，企業の大きな発展は望めないし，悪くすればジリ貧に陥る。つまり二代目の意思決定は，積極的な側面と消極的な側面の間を揺れ動くことになる。

弥之助もまたこのような心理状態にあったはずであり，それがかれの評価を難しいものにしている。消極的な側面を強調すれば，かれは守成の人であり，弥太郎の残した事業を，弥太郎の作った路線の上で展開した人物であることになる。積極的な側面を強調すれば，かれは中興の人であり，弥太郎の残した事業を土台にして，独自な発展をさせた人物であることになる。現実にはかれはこの中間にあったようであり，どちらの側面も一色に塗りつぶすことができないように思う。弥之助の活動を評価する場合，これらの両側面を常に考慮する必要があるのである」[89]。

岩崎弥之助の「守成の人」としての側面については，彼が郵便汽船三菱会社と共同運輸会社との破滅的競争を終わらせた手腕からみてとることができる。競争が泥沼化し両社が共倒れになると，その間隙をついて外国汽船会社が日本の近海で勢力を伸ばすおそれがあった。この点を懸念した日本政府は，郵便汽船三菱会社と共同運輸会社とを合併させて新会社を設立する方針に転じた。岩崎弥之助は，この政府の新方針を受け入れ，1886年9月に郵便汽船三菱会社を解散した。翌10月には，郵便汽船三菱会社と共同運輸会社の事業・資産を継承して，新会社である日本郵船株式会社が発足した。

つまり，岩崎弥之助は，三菱が海運業から撤退するという苦渋の決断を下したわけであるが，この決断は，もし弥太郎が存命であったならば，行われなかったかもしれない。弥太郎にとって海運業は，特別な意味をもっていたに違いないからである。

結果的にみれば，岩崎弥太郎の死後，経営を引き継いだ弥之助の決断によって三菱は，大きな危機を乗り越えることができた。その意味で弥之助は，「守成の人」なのである。

郵便汽船三菱会社の解散によって海運業以外で再出発することになった三菱は，積極的に多角化戦略を遂行するようになった。岩崎弥之助の「中興の人」としての特徴は，この面において遺憾なく発揮されたと言える。

---

89 長沢前掲「岩崎弥之助」47-48頁。

46　第1部　ブレークスルー・イノベーションの時代

　三菱が事業多角化を本格化させるうえで重要な契機となったのは，造船業へ
進出したことであった。三菱は，1884年に，官営長崎造船所の貸下げを受け
た。これについて長沢康昭は，「このときは共同運輸と三菱の猛烈な競争の最
中であり，政府が競争相手である三菱に貸下げを行なうことは奇異なことであ
った。その間の事情は不明であるが，一説によれば政府はもっとも赤字の多い
長崎造船所を三菱に推しつけてその力を弱め，間接的に共同運輸を助ける策で
あったという」[90]と書いている。

　三菱は，1887年に官営長崎造船所の払下げを受け，同所の所有権を獲得し
た。岩崎弥之助は，長崎造船所の経営再建に力を尽くした。大幅な設備拡充の
ための投資を行うとともに，腹心の部下である荘田平五郎を同所支配人に任
命したのである。

　岩崎弥之助のリーダーシップのもと，長崎造船所は経営再建をはたし，その
事業は成長軌道をたどるようになった。1896年の6000トン級大型航洋船・
常陸丸の建造は，それを象徴する出来事だった。

　三菱の長崎造船所は，今日の三菱重工業の母胎となった。その造船業からス
ピンオフする形で，三菱電機や三菱自動車工業が生まれた。海運業から撤退し
造船業へ進出した岩崎弥之助の決断が，三菱全体の多角的工業化の出発点とな
ったのである。

　岩崎弥之助が進めた事業多角化の対象は，造船業だけに限られたわけではな
かった。産炭業や金属鉱業においても弥之助は，弥太郎の時代に始まっていた
事業の規模を大幅に拡充した。三菱の産炭業は，1881年の高島炭坑買収によ
って実質的なスタートを切っていたが，弥之助は，同炭坑の事業拡大に尽力す
るとともに，1889年には新入・鯰田炭坑を買収して筑豊炭田へ進出した。
また金属鉱業では，弥之助は，弥太郎時代には不安定であった吉岡鉱山の経営
基盤の強化に取り組んだ。このほか，尾去沢鉱山・槇峰鉱山・面谷鉱山・生野
鉱山・荒川鉱山など，全国の金属鉱山の買収・開発を進めた。

　岩崎弥之助による事業多角化のなかで出色なものは，地所事業への進出であ
る。ロンドンに出張した荘田平五郎の進言によって始まったとされる三菱の地
所事業は，東京・丸の内地区における「一丁ロンドン」と呼ばれるオフィスビ
ル街の開発に結実した。今日の三菱地所の始まりである。

90　同前60頁。

このように，二代目の岩崎弥之助は，三菱財閥の事業多角化の牽引役を担った。それは，「中興の人」と呼ばれるのにふさわしい活躍であった。

1893年に三菱社を解散し三菱合資会社へ改組した岩崎弥之助は，合資会社社長の座を，弥太郎の長男である久弥に譲った。当主の座を委譲したのちも弥之助は，久弥を助けて事業多角化を進めるなど三菱の経営に関与したが，1908年にこの世を去った[91]。

❖ 政商からの脱却

ケース4で中上川彦次郎を取り上げた際に，三井の事例に即し，①政商からの脱却，②専門経営者の登用，③工業化路線の推進，という3点を挙げた。これらの3要件は，三菱財閥の成立に関しても，そのままあてはまる。

まず，政商からの脱却についてみれば，初代の当主・岩崎弥太郎の死去を受けて二代目の当主となった岩崎弥之助が，政商路線で急成長をとげていた郵便汽船三菱会社の事業と資産を日本郵船に譲渡し，海運業から撤退したことが，大きな意味をもった。この点について長沢康昭は，次のように述べている。

「三菱は譲渡資産の評価を行なう際に償却済の船舶などの再評価を行なっており，けっして損はしていなかった。

しかも，譲渡された汽船は老朽船が多く，日本郵船は発足後七年ほどの間に不経済船一六隻を売却し，このため資本金を一一〇〇万円から八八〇万円に減資しなければならなかった。つまり弥之助は海運部門を高く売りつけることに成功したのである。さらに日本郵船には政府が年八％の配当保証を行なっており，岩崎家は同社の最大株主であった。結局のところ，弥之助は，政府との密着した関係を清算しながら岩崎家の資産を守ったのである。三井が政商路線から転換した際，不良債権の切捨てなど多大の出費をなさねばならなかったことと比べれば，花を捨てて実をとった行動といえるであろう」[92]。

海運業からの撤退によって三菱は，政商路線から脱却した。それは，三菱が近代的な財閥として生まれ変わるためには，避けて通ることのできないプロセスであった。

---

91 ここでは，長沢康昭の所説に従い，1893年の三菱合資会社発足後の1900年代半ばまでの時期についても，三菱の事業多角化における岩崎弥之助の役割を高く評価する見方をとった。この点については，長沢前掲「岩崎弥之助」74-75頁参照。

92 長沢前掲「岩崎弥之助」51頁。

48   第1部　ブレークスルー・イノベーションの時代

❖ 専門経営者の登用

②の点について言えば，三菱もまた，専門経営者の登用に積極的な姿勢をとった。そこでは，資本家経営者である岩崎弥太郎や岩崎弥之助が専門経営者の採用に積極的な姿勢をとった点に，特徴があった。

表5-1は，森川英正が作成したものであり，明治期の三菱財閥で活躍した専門経営者を取り上げている[93]。この表には江戸時代の寺子屋出身者や中等教育機関出身者も含まれており，専門経営者がやや幅広に定義づけられているが，森川は，専門経営者を福沢諭吉の言葉を借りて「士流学者」と置き換えた[94]うえで，「大量の『士流学者』を他に先がけて——三菱の明治一〇年代，三井の明治二〇年代——積極的に雇い入れ，政策決定の要衝に配置し機能させたことが，巨大財閥の財閥としての発展の重要な条件の一半を形作ったと判断される」[95]と述べている。

ここで注目されるのは，森川が，「士流学者」を積極的に雇い入れた時期を，三菱については明治10年代，三井については明治20年代としている点である。つまり，専門経営者の採用に関しては三菱が三井より一歩先行していたと評価しているわけであるが，そのような状況が生じたのは，創業者である岩崎弥太郎，およびその継承者である岩崎弥之助という2人の資本家経営者が，創業当初から専門経営者登用に熱心だったからだと言える。

なお，当時，三菱入りした専門経営者で表5-1に含まれていない者が，数人いる。たとえば，慶應義塾出身の朝吹英二（のちの王子製紙会長。以下同様）や山本達雄（日本銀行総裁），東京大学出身の加藤高明（総理大臣）や磯野計（明治屋創立者）らが，それである。

❖ 工業化路線の推進

最後に，財閥成立の③の要件である工業化路線の推進に目を向けよう。三菱の場合にも，この面では，専門経営者が重要な役割をはたした。

三菱において工業化を牽引した専門経営者の代表格としては，荘田平五郎の名を挙げることができる。この点について安岡重明は，以下のように記してい

93　森川前掲『財閥の経営史的研究』17-18頁。
94　この点については，福澤諭吉「実業論」『福澤諭吉全集』第六巻，岩波書店，1959年，157-158頁参照。
95　森川前掲『財閥の経営史的研究』20頁。

ケース5：岩崎弥太郎・岩崎弥之助　49

▶表5-1　明治期に三菱財閥で活躍した専門経営者

氏　名	学　歴	前　職	会社・明治期の最終職
荘田平五郎	慶應義塾	慶應教師	三菱合資管事
豊川良平	慶應義塾		三菱合資管事
南部球吾	東京開成学校・留学		三菱合資管事（鉱業部長）
武市利美	三菱商業学校	官吏，家業	東京倉庫会長
瓜生震	江戸中等教育	鉄道寮	三菱合資営業部長
荘清次郎	東大法		三菱合資庶務部長
水谷六郎	江戸中等教育・イギリス現業	官営長崎造船所	三菱合資造船部長
原田鎮治	東大理，採鉱	農商務省地質調査所	三菱合資鉱山部長
三村君平	江戸中等教育	第百十九国立銀行	三菱合資銀行部長
江口定条	高等商業学校	高等商業学校教師	三菱合資営業部長
桐島像一	帝大法科		三菱合資地所部長
木村久寿弥太	帝大法科		三菱合資庶務部長
丸田秀実	海軍兵学寮	海軍大機関士	三菱合資造船部長
末延道成	東大法		東京海上会長
吉川泰二郎	慶應義塾	師範学校長	日本郵船社長
内田耕作	寺子屋		日本郵船専務取締役
近藤廉平	江戸中等教育・大学南高中退		日本郵船社長
浅田正文	江戸中等教育		日本郵船専務取締役
岩永省一	慶應義塾	内務省官吏	日本郵船専務取締役
小川鈿吉	大学南校	文部省官吏	日本郵船取締役

る。

　払下げを受けた長崎造船所を「先進国なみの造船所に仕立てあげ，三菱の重工業の出発点とした功労者が荘田平五郎である。

　荘田は慶応義塾に学び，福沢諭吉から嘱望され，福沢なきあとは慶応の塾頭と目されたほどの人物であった。明治二九年（1896年——引用者注），航海奨励法と造船奨励法が公布されると，三菱の最高経営者であった荘田は，日本郵船から国際級の汽船の建造注文を取りつけるとともに，長崎造船所の近代化にのり出した。当時三菱の中心事業になっていた炭鉱業を重視する人たちは，その利益を造船業に投入することに反対していたが，かれはみずから長崎造船所長として明治三〇年から三四年まで現地に赴任し，現場を指揮し，六〇〇〇トンの常陸丸の建造に成功した。三八年には，かれの指揮のもとに

50　第1部　ブレークスルー・イノベーションの時代

神戸造船所が完成した。これはのちの航空機・自動車・電機製造の母胎となった。そのほか，明治生命，山陽鉄道の設立に寄与したし，三菱地所の所有する丸の内のビル街は，もと国有地であったのを，三菱社長岩崎弥之助が渡英中の荘田の進言にもとづいて，払下げを受けたのである。かれは筆頭管事として三菱合資（明治二六年設立）の経営をほとんど掌握し，四三年退任した」[96]。

荘田平五郎に対するこのような評価は，経営史研究者のあいだで広く共有されている。たとえば森川英正も，専門経営者の工業化志向の典型的な体現者として，三井の中上川彦次郎と三菱の荘田平五郎を取り上げている[97]。

ケース6：安田善次郎・浅野総一郎／二人の資本家経営者の連携による財閥の形成

❖総合財閥と金融財閥・産業財閥

ケース4とケース5でみてきたように，①政商からの脱却，②専門経営者の登用，③工業化路線の推進，という三つの要件を満たすことによって，三井と三菱は，財閥形成への道を歩んだ。幕末開港以来の経営環境の激変がビジネス・チャンスを拡大させた状況下で，他の資本家経営者のなかにも，財閥形成をめざす者がいた。しかし，長期的な視野に立ってその帰結を評価すると，できあがった財閥のあり方には，大きな違いが生じたと言わざるをえない。三井や三菱のように，鉱業・製造業・流通業・金融業のすべての分野において事業を展開することになった「総合財閥」は少なく，4分野のどれかに重点をおく形になった「金融財閥」や「産業財閥」の方が多数を占めるにいたったのである。なお，ここでは，便宜上，「鉱業財閥」「製造業財閥」「流通業財閥」を一括して，「産業財閥」という呼称を用いている。

以下では，金融財閥の形成者として安田善次郎，産業財閥の形成者として浅野総一郎に光を当てる。ともに現在の富山県で生まれた両者は，事業展開にあ

96　安岡重明「財閥の多角的工業化——中上川彦次郎と荘田平五郎」中川・森川・由井編前掲『近代日本経営史の基礎知識［増補版］』125頁。

97　森川前掲『財閥の経営史的研究』22-31頁参照。

たって緊密に連携した点でも注目される。

❖ 由井常彦著『安田善次郎』

安田善次郎については，由井常彦による優れた評伝『安田善次郎——果報は練って待て』（ミネルヴァ書房，2010年）がある。筆者は，『経営史学』に同書の書評を寄せたことがある[98]。ここで，その内容を紹介しておこう。

◆　　　◆　　　◆

戦前日本の「四大財閥」の一角を占めた安田財閥を一代で築き上げた人物であるにもかかわらず，安田善次郎についての評伝は，これまでほとんど刊行されてこなかった。しかし，その空白を一挙に埋めたのが，由井常彦著『安田善次郎　果報は練って待て』である。

同書の構成は，次のとおりである。

> はしがき
> 第一章　郷里から江戸，安田屋経営——行商，奉公そして独立
> 第二章　維新の変革と安田善次郎——「巨富」の蓄積・経緯と実体
> 第三章　両替商から銀行家へ——第三国立銀行と安田銀行
> 第四章　日本銀行設立と安田善次郎——知られざる活動と役割
> 第五章　多角化と財閥の形成——急激な成長とその特性
> 第六章　銀行家としての大成とその表裏——工業化の挫折と近代化の限界
> 第七章　晩年の孤独と死——銀行界の覇者の運命
> 付表，参考文献，あとがき，安田善次郎略年譜，人名・事項索引

同書は，評伝であるため，時系列に即して各章が編まれている。第一章は1838（天保9）年の安田善次郎の出生から1866（慶応2）年の日本橋小舟町の店舗への転居まで，第二章は1874（明治7）年の司法省による為替方任命の直前まで，第三章は1880年の安田銀行開業まで，第四章は1882年の日本銀行理事就任を経て1890〜91年の恐慌への対応まで，第五章は1897年の還暦の直前まで，第六章は還暦から1908年まで，第七章は1909年から1921（大正

98　橘川武郎「書評——由井常彦著『安田善次郎　果報は練って待て』」『経営史学』第47巻第2号，2012年。なお，同書については，橘川武郎「書評——由井常彦著『安田善次郎』」『日本経済新聞』2010年12月19日付，も参照。

52　第1部　ブレークスルー・イノベーションの時代

10) 年の暴漢の襲撃による不慮の死までを，それぞれ詳しく論じている。

　同書は，集めうる限りの一次史料や広範囲にわたる先行研究の成果を駆使して，次々と新事実を明らかにしている。江戸で始めた玩具の行商，文久銭をめぐる投機とその失敗，明治維新直後の事業多角化，幕府御用や太政官札取引の実際，栃木県での積極的な事業展開，第三国立銀行と安田銀行との関係，日本銀行理事としての活動等々に関する記述は，従来あまり知られていなかった諸事実に光を当てたものであり，同書の大きな魅力となっている。一例を挙げれば，第三国立銀行と安田銀行との関係について説明した，「第三国立銀行がいちおう開かれた銀行であって，善次郎が自分の商才や能力を思うままに発揮する上で制約があったことは否定できない。それに反して，安田一家所有の安田銀行は，その内部は他人のうかがい知れない銀行であって，善次郎が，ときには元締役場や安田商店（不動産業）を使って，思うように運用し，自身の利害にそくして，十分に商才が発揮できる経営の場であった」(104 頁) という文章は，興味深いし説得力がある。

　一次史料の発掘という点では，著者の由井常彦自身が編者となって，1986 年に『安田財閥』（日本経済新聞社）を刊行したことが，重要な布石となった。その間の経緯については，同書の「はしがき」のなかで，

　　「筆者は，創業者たる安田善次郎の企業家活動の部分を担当し，明治初年『巨富』といわれた資金ないし資産の実態，いわばどのようにして，どの位の蓄積をしたかについては，善次郎自筆の決算帳簿（『実際考課状』といわれる）の研究によって，いちおう明らかにしえた。だがしかし，そのほかの時期の投資行動とその成果については，当時の入手可能の史料のみではいぜん判然としなかった。

　　ところが，その後『安田財閥』をお読みいただいた三代当主の安田一氏（当時安田生命会長）から，祖父の研究のためならということで，倉庫の奥深く保存，保管されていた『日記』『手控』を拝見させていただき，かつ全部を安田不動産総務課でコピーしていただくことができた。これは明治年間三十年にわたる手書きの貴重な史料であって，ここに筆者としてはこの史料の解読によって，伝記を執筆したいという意欲に駆られたのである」(i – ii 頁)，

と説明している。同書を特徴づける数々の新事実の発見は，このような史料発掘の成果だということができる。

すぐれた評伝を読むと，不思議なことに，取り上げられた人物の成功物語より失敗談の方が印象に残る。同書の場合もそうである。

金融業に比類のない才覚を発揮する安田善次郎であるが，金融業以外の事業経営では見るべき成果をあげることができない。これとは対照的に，同郷の浅野総一郎は，資金力には欠けるものの，事業面で成功を重ねる。その結果，やがて善次郎の事業経営とのかかわりは，総一郎への資金的支援という間接的なものになってゆく。

事業の後継者と見込んだ養子に相次いで死なれた安田善次郎は，それでも，1913年には娘婿の善三郎にいったん家長職を譲る。しかし，善三郎は，その後善次郎の実子たち（善之助ら）と対立するにいたり，最終的に善次郎は，善三郎と愛する娘・暉子とを離縁して，1920年に数え年83歳で事業経営の第一線に復帰する。安田善次郎最大の失敗は，後継者を育成できなかったことにあると言える。

同書を読んで強く印象に残るのは，これらのくだりである。安田善次郎の失敗談について由井は，別稿「財閥の進化とサスティナビリティ——安田財閥の急成長と挫折」（橘川武郎・島田昌和編『進化の経営史——人と組織のフレキシビリティ』有斐閣，2008年，第4章）においても，立ち入った議論を展開している。同稿で由井は，「4大財閥」の一角を占めた安田財閥を一代で築き上げた安田善次郎の事業活動を，彼の死にいたるまで長期にわたって分析した。そして，日本銀行役員としての活躍，薩州系政治家による支援などについて新事実を提示しつつ，全体としては，安田善次郎自身の進化が，安田財閥全体の進化に投影された様相を明らかにした。そのプロセスでは，養嗣子・安田善三郎との葛藤と決裂，事業上のパートナー・浅野総一郎への傾倒とそれがもたらした危機などが観察されたが，これらは，組織進化をもたらす文化の共有ないし伝達がいかに困難であるかを示唆している。

二つの失敗談のうち後者の後継者問題については，同書も，別稿「財閥の進化とサスティナビリティ」も，迫真の筆致でそれを掘り下げている。一方，前者の浅野総一郎とのかかわりについては，同書を読んでも，別稿を読んでも，安田善次郎の心理面まで立ち入ってより深く描き出してほしかったという注文が残る。善次郎の心には，総一郎に事業面で依存することに対して，小さくない葛藤が生じていたはずだからである。

念のために付言すれば，このたった一つの注文は，同書の価値をいささかも

54　第1部　ブレークスルー・イノベーションの時代

減じるものではない。また，同書には，失敗談ばかりでなく，安田善次郎の光
輝く成功ももちろん十分に書き込まれている。善次郎の人生の光と影をともに
描いた同書が，安田評伝の決定版として永く読み続けられることは間違いない
であろう。

◆　　◆　　◆

❖ 安田善次郎の略歴
　ここで改めて，安田善次郎の生涯を振り返っておこう。
　安田善次郎は，1838（天保9）年に城下町・富山で生まれた。幼名は岩次郎
であった。父の善悦（四代善次郎）は，岩次郎が幼少のころ，富山藩の下級武
士の地位を得た。
　富山で寺子屋に通ったのち行商・筆耕の生活を送った岩次郎は，1857（安政
4）年，2度目の出奔で江戸に移り，忠兵衛と名乗って，両替店での奉公や玩
具の行商などで暮らしをたてた。1863（文久3）年に独立し，翌1864（元治元）
年には善次郎と改名して，日本橋人形町通に鰹節屋兼両替屋の安田屋を開設し
た。
　安田屋は，1866（慶応2）年に安田商店と改称した。その安田商店は，大い
に成功した。この点について杉山和雄は，次のように述べている。
　「スタートした安田屋は二年後に両替商専業となり，安田商店と改称し，
　幕末・維新期の幣制混乱に乗じて成長した。ことに安田商店の名を高めたの
　は，善次郎の大胆かつ機敏な活動であった。攘夷派浪士の横行を恐れ，同業
　者が休業するなかで，ひとり古金銀の買占めをつづけたり，維新期には政府
　紙幣の正金等価通用策をいち早くキャッチし，正価の三割まで価値の暴落し
　ていた太政官札を大量に買入れたりした。これによって安田商店が巨利をえ
　たのはいうまでもない。
　　安田商店はその後，司法省，東京府など諸官庁の官金取扱をつとめる一方，
　この官金をもって秩禄公債や金禄公債の買入れにあたった。公債価格は額面
　の七割位まで下落しており，有利かつ安定的な投資物件であった。そして，
　業務の発展にともない，一〇年（明治10年＝1877年——引用者注）ごろから
　資本金の項を新設したり，あるいは貸借法による決算を採用するなど，諸改
　革もすすめた。こうして安田商店は，事実上銀行として内容をそなえるまで

に発展していた」[99]。

幕末の古金銀の購入，明治維新直後の太政官札の買入れ，秩禄公債や金禄公債の買取りなどにみられる安田善次郎の「大胆かつ機敏な活動」は，彼のファイナンス面での優れた才覚を反映したものであった。この才覚を活かして安田は，日本を代表する銀行家への道を突き進んだ。

1877（明治10）年，安田善次郎は，川崎八右衛門・松下市郎左衛門らと提携して，第三国立銀行を設立した。さらに安田は，安田商店を改組して，1880年には安田銀行を開業した。なぜ安田は，わずか3年のあいだに，第三国立銀行と安田銀行を相次いで設立・開業したのだろうか。杉山和雄は，その理由について，「第三国立銀行は銀行券発行の特権をもつとはいえ，政府へ営業状況を報告する義務を負っていた。また株式組織である以上，善次郎が大株主であるとはいえ，他の有力株主の意見を尊重する必要があった。しかし経済環境のはげしい変化に対応してゆくためには，自己一人の責任において迅速かつ果断に方針を決定し，行動することが望ましい。そしてこの自由は，個人企業においてだけ確保される──これが善次郎の考えであった」[100]と説明している。さきに紹介した由井常彦の所説につながる見解である。

銀行家として名をはせるようになった安田善次郎は，1882年に日本銀行が開設されると，同行の理事兼割引局長に任ぜられた。その後も安田は，日本銀行の要職を歴任した。

安田善次郎は，銀行業のみならず，事業多角化を進めた。しかし，金融関連部門を除けば，安田の多角化戦略の多くは，成功することがなかった。この点については，浅野俊光が詳しい。

「安田は金融財閥といわれる。しかし，これは必ずしも正しくない。善次郎は，当時の企業家の一般的な行動様式である多角化を目指した企業家であり，その投資および経営した事業はけっして少なくない。かれが銀行業以外に最初に手がけたのは従来の事業と関係の深い保険業であり，共済五百名社（後の安田生命）であったが，いわゆるインダストリーにも強い関心を寄せ，その事業範囲は広範囲に及んだ。硫黄山，石炭礦業，製釘業，紡績業，鉄工

---

99 杉山和雄「個人銀行の創設」中川・森川・由井編前掲『近代日本経営史の基礎知識［増補版］』28-29頁。
100 同前29頁。

業，鉄道・造船業と，ほとんどまんべんなく投資・経営している」[101]。

「こうして安田は，多角的に諸事業を経営したが，結果的にはほとんどの事業は永続できなかったといってよい。これは，（中略）善次郎の周囲に有力な経営スタッフを欠いたことに大きな原因があったように思われる。それが，三井・三菱・住友との大きな相違であった。かれの旺盛な事業欲は，安田の事業に携わる身近な人物によってではなく，むしろ大胆な産業企業家浅野総一郎によって間接的に満たされることになる」[102]。

浅野俊光は，専門経営者を登用し経営スタッフを充実させる点で後れをとったことが，安田の事業多角化を失敗させたという見方をとっているわけである。

安田善次郎自身の「インダストリー」の事業化は成功することはなかったが，他の企業家によるインダストリー事業化の試みをファイナンス面から支援することに関しては，安田の貢献度はきわめて高かった。支援の主たる対象となったのは，明治中期までは雨宮敬次郎，その後は浅野総一郎であったが，このうち浅野については次項以降で取り上げる。甲州出身の精力的な企業家で日本における鉄道業の勃興などに大きな足跡を残した雨宮に対して，安田は，甲武鉄道への出資などの形で積極的な支援を行った。

安田善次郎は，1913（大正2）年，事業の第一線から引退した。大磯の別荘で国粋会のメンバーに襲われ，突然の死をとげたのは，それから8年後の1921年のことである。

❖ 浅野総一郎の略歴[103]

一方，浅野総一郎は，1848（嘉永元）年に越中国射水郡（現在の富山県氷見市）に生まれた。若いころからさまざまな商売を手がけたが，事業に失敗して故郷を離れ，1871（明治4）年に東京へ出た。水売り，薪炭商を経て，石炭商に落ち着いた。

石炭の販売を続けるうちに，当時，用途がわからず捨てられていたコークスに目をつけ，それが燃料として使えることを確認して，コークス商として成功

---

101 浅野俊光「安田善次郎」安岡・長沢・浅野・三島・宮本前掲『日本の企業家(1) 明治篇』110頁。

102 同前115頁。

103 この項の記述は，主として寺谷武明「浅野総一郎と浅野財閥」中川・森川・由井編前掲『近代日本経営史の基礎知識［増補版］』129-130頁，による。

した。石炭商・コークス商としての活躍は渋沢栄一の目にとまるところとなり，渋沢が浅野を支援するきっかけとなった。

　石炭やコークスを扱っていた浅野総一郎の関心は，セメント事業に向かった。浅野は 1881 年に官営深川セメント工場の貸下げを受けたが，このときに保証人になったのは渋沢栄一だった。業績不振で運転休止に追い込まれていた官営深川セメント工場の経営再建に成功した浅野は，1883 年に同工場の払下げを受け，浅野セメント会社とした。浅野セメントは，その後順調な発展をとげ，浅野財閥の中核的企業となった。

　浅野総一郎は，セメント事業以外にも石炭に関連する諸事業に関与し，磐城炭礦会社や東京瓦斯株式会社の経営に携わった。このうち東京瓦斯については，渋沢栄一が共同経営者として名を連ねていた。

　燃料に注目をし続けた浅野総一郎の関心は，石油事業にも向かった。渋沢栄一の紹介でマーカス・サミュエル商会（のちのライジングサン石油およびシェル石油の前身）を通じロシア油の輸入・販売を行ったのち，宝田石油製の国産油の販売に転じた。しかし，浅野の石油事業は，1904 年に宝田石油へ合併され，終焉をとげた。その宝田石油自体も，1921（大正 10）年には日本石油に合併された。

　浅野総一郎は，石炭とセメントの運送を通じて海運業にも目を向け，1896（明治 29）年に東洋汽船会社を設立した。同社は，第一次世界大戦下の好況期に急成長をとげ，日本郵船・大阪商船に次ぐ大手海運会社となった。

　このほか浅野総一郎は，安田善次郎と協力して 1913（大正 2）年に鶴見埋築会社を設立し，京浜工業地帯の埋立造成にも取り組んだ。また，1916 年には浅野造船所を設立した[104]。

　ここまで述べてきたように，浅野総一郎の事業欲は，とどまることを知らなかった。彼は，セメント，石炭，海運，埋立造成，造船などに広がった傘下の事業会社を統轄するために，1918 年，持株会社として浅野同族会社を設立した。

　浅野総一郎は積極的に事業多角化に取り組んだが，1930（昭和 5）年に生涯を終えるまで，金融業へ本格的に進出することはなかった。唯一とも言える例外は，1916（大正 5）年に第五銀行を買収し日本昼夜銀行（のちの浅野昼夜銀行）

---

104 浅野造船所について詳しくは，小早川洋一「結城・森改革と安田財閥の再編成」由井常彦編『安田財閥』日本経済新聞社，1986 年，参照。

58　第1部　ブレークスルー・イノベーションの時代

として経営に当たったことであるが，同行は業績不振に陥り，1922 年に安田財閥に売却され，再び日本昼夜銀行となった。浅野財閥は，典型的な産業財閥だったのである。

❖資本家経営者間の連携

浅野総一郎は，事業展開する際に，しばしば渋沢栄一の支援を受けた。そこでは，資本家経営者が出資者経営者に支援されるという構図が観察されたわけであるが，浅野に関しては，安田善次郎から金融面でサポートされることが多かった点も注目される。まず，明治中期における両者の関係について由井常彦は，次のように述べている。

「この時期の善次郎は近代産業の経営には成功しなかった。しかし，善次郎の工業化への積極的な行動のすべてが失敗したわけではなかった。善次郎は，雨宮敬次郎（明治三六年〔1903 年——引用者注〕死亡）についで浅野総一郎に，近代産業に挑戦する果敢な精神と企業家的能力とを見出していた」[105]。

「善次郎が最初に浅野総一郎に出資したのは，（中略）日清戦争後の明治二九年〔1896 年——引用者注〕四月設立の東洋汽船である。海運史の上で周知のように同社は，当時の日本郵船の海運独占に対抗すべく国際的な定期航路をもつ会社として目論まれ，このとき浅野総一郎は，渋沢栄一はじめ大倉喜八郎，安田善次郎，岩出惣兵衛，奥三郎兵衛，田中新造ら京浜地方の知己十数名を招待，目論見書を配布して，新会社の設立を披露した。これにたいし最初に声高に賛成したのが安田善次郎といわれ」[106] る。

1899 年には安田銀行が，浅野セメントへの融資を開始した。

また由井常彦は，第一次世界大戦期における浅野総一郎と安田善次郎との関係について，「この時期とくに急成長した企業に，浅野総一郎の東洋汽船と浅野セメントがあった。善次郎は，引退したとはいえ，浅野を信用，既に出資していたこれら二社を準安田系として投融資を続けた。第一次大戦の安田系銀行の好業績は，浅野の稀にみる旺盛な企業家活動によるところが大であった」[107] と記している。

浅野財閥と安田財閥との関係について寺谷武明は，「浅野財閥は金融部門を

105　由井前掲『安田善次郎』255 頁。
106　同前 255-256 頁。
107　同前 308 頁。

欠く産業財閥で，資本の弱体性がしばしば指摘されているが，金融財閥の安田と密接な関係をもち，両者が一体となって一つの総合財閥の動きを示すことが多く，浅野がその産業部門を担当したともみられる」[108]と概括している。浅野総一郎と安田善次郎は，いずれも資本家経営者であった。日本の工業化過程では，資本家経営者間の連携も観察されたのである。

ケース7：渋沢栄一／出資者経営者による経営資源の動員

◈ 波乱万丈の生涯

続いて，専門経営者や資本家経営者とは異なる，第3のタイプの経営者である出資者経営者に目を転じる。日本の工業化のプロセスで活躍した出資者経営者の代表格は，渋沢栄一である[109]。

渋沢栄一記念財団のホームページによれば，「渋沢栄一略歴」として，以下のような記述がなされている。

「渋沢栄一は 1840（天保 11）年 2 月 13 日，現在の埼玉県深谷市血洗島の農家に生まれました。

家業の畑作，藍玉の製造・販売，養蚕を手伝う一方，幼い頃から父に学問の手解きを受け，従兄弟の尾高惇忠（おだかあつただ［じゅんちゅう］──引用者注）から本格的に「論語」などを学びます。

『尊王攘夷』思想の影響を受けた栄一や従兄たちは，高崎城乗っ取りの計画を立てましたが中止し，京都へ向かいます。

郷里を離れた栄一は一橋慶喜に仕えることになり，一橋家の家政の改善などに実力を発揮し，次第に認められていきます。

---

108 寺谷前掲「浅野総一郎と浅野財閥」130 頁。

109 渋沢栄一について詳しくは，島田昌和『渋沢栄一の企業者活動の研究』日本経済評論社，2007年，島田昌和『渋沢栄一』岩波書店，2011 年，橘川武郎 = パトリック・フリデンソン編著『グローバル資本主義の中の渋沢栄一』東洋経済新報社，2014 年，宮本又郎編著『日本の企業家 1 渋沢栄一』PHP 研究所，2016 年，および Patrick Fridenson and Takeo Kikkawa, eds., *Ethical Capitalism: Shibusawa Eiichi and Business Leadership in Global Perspective*, University of Toronto Press, 2017, 参照。

栄一は27歳の時，15代将軍となった徳川慶喜の実弟・後の水戸藩主，徳川昭武に随行し，パリの万国博覧会を見学するほか欧州諸国の実情を見聞し，先進諸国の社会の内情に広く通ずることができました。

明治維新となり欧州から帰国した栄一は，『商法会所』を静岡に設立，その後明治政府に招かれ大蔵省の一員として新しい国づくりに深く関わります。

1873（明治6）年に大蔵省を辞した後，栄一は一民間経済人として活動しました。そのスタートは「第一国立銀行」の総監役（後に頭取）でした。

栄一は第一国立銀行を拠点に，株式会社組織による企業の創設・育成に力を入れ，また，「道徳経済合一説」を説き続け，生涯に約500もの企業に関わったといわれています。

栄一は，約600の教育機関・社会公共事業の支援並びに民間外交に尽力し，多くの人々に惜しまれながら1931（昭和6）年11月11日，91歳の生涯を閉じました」。

この記述からわかるように，渋沢栄一は，九十余年の生涯を通じて，農民→幕臣（武士）→明治政府の官吏→民間経済人と，立ち位置をいく度も転換した。また，当初，外国人を敵視する「尊王攘夷」の思想を抱いていた彼は，幕末の欧州行を契機に立場を変え，戦前日本を代表する国際派ビジネス・リーダーになっていった。これらの事実は，渋沢栄一が，時流に乗って定見のない人生を送ったことを意味するものでは，まったくない。真実は，むしろその正反対である。幕末から明治維新を経て昭和初期にいたる激動の時代に，渋沢栄一は，日本の近代化・工業化を促進するため，その時々，それぞれの局面において最も効果的なポジションに立ち，献身的な努力を重ねたと言うべきである。渋沢の姿勢は一貫していたのである。

渋沢栄一が生きた九十余年のあいだに日本は，幕末開港，明治維新，産業革命，都市化と電化，重化学工業化を経験し，近代化・工業化の道をひた走った。その先頭には，つねに渋沢の姿があった。渋沢栄一がしばしば「日本資本主義の父」と呼ばれる理由は，ここにある。

◈出資者経営者として

大蔵省を辞して民間経済人となって以降の渋沢栄一の活動は，四つの側面からとらえることができる。それは，①出資者経営者，②社会企業家，③財界リーダー，④民間外交家，の4側面である。以下では，それぞれについて，順次

掘り下げてゆく。

　まずは，出資者経営者としての渋沢栄一の活動について取り上げよう。

　渋沢栄一は，中上川彦次郎のような専門経営者ではなかったし，岩崎弥太郎・安田善次郎・浅野総一郎のような資本家経営者でもなく，「出資者経営者」であった。これは，渋沢の企業者活動を詳細に検討した島田昌和が打ち出した見解である[110]。

　島田によれば，渋沢栄一の企業者活動は，(1)多数の近代的な会社を並行して設立する，(2)長期的関与が求められるインフラストラクチャーに関連する産業や近代化に必要な産業を軌道に乗せる，という二つの側面をもっていた。(1)では株価の形成→株式の一部売却による資金の確保→次の会社の設立資金としての利用というメカニズムが，(2)では「財力を伴った幅広い企業家人脈の活用」が，それぞれ重要な意味をもった[111]。

　また，島田昌和は，渋沢栄一が会社設立後の株主総会ではたした役割について，①大株主としての関与，②社外重役としての関与，③株主総会以外での合併支援，の三つに分類している。「いずれのケースでも渋沢に期待された機能は利害が反する者同士の調整や仲裁や仲介を通じて直面する問題の解決をはかる役割であった」というのが，島田の導いた結論である[112]。

　渋沢栄一記念財団のホームページに掲載された「年譜」から，出資者経営者としての渋沢の活動をピックアップすると，表7-1のようになる。

　渋沢栄一に近い性格をもった出資者経営者としては，大阪を中心に活躍した五代友厚の名を挙げることができる。2人は，「東の渋沢栄一，西の五代友厚」と並び称せられる存在であった。

　資本家経営者と出資者経営者との違いは，「個人主義対合本主義」という対抗図式からわかるように，前者が会社を自分のものだと考えたのに対して，後者が会社は多数の株主のものだと考えた点に，端的な形で表れている。また，専門経営者と出資者経営者との違いは，前者があくまで出資ではなく専門知識によって経営者となったのに対して，後者は出資を根拠にして経営者となった点に求めることができる。出資者経営者は，資本家経営者とも専門経営者とも異なる，第3のタイプの実業家だったのである。

110　島田前掲『渋沢栄一の企業者活動の研究』参照。
111　以上の点については，島田前掲『渋沢栄一の企業者活動の研究』第1章，参照。
112　以上の点については，島田前掲『渋沢栄一の企業者活動の研究』第3章，参照。

62 第1部 ブレークスルー・イノベーションの時代

▶表7-1　出資者経営者としての渋沢栄一の活動	
1873 (明治6) 年	第一国立銀行開業・総監役。抄紙会社創立 (のちに王子製紙会社・取締役会長)
1875年	第一国立銀行頭取
1883年	大阪紡績会社工場落成・発起人 (のちに相談役)
1884年	日本鉄道会社理事委員 (のちに取締役)
1885年	日本郵船会社創立 (のちに取締役)。東京瓦斯会社創立 (創立委員長, のちに取締役会長)
1886年	東京電灯会社設立 (のちに委員)
1887年	日本煉瓦製造会社創立・発起人 (のちに取締役会長)。帝国ホテル創立・発起人総代 (のちに取締役会長)
1888年	札幌麦酒会社創立・発起人総代 (のちに取締役会長)
1889年	東京石川島造船所創立・委員 (のちに取締役会長)
1892年	東京貯蓄銀行創立・取締役 (のちに取締役会長)
1895年	北越鉄道会社創立・監査役 (のちに相談役)
1896年	日本精糖会社創立・取締役。第一国立銀行が営業満期により第一銀行となる (引き続き頭取)。日本勧業銀行設立委員
1897年	澁澤倉庫部開業 (のちに澁澤倉庫会a社・発起人)
1900年	日本興業銀行設立委員
1906年	東京電力会社創立・取締役。京阪電気鉄道会社創立・創立委員長 (のちに相談役)
1907年	帝国劇場会社創立・創立委員長 (のちに取締役会長)
1909年	多くの企業・団体の役員を辞任
1916 (大正5) 年	第一銀行の頭取等を辞め, 実業界を引退
1928 (昭和3) 年	日本航空輸送会社創立・創立委員長

　なお, 専門経営者は, 社内で昇進を重ねるうちに, 自社の株式を取得して, 出資者となることが多かった。しかし, 彼らが昇進できたのは, あくまでその専門知識のゆえであり, 出資は昇進の結果にすぎない。

❖3タイプの実業家の相互補完作用

　ここまで日本の工業化過程では, 中上川彦次郎のような専門経営者, 岩崎弥太郎・安田善次郎・浅野総一郎のような資本家経営者, 渋沢栄一のような出資者経営者という三つのタイプの実業家が活躍したことをみてきた。それでは, これら3者は, いかなる関係にあったのだろうか。

　資本家経営者は, 事業規模の拡大や多角化の進展にともない, 自らの力だけでは経営管理を遂行することができなくなり, 専門経営者の手助けを必要とするようになった。三菱財閥を形成した岩崎弥太郎・弥之助が, 専門経営者の登

用に積極的だったのは，その典型的な事例である。

　資本家経営者のうち十分な資金調達力をもたなかった者は，早い時期から株式会社を設立したり，銀行融資に依存したりした。その場合には，「株式会社設立の仕掛け人」である渋沢栄一のような出資者経営者の力に頼らざるをえなかった。また，渋沢の場合は，第一銀行の頭取でもあったので，銀行融資を通じても，資本家経営者を支援した。浅野総一郎や古河市兵衛が渋沢栄一の助けを借りたのは，その典型的な事例である。

　出資者経営者である渋沢栄一は，実業家教育にも力を入れ，東京高等商業（現在の一橋大学）など，多くの高等教育機関の設立，発展を支援した。明治後半期から，東京高等商業の卒業生は，三井物産をはじめとして多くの大企業に入社し，やがて専門経営者として活躍するようになった。ここでは，出資者経営者が専門経営者の供給源を支援するメカニズムが作用したのである。

　後発国の工業化にとっては，稀少資源であるヒトやカネをいかに有効に活用するかが，成否のカギを握る。日本の工業化過程を振り返ると，ヒトの活用に関して言えば，専門経営者が活躍しえたことが大きなポイントとなったが，それを実現するうえでは，資本家経営者が専門経営者を積極的に登用したこと，出資者経営者が専門経営者の育成を支援したことなどが，重要な意味をもった。カネの活用に関して言えば，専門経営者が資本家経営者の保有資金を工業化のために使用したこと，出資者経営者が株式会社を早期に導入して社会的資金を動員したこと（渋沢栄一は，銀行預金という形でも，社会的資金の動員を進めた）などが，有意義であった。日本の工業化過程では，資本家経営者，専門経営者，出資者経営者という三つのタイプの実業家が相互補完的に活動することによって，稀少資源であったヒトやカネの有効活用が実現した。そこで作用したメカニズムは，後発国工業化一般に適用することが可能であろう。

◈ 社会企業家として

　次に，社会企業家としての渋沢栄一の活動について取り上げよう。

　この面で渋沢栄一は，実業教育や女子教育への支援，社会事業への貢献，思想統合の試み，新しい労使関係構築の模索など，多岐にわたる活動を展開した。渋沢栄一記念財団のホームページに掲載された「年譜」から，社会企業家としての渋沢の活動をピックアップすると，表7-2のようになる。

　島田昌和は，渋沢栄一について，

64 第1部 ブレークスルー・イノベーションの時代

▶表7-2 社会企業家としての渋沢栄一の活動

1874（明治7）年	東京府知事より共有金取締を嘱託される
1876年	東京府養育院事務長（のちに院長）
1880年	博愛社創立・社員（のちに日本赤十字社・常議員）
1885年	東京養育院院長
1886年	「竜門社」創立
1888年	東京女学館開校・会計監査（のちに館長）
1901年	日本女子大学校開校・会計監査（のちに校長）
1912（大正元）年	帰一協会成立
1913年	日本結核予防協会創立・副会頭（のちに会頭）
1919年	協調会創立・副会長
1923年	大震災善後会創立・副会長
1924年	東京女学館・館長
1927（昭和2）年	日本国際児童親善会創立・会長
1928年	日本女子高等商業学校発起人
1929年	中央盲人福祉協会創立・会長
1930年	海外植民学校顧問

　「自ら関わる諸会社を上手に運営しただけでなく，経済政策に積極的に発言し，一定の影響力を行使し，社会事業や教育を通じた人材育成にも熱心に関わり続けた。富の拡大再生産モデルを作り上げ，その社会への還元を実践した。民間経済人でありながら経済政策へ独自の見解と影響力ももった。このような活動は昨今必要性が叫ばれている『これまでにない革新的な手法を用いて問題を解決し，新たなしくみを創り出すことで，社会イノベーションを達成する起業家』（内閣府経済社会総合研究所編『社会イノベーション事例集二〇〇八』）である『社会企業家』の先駆けそのものといえよう」[113]
と評価している。

◈財界リーダーとして

　続いて，財界リーダーとしての渋沢栄一の活動について取り上げよう。

　渋沢栄一記念財団のホームページに掲載された「年譜」から，財界リーダーとしての渋沢の活動をピックアップすると，表7-3のようになる。

---

113 島田前掲『渋沢栄一』ⅲ頁。

ケース7：渋沢栄一　65

▶表7-3　財界のリーダーとしての渋沢栄一の活動

1875（明治8）年	商法講習所創立
1876年	東京会議所会頭
1877年	拓善会創立（のちに東京銀行集会所・会長）
1878年	東京商法会議所創立・会頭（のちに東京商業会議所・会頭）
1891年	東京交換所創立・委員長
1910年	政府諮問機関の生産調査会創立・副会長
1913年	日本実業協会創立・会長

　宮本又郎は，「明治日本はなぜ渋沢のような財界リーダーを必要としたのか」
と問いを発し，明治期の日本では，「的確に経済情報をキャッチする能力」と
「新しい技術や知識を活用する組織づくりの才幹」との2点がとくに求められ
ていたとしたうえで，

　　「新事業を興そうとする人には，まず何よりも情報通であることと，まと
　め役の能力が期待された。必要であったのは有用な情報を持つ政治家や外国
　人との人脈であり，ビジネスマンからの幅広い信用であり，異なる利害集団
　を調整する能力であった。しかし，このような企業者職能は一種の稀少資源
　であった。こうして，このような職能は一時代，一地域において限られた人
　物に集中することとなった。京都では田中源太郎，名古屋では奥田正香，大
　阪では五代友厚，その亡き後は藤田伝三郎・田中市兵衛・土居通夫などがそ
　の役割を演じたが，東京では明治・大正・昭和の長きにわたって渋沢栄一が
　この役を担った」[114]
と述べている。

◈ **民間外交家として**

　最後に，民間外交の担い手としての渋沢栄一の活動について考えてみよう。
　渋沢栄一記念財団のホームページに掲載された「年譜」から，民間外交家と
しての渋沢の活動をピックアップすると，表7-4のようになる。ここに列挙
されている活動の多くは，政府の要請にもとづいて行われた。

114　宮本又郎「『見える手』による資本主義」橘川＝フリデンソン編前掲『グローバル資本主義の
　中の渋沢栄一』109-110頁参照。

66　第1部　ブレークスルー・イノベーションの時代

▶表7-4　民間外交家としての渋沢栄一の活動

1879 年	グラント将軍（元第18代アメリカ大統領）歓迎会（東京接待委員長）
1902 年	兼子夫人同伴で欧米視察，セオドア・ルーズベルト大統領と会見
1908 年	アメリカ太平洋沿岸実業家一行招待
1909 年	渡米実業団を組織し団長として渡米。タフト大統領と会見
1912（大正元）年	ニューヨーク日本協会協賛会創立・名誉委員長
1914 年	日中経済界の提携のため中国訪問
1915 年	パナマ運河開通博覧会のため渡米。ウイルソン大統領と会見
1916 年	日米関係委員会が発足・常務委員
1917 年	日米協会創立・名誉副会長
1920 年	国際連盟協会創立・会長
1921 年	排日問題善後策を講ずるため渡米。ハーディング大統領と会見
1924 年	日仏会館開館・理事長
1926 年	日本太平洋問題調査会創立・評議員会長
1927（昭和2）年	日米親善人形歓迎会を主催

　木村昌人は，渋沢栄一が展開した民間外交は，彼の商業道徳観に裏打ちされたものだという見方に立ち，

　　「渋沢は，外交は素人であると断りながらも，民間経済界指導者が行うべき商業道徳に含まれると考えた。つまり，国境を越えるグローバル社会での企業家活動を円滑に行うためには，民間外交も広い意味でのかつ積極的な商業道徳に含まれると考え，政府の申し出を引き受けた。渋沢は，還暦を過ぎてから米国に四回，ヨーロッパに一回，中国に一回，韓国には数回訪問し，日本との関係改善に積極的な活動を行った」[115]

と記している。

※「合本主義」とその今日的意義

　民間企業家としての渋沢の活躍を根拠づけた経済思想は，「合本主義」であった。「合本主義」とは，「公益を追求するという使命や目的を達成するのに最も適した人材と資本を集め，事業を推進させるという考え方」である[116]。

---

[115]　木村昌人「グローバル社会における渋沢栄一の商業道徳観」橘川＝フリデンソン編前掲『グローバル資本主義の中の渋沢栄一』175頁。

[116]　Kikkawa, Takeo, "Introduction," op. cit., Fridenson and Kikkawa, eds., *Ethical Capitalism: Shibusawa Eiichi and Business Leadership in Global Perspective*, p. 3.

合本主義について，渋沢栄一の評伝を書いた見城悌治は，渋沢が日本に導入した株式会社制度と結び付けて，「『株式会社』形成の核と位置づけられたのが，『合本主義』である」[117]と記している。このように，渋沢の合本主義は，社会的資金の動員というカネの面に光を当てる形で理解されることが通例であった。

しかし，後発国が工業化をとげ，新興国として経済発展の軌道に乗るためには，カネ（資金）を動員することとともに，ヒト（人材）を確保することが，決定的に重要となる。じつは，最近の研究が明らかにしたように，「渋沢栄一の合本主義は，『カネづくり』とともに『ヒトづくり』をめざすもの」でもあった[118]。

中華民国・国民党の指導者の蔣介石と会見する渋沢栄一（左，1927年）
（時事通信フォト提供）

渋沢栄一記念財団は，2006年に，渋沢栄一の生涯にわたる個人寄附金を寄贈分野別に集計した結果を公表したが，それによれば，金額でも件数でも，「教育・学術」が最大の寄附金寄贈対象であったことが判明する（金額で約35％，件数で約30％）[119]。渋沢栄一は，近代日本の形成には人材の育成，確保が必要不可欠と考え，ヒトづくりにも大いに力を注いだのである。

本書末尾の「おわりに」では，長期雇用に重点をおき年功制には重きをおかない「新型日本的経営」への変身による日本的経営の再構築を，提言する予定である。このような日本的経営再構築の方向性は，実は，ヒトを重視する渋沢栄一の合本主義と重なるところが多い。「新型日本的経営」が長期雇用を重視

---

[117] 見城悌治『評伝日本の経済思想　渋沢栄一――「道徳」と経済のあいだ』日本経済評論社，2008年，62頁。

[118] この点について詳しくは，橘川武郎「渋沢栄一の人づくりに注目する理由」橘川・島田・田中編著前掲『渋沢栄一と人づくり』有斐閣，2013年，1頁参照。

[119] 同前1-2頁参照。

することは，従業員に安心感をもたらすものであり，渋沢がヒトを重視する資本主義観をもっていた点とつながる。一方で，「新型日本的経営」が年功制を排し実力主義を採用することは，従業員間に競争原理を作動させるものであり，渋沢がオープンな市場メカニズムの活用に重きをおいた点と重なる。さらに，「新型日本的経営」が長期的な観点に立つことは，株主へ出資した企業への長期的関与を求めることが多かった渋沢の姿勢と一致する。

渋沢栄一の合本主義は，

・財閥が形成した閉鎖的な経済システムと比べて，市場メカニズムを活用した開放的な経済システムをめざした点，

・政府の役割を限定し，民間主導の経済運営を志向した点，

では，通常の資本主義観と重なるものがあるが，

＊株主を含む企業のステークホルダーに長期的な関与を求めた点，

＊ステークホルダー（株主や経営者）を束ねるに当たって道徳的観点を強調し，利己的行動を戒めた点，

＊企業間競争に一定の秩序を求めた点，

などでは，通常の資本主義観とは異なるものと言える。

これらの「通常の資本主義観とは異なる」合本主義の特徴を体系化することができれば，「カネ儲け至上主義」と要約しうる，今日，支配的な資本主義観に代わる，新たな資本主義観を作り出すことができるかもしれない[120]。

---

[120] この点について詳しくは，橘川武郎「資本主義観の再構築と渋沢栄一の合本主義」橘川＝フリデンソン編前掲『グローバル資本主義の中の渋沢栄一』第8章，参照。

論点 2：なぜ早期に離陸できたか／「最初の後発国工業化」の要件

※ 後発国工業化の一般的な要件

　明治期以降の日本が急速に工業化を達成していったプロセスは，後発国工業化の世界史的典型とみなしうる。後発国工業化をめぐっては，ガーシェンクロン（Alexander Gerschenkron）が，一方で，先進国が長年かけて開発，蓄積した技術や資本を借用することによって短期間で達成できる可能性があるものの，他方で，資本や市場，熟練労働力，技術者，企業者機能などが不足するため政府や銀行等の工業化の組織者や特別なイデオロギーを必要とする，と指摘している[121]。この指摘どおり，日本の工業化のプロセスでは，政府や金融機関，商社，海運会社等が重要な役割をはたすとともに，「経営ナショナリズム」と概括しうるイデオロギーが大きな意味をもった[122]。

　明治維新直後の時期に「殖産興業政策」の一環として多数の官営工場や官営鉱山が出現したこと，「日清戦後経営」や「日露戦後経営」を通じて一連の産業振興政策が展開されたことなどは，日本の工業化に政府が大きな役割をはたしたことを，物語っている。しかし，そうであるからといって，政府の役割を過度に強調することは，適切ではない。官営工場や官営鉱山の多くは，経営的に行き詰まり，1880（明治13）年から始まった官業払下げ[123]によって民間企業に衣替えしてから，本格的な発展をとげるようになった。「日清戦後経営」や「日露戦後経営」で振興の対象となった海運業，造船業，鉄鋼業などでは，政策的支援を受けながらも，活発な民間企業の事業展開がみられた（たとえば，1901年の官営八幡製鉄所の操業に続いて，1901年の住友鋳鋼場の設立，1903年の釜石製鉄所の平炉製鋼開始，1905年の神戸製鋼所の設立，1906年の川崎造船所の鍛鋳鋼工場建設，1907年の日本製鋼所の設立など，民間製鋼業の活発な展開がみられ

---

[121]　A. Gerschenkron, *Economic Backwardness in Historical Perspective*, The Belknap Press of Harvard University Press, 1962, 参照。

[122]　この点については，森川英正『日本型経営の源流』東洋経済新報社，1973年，参照。

[123]　官業払下げについては，小林正彬『日本の工業化と官業払下げ』東洋経済新報社，1977年，参照。

70　第1部　ブレークスルー・イノベーションの時代

た）。必ずしも政府主導型でではなく，政府と民間企業が相互補完する形で経済発展が進行した点に，日本の工業化プロセスの特徴をみいだすことができる。

　ガーシェンクロンの議論を参考にしつつ，中川敬一郎は，日本の工業化プロセスでは，貿易にかかわる「組織された企業者活動」が重要な意味をもったことを強調している[124]。綿業や絹業が国際競争力を獲得するうえで，商社[125]，海運会社，銀行，海上保険会社などは，「近代工業のインフラストラクチャー（基盤）」として，大きく貢献したのである[126]。

　ガーシェンクロンや中川敬一郎の所説は，日本に限らず，後発国一般にあてはまる工業化の要件を論じたものである。ただし，日本の工業化について論じる際には，後発国工業化の一般的要件の指摘のみにとどまっているわけにはゆかない。というのは，日本が，欧米以外で初めて工業化を達成した国だからである。

❖「最初の後発国工業化」の固有な要件

　日本で「最初の後発国工業化」が実現した固有な要件は，何だろうか。日本が後発国のなかでもいち早く経済成長への離陸をとげた要因としては，「必ずしも政府主導型でではなく，政府と民間企業が相互補完する形で経済発展が進行した」事実を挙げるべきだろう。

　それでは，他の後発国に比べて活発な民間企業の行動は，どうして実現したのか。

　後発国の工業化にとっては，稀少資源であるヒトやカネをいかに有効に活用するかが，成否のカギを握る。日本の工業化過程を振り返ると，ヒトの活用に関して言えば，専門経営者が活躍しえたことが大きなポイントとなったが，それを実現するうえでは，資本家経営者が専門経営者を積極的に登用したこと，出資者経営者が専門経営者の育成を支援したことなどが，重要な意味をもった。カネの活用に関して言えば，専門経営者が資本家経営者の保有資金を工業化のために使用したこと，出資者経営者が株式会社を早期に導入して社会的資金を

---

[124]　中川敬一郎「日本の工業化過程における『組織された企業者活動』」『経営史学』第2巻第3号，1967年，参照。

[125]　日本における商社の事業展開については，山崎広明「日本商社史の論理」東京大学『社会科学研究』第39巻第4号，1987年，参照。

[126]　この点については，田付茉莉子「工業化と商社・海運・金融」宮本又郎・阿部武司編『日本経営史2　経営革新と工業化』岩波書店，1995年，参照。

動員したことなどが，有意義だった。日本の工業化過程では，資本家経営者，専門経営者，出資者経営者という三つのタイプの実業家が相互補完的に活動することによって，稀少資源であったヒトやカネの有効活用が実現したと言える。他の後発国に比べて活発な民間企業の行動が実現したのは，このようなメカニズムが作用したからである。

※3タイプの経営者の関係

三つのタイプの経営者の関係を，第1部後半のケーススタディをふまえて，もう一度確認しておこう。

資本家経営者は，事業規模の拡大や多角化の進展にともない，自らの力だけでは経営管理を遂行することができなくなり，専門経営者の手助けを必要とするようになった。三菱財閥を形成した岩崎弥太郎・弥之助が，専門経営者の登用に積極的だったのは，その典型的な事例である。登用された三井の中上川彦次郎，三菱の荘田平五郎のような専門経営者は，工業化路線の積極的な推進者となった。

資本家経営者のうち十分な資金調達力をもたなかった者は，早い時期から株式会社を設立したり，銀行融資に依存したりした。その場合には，「株式会社設立の仕掛け人」である渋沢栄一のような出資者経営者の力に頼らざるをえなかった。また，渋沢の場合は，第一銀行の頭取でもあったので，銀行融資を通じても，資本家経営者を支援することになった。浅野総一郎が渋沢栄一の助けを借りたのは，その典型的な事例である。

資本家経営者は，経営資源の不足を相互に提携することによって補完することもあった。代表的なケースとして，金融財閥を形成した安田善次郎と産業財閥を構築した浅野総一郎との連携を挙げることができる。

出資者経営者である渋沢栄一は，実業家教育にも力を入れ，東京高等商業など，多くの高等教育機関の設立，発展を支援した。明治後半期から，東京高等商業の卒業生は，三井物産をはじめとして多くの大企業に入社し，やがて専門経営者として活躍するようになった。ここでは，出資者経営者が専門経営者の供給源を支援するメカニズムが作用したのである。

このように，資本家経営者・専門経営者・出資者経営者の3者は，相互補完的な機能分担を行いながら，日本の工業化を促進させる役割をはたしたとみなすことができる。

※ブレークスルー・イノベーションの帰結としての早期離陸

本書冒頭の「はじめに」で提示した日本経営史全体にかかわる三つの問いのうちの一つ目は，「日本経済はなぜ早期に離陸し成長軌道に乗ったのか」という問いであった。江戸時代および幕末開港から日露戦後にかけての時期の双方に目を向けた第1部を閉じるにあたって，イノベーションの観点から，この問いに答えを導くことにしよう。それは，「ブレークスルー・イノベーションの帰結として，後発国で初めての早期離陸が実現した」という答えになる。

第1部の前半では，江戸時代に登場した革新的なビジネスモデルの創始者として，鴻池家の鴻池善右衛門，三井家の三井高利，および中井家の中井源左衛門を取り上げた。彼らが実現した事業革新は，世界的視野から評価すれば，必ずしもブレークスルー・イノベーションとは言えないかもしれない。しかし，当時，日本は鎖国によって海外と切り離されていたのであり，日本におけるイノベーションは「世界」におけるイノベーションと同義であった。その点を考慮に入れれば，彼らは，「世界初」のブレークスルー・イノベーションの担い手だったとみなしうる。

ブレークスルー・イノベーションの担い手が活躍したことは，封建社会でありながら市場経済が発展していたという江戸時代のユニークな「新しさ」を際立たせることになった。工業化以前に「新しさ」を兼ね備えた封建社会が存在したことは，日本経済が早期離陸を実現するうえで，重要な前提条件となったのである。

第1部の後半では，江戸時代末期から日露戦後までの時期に活躍した専門経営者の中上川彦次郎，資本家経営者の岩崎弥太郎・岩崎弥之助・安田善次郎・浅野総一郎，出資者経営者の渋沢栄一という，6人の革新的企業家を取り上げた。彼らが遂行した事業革新は，個別で評価すれば，「世界初」と言えないものが多く，基本的にはインクリメンタル・イノベーションだったということができる。しかし，それらが組み合わされてできあがった専門経営者・資本家経営者・出資者経営者が相互促進的に連携するユニークなシステムは，欧米以外では最初の工業化を日本において実現する原動力となった。その意味では，第1部後半で取り上げた企業家たちは，全体として，「最初の後発国工業化」をもたらす世界史的な意味をもつブレークスルー・イノベーションの体現者だったとみなしうるのである。

江戸時代の個別的なブレークスルー・イノベーションを前提条件とし，幕末

開港～日露戦後期の総合的なブレークスルー・イノベーションを直接的な契機として，後発国で初めての工業化が日本で進行することになった。第1部の時代を「ブレークスルー・イノベーションの時代」と呼んだのは，このためである。

第2部

インクリメンタル・イノベーションの時代

概観3：第一次世界大戦から1980年代まで

ケース8：小林一三

ケース9：松永安左エ門

ケース10：二代鈴木三郎助

ケース11：豊田喜一郎

ケース12：野口遵・鮎川義介

ケース13：出光佐三

ケース14：西山弥太郎

ケース15：松下幸之助

ケース16：井深大・盛田昭夫・本田宗一郎・藤沢武夫

ケース17：土光敏夫

論点3：なぜ長期にわたり成長できたか

概観 **3**：第一次世界大戦から1980年代まで

❖第一次世界大戦と景気変動

　第 2 部では，日本経済が長期にわたり，国際的にみて相対的高成長を続けた第一次世界大戦から 1980 年代までの時期に目を向ける。取り上げるのは，10 ケース 14 人の革新的企業家である。彼らが遂行した革新の本質は，基本的にはインクリメンタル・イノベーションであったが，例外的にはブレークスルー・イノベーションも含まれていた。

　日本の産業革命が完了したのは日露戦争（1904〜05 年）が集結した直後のことであったが，1907（明治 40）年に始まった日露戦後恐慌は長期化した。1910 年ごろには水力電気ブームに乗った電力業中心の「中間景気」がみられたが，全体として景気の足どりは重く，国際収支の危機が深刻化して，日本経済は「行き詰まり」状態に陥った。

　しかし，1914〜18（大正 3〜7）年の第一次世界大戦は，このような状況を一変させた。第一次大戦が，当時「欧州大戦」と呼ばれことからもわかるように，日本は，連合国（イギリス・フランス・ロシア）側に立って参戦したにもかかわらず，戦地から遠く離れたままだった。ヨーロッパの連合国向けの軍需品や食料品の輸出，ヨーロッパ諸国が撤収してビジネス・チャンスが生じたアジア諸国向けの輸出，大戦景気にわくアメリカへの生糸輸出，のいずれもが急激に拡大するとともに，国内でも，ヨーロッパからの輸入への依存度が高かった重化学工業製品の国産化がある程度進展して，日本は，国際収支の危機から脱却することができた。第一次大戦期と大戦直後の復興需要が生じた 1919 年には，日本の経済成長率は，史上空前の水準まで急伸し，「大戦ブーム」「戦後ブーム」が現出した。なお，第一次大戦によって，金本位制は国際的に機能を停止し，日本も，1917 年に金輸出を禁止して金本位制から離れることになった。

　「大戦ブーム」と「戦後ブーム」は，あくまで第一次大戦とその後の復興という一時的要因によるものだったから，長続きすることはなかった。1920 年の反動恐慌を機に状況は再び暗転し，日本経済は，「慢性不況」の時代を迎えることになった。「慢性不況」下では，反動恐慌だけでなく，1923 年の震災恐

概観3：第一次世界大戦から1980年代まで　　77

慌，1927（昭和2）年の金融恐慌，1929〜31年の昭和恐慌という，景気後退が
相次いで生じた。国際収支の悪化が再度深刻化するなかで，日本はなかなか金
本位制に戻ることができず，井上準之助大蔵大臣が緊縮財政によって金輸出禁
止の解除（いわゆる「金解禁」）を断行し，ようやく日本が金本位制に復帰した
のは，すでに昭和恐慌が進行し始めていた1930年1月のことであった。1929
年にアメリカで始まった世界恐慌と連動したこの昭和恐慌は，日本近現代史上，
最大規模の景気後退局面となり，1930〜31年には日本の名目国民総生産は，
大幅なマイナス成長を記録した。

❖ 長期の成長軌道に乗った日本経済

　ただし，ここで見落とすことができない点は，「慢性不況」下にあった1920
年代の日本の経済成長率は，国際的にみれば，必ずしも低くはなかったことで
ある。1910年代から1920年代にかけての日本の平均経済成長率は，「総額」
でも，「1人当たり額」でも，当時，世界の経済発展をリードしていたアメリ
カのそれを，わずかながら凌駕していた[1]。日本経済が，不況色を強めながらも，
国際水準を上回る成長を実現した背景には，都市化や電化の進行などもあって，
この時期に国内市場が拡大したという事情があった。三和良一は，「日本経済
は，第1次大戦を画期に，一段階高い水準の経済規模に移行した」と評価し，
「1920年代から，日本において，西洋化の方向での消費慣習の変化を伴いなが
ら，大衆消費社会への胎動がはじまった」という見通しを提示している[2]。

　1920年代から始まった日本の経済成長率がアメリカ・イギリス・ドイツの
それを上回るという傾向は，第二次世界大戦前後の一時的中断をはさみながら
も，長期にわたって継続し，定着した。その傾向が終了したのは，1990年代
のことだった[3]。

❖ 第二次世界大戦へ

　話を戦前に戻せば，日本は，欧米先進諸国に先んじて世界恐慌（昭和恐慌）
から脱却した。景気回復のきっかけとなったのは，1931年12月に犬養毅内閣
が金輸出を再禁止し，日本が最終的に金本位制から離れて，管理通貨制へ移行

1　安藤良雄編『近代日本経済史要覧［第2版］』東京大学出版会，1975年，24頁参照。
2　三和良一『概説日本経済史　近現代』東京大学出版会，1993年，100頁。
3　以上の点については，安藤編前掲『近代日本経済史要覧［第2版］』24頁参照。

78　第**2**部　インクリメンタル・イノベーションの時代

したことである。管理通貨制下で犬養内閣の高橋是清大蔵大臣が遂行した有効需要創出を中心とする経済政策は，のちにケインズ（John M. Keynes）のそれを先取りしたものだという評価を受けたことからもわかるように，景気回復に成果をあげた。また，金輸出の再禁止によって生じた円為替の低落（円安の進行）は，1932 年の関税改正とあいまって，輸出を増進させ，輸入を防遏する効果をもった。輸入圧力の低減を追い風にして，1930 年代半ばまでに日本の重工業は，「内部循環的生産拡大」を実現するまでに成長した[4]。

　再び成長軌道に乗った日本経済に大きな影を落としたのは，1939〜45 年の第二次世界大戦であった。戦争をはさんで日本では経済統制が行われ，企業活動の自由は大きく後退した。経済統制は 1938 年の国家総動員法制定に始まり，終戦後も，1952 年の占領終結のころまで継続した。

　1945 年 8 月の敗戦によって，日本は，朝鮮・台湾・南樺太などの植民地を喪失した。また，日本の主要都市はアメリカ軍の空襲によって焦土と化しており，敗戦後しばらくのあいだ，深刻な食糧難が生じるなど，国民生活は危機に立たされた。

　敗戦によって日本は，アメリカを中心とする連合国の占領下におかれることになった。占領政策の一環として遂行された財閥解体，独占禁止，労働改革，農地改革などの経済改革は，日本経済と日本企業のあり方に大きな影響を及ぼした。企業内で専門経営者の進出と経営者の若返りが進行したこと，労働組合が堅固な法的根拠を獲得するとともに社員・工員間の身分差別が廃止されたこと，主要な産業で寡占企業間の激烈な競争が展開されるようなったこと，個人消費支出の増大による国内市場の拡大をもたらす要因が整ったことなどは，戦後の日本経済と日本企業にとって，成長のための重要な初期条件となった。

　連合国による日本占領が終結したのは，1952 年のことである。日本の工業生産，実質国民総生産（GNP），実質個人消費は 1951 年に，実質 1 人当たりGNP，実質 1 人当たり個人消費支出は 1953 年に，それぞれ戦前の最高水準を突破した。

❈ 高度成長から安定成長へ

1951〜53 年に生産と消費の両面で第二次世界大戦以前の水準を回復した日

　4　この点については，橋本寿朗『大恐慌期の日本資本主義』東京大学出版会，1984 年，参照。

概観 3：第一次世界大戦から 1980 年代まで　　79

本経済は，1950 年代半ばから 1970 年代初頭にかけて，それまでの世界史に類例をみないような高度成長をとげた。1956～70 年の 15 年間における年平均名目経済成長率は，アメリカが 6.2％，フランスが 7.2％，イギリスが 8.1％，イタリアが 9.4％，西ドイツが 10.3％であった（ただし，フランス，イギリス，イタリアについては，1956～69 年の 14 年間における年平均名目経済成長率）が，日本の場合には 15.1％に達した。また，実質 GNP でみても日本経済は，この 15 年間に年率 10.4％の成長をとげ，経済規模が 4.4 倍に拡大した[5]。

　日本の主要産業は，高度経済成長のさなかの 1960 年代半ばごろから，国際競争力を強化した。その背景には，貿易自由化や資本自由化の進展にみられる開放経済体制への移行という事情が存在した。開放経済体制への移行にあたって日本の国内では，外国商品や外国資本の脅威を強調し，貿易自由化や資本自由化を「第 2 の黒船の襲来」とみなす論調が強まった。しかし，大型化投資や危機感にもとづく労使一体となった企業努力の結果，日本の労働生産性は欧米先進諸国のそれをしのぐ勢いで上昇し，日本企業の国際競争力は強化された。そして，戦後ほぼ一貫して赤字基調を続けてきた日本の貿易収支は，1964 年以降，黒字基調で推移するようになった。

　日本経済が実現した高度成長は，1973～74 年の第一次石油危機によって終焉した。ただし，ここで注目すべき点は，第一次石油危機後も 1980 年代いっぱいまでは，日本の経済成長率が，それ以前の時期に比べれば絶対的に低下したものの，欧米先進諸国の経済成長率に比べると高水準を維持したことである[6]。この相対的高成長という事実に注目すれば，1970 年代半ばから 1980 年代までの日本の経済成長のあり方は，「低成長」と概括するよりは，「安定成長」とみなす方が適切であろう。

　第一次石油危機後も日本経済が安定成長をとげたのは，良好な労使関係と継続的な企業間関係に支えられた日本の企業が，長期的な視野に立つ経営戦略を展開し，省エネルギー等の市場のニーズに合致した製品の開発，生産工程の徹底的な効率化や高度化などで成果をあげたからである。このため，国際競争力を強めた日本企業に対する国際的な関心は，経済成長率が低下した石油危機後の時期に，むしろ急速に高まった。「ジャパン・アズ・ナンバー・ワン」とい

　5　以上の点については，橘川武郎「経済成長と日本型企業経営」宮本又郎・阿部武司・宇田川勝・沢井実・橘川武郎『日本経営史［新版］』有斐閣，2007 年，297-298 頁参照。

　6　以上の点については，同前 300-303 頁参照。

80　第2部　インクリメンタル・イノベーションの時代

うことが言われ始めたのも，日本企業が石油危機を克服するプロセスにおいてであった[7]。

❖ インクリメンタルな技術革新と「日本的経営」

　高度経済成長期末の時点における日本の大企業では，「企業は誰のものか」という問いに対して「従業員のもの」と答えることが支配的になっており，協調的な労使関係を前提としつつ，生産現場からインクリメンタル（累積的，連続的）な技術革新を実現するメカニズムが作動していた。このようなメカニズムは，いわゆる「日本的経営」の所産であるとみなすことができる。日本的経営とは，「協調的な労使関係を基盤にして，従業員利益の最大化をめざす経営」のことである。

　1950年代半ばから1980年代にかけての時期に日本的経営を実行する日本の経営者企業は，成長志向型の意思決定を繰り返し，日本経済が他国経済に比べて相対的な高成長を成し遂げることに貢献した。日本の経営者企業は，長期にわたる企業成長を達成し，その結果として，継続的な株価上昇と労働条件改善を実現することによって，株主利害と従業員利害を一致させることに成功したのである。

　この第2部では，このように長い時期を対象にする。取り上げる革新的企業家は，都市化と電化のリーダー（小林一三・松永安左エ門），例外的なブレークスルー・イノベーションの遂行者（二代鈴木三郎助・豊田喜一郎），戦前における海外進出への挑戦者（野口遵・鮎川義介・出光佐三），高度経済成長の仕掛け人（西山弥太郎・松下幸之助），戦後における世界市場への挑戦者（井深大・盛田昭夫・本田宗一郎・藤沢武夫），そしてやがて来る暗転への警告者（土光敏夫）と，きわめて多彩である。

7　たとえば，E. F. Vogel, *Japan as Number One*, Harvard University Press, 1979, 参照。

ケース**8**：小林一三／
都市化の旗手による新産業創出

❖ 大衆消費社会への扉を開けた都市化と電化

1914〜18（大正3〜7）年の第一次世界大戦は，日本経済のあり方を大きく変えた。最大の変化は，第一次大戦前後から，都市化と電化が急速に進展し，日本人の生活水準が向上して，大衆消費社会の萌芽がみられるようになったことである。その意味では，この時期に日本経済が離陸し，第二次大戦後実現する「豊かな日本」へと導く成長軌道に乗るようになったとみなすことができる。

「豊かな日本」へ向けて離陸する際に大きな意味をもったのは，都市化と電化の進展であったが，都市化の分野には小林一三[8]，電化の分野には松永安左ヱ門というリーダーが，それぞれ存在した。阪急電鉄の経営者であった小林一三は，電鉄経営のみならず，沿線の郊外宅地開発，ターミナル・デパートの開業，宝塚少女歌劇団の創設，東宝設立による歓楽街・有楽町の開発などにも取り組み，都市型第三次産業という新分野を開拓した。九州電灯鉄道や東邦電力で科学的な電力経営を実践した松永安左ヱ門は，民有民営を特徴とする戦後日本の「9電力体制」を作り上げるうえで主導的な役割をはたし，「電力の鬼」と呼ばれた。

❖ 大阪の住宅難

小林一三は，1873（明治6）年に山梨県韮崎町で生まれた。慶應義塾を卒業後，1893年に三井銀行に入行した小林は，中上川彦次郎が多数の慶應義塾出身者を三井家の事業に呼び寄せた際のメンバーに含まれていたのであり，戦前日本を代表する専門経営者の一人となった。

1907年に三井銀行を退職した小林一三は，大阪近郊の箕面有馬電気軌道（のちの阪神急行電鉄。以下，箕面有馬電軌）の創設に関与した。都市化をビジネス・チャンスととらえるならば，それが，まず顕在化するのは，電鉄事業と不

---

8 小林一三について詳しくは，老川慶喜『日本の企業家5 小林一三』PHP研究所，2017年，参照。

動産事業（都市近郊の土地・住宅事業など）とにおいてである。小林は，電鉄と不動産という二つの事業を結びつけ，都市化の旗手として活躍することになった。

　電鉄会社の不動産業経営の起源を問題にする場合，すぐに思い浮かぶ二つの事例がある。それは，小林一三に率いられた箕面有馬電軌が行った沿線の池田室町住宅地の分譲と，のちに目蒲電鉄に合併された田園都市株式会社が展開した多摩川台（田園調布）の開発との二つである。ただし，この二つの事例のあいだには，相当な時間的ずれが存在する。池田室町住宅地の分譲が1910年に開始されたのに対して，田園都市株式会社が設立されたのは1918（大正7）年のことである。そうであるとすれば，電鉄会社の不動産業経営の起源を解明しようとする場合には，何よりもまず，池田室町住宅地の分譲に住目すべきである。

　箕面有馬電軌が日本における電鉄会社の不動産業経営のパイオニアになるうえで，大阪に事業基盤をおいていたことは，重要な意味をもった。1919年2月の新聞記事は，次のように述べている。

　　「我が大阪市は市内の土地が比較的面積が少ないのに引きかへ，其の膨張力の甚しいためと市の近郊に多数の町村を有するがために，郊外の交通機関は早くから発達し，これに伴うて市民の郊外居住を試みるものも他の日本の都市に比べて非常に多く，郊外住宅も之を他に比して恐らく我邦第一の発達と見るべきである」[9]。

　この記事からうかがい知ることができるように，明治末期から大正初期にかけての時期には，東京と比べて，大阪の方が郊外の住宅に関する需要が大きかった。大阪の人口は日露戦争以後急増したと言われている[10]が，その増加率は，1912〜17年についてみる限り，東京のそれとほぼ同一であった[11]。ただし，1916年の時点で，東京の約3分の2の人口を抱える大阪には東京の半分以下の面積の宅地しか存在せず，大阪の宅地1000坪当たり戸数・人口（51.37戸，

9　「都市生活の不安（十六）　大阪市の住宅問題」『大阪時事新報』1919年2月3日付。

10　たとえば，南海道総合研究所編『南海沿線百年誌』南海電気鉄道株式会社，1985年，121頁参照。

11　1912〜17年の期間に，東京の人口は200万9980人から234万9830人へ1.169倍，大阪の人口は133万1994人から155万7986人へ1.170倍，それぞれ増加した（『都市生活の不安（二）大阪市の住宅問題』『大阪時事新報』1919年1月21日付，参照）。

243.84 人）は東京のそれ（48.33 戸，183.21 人）を上回っていた[12]。1918 年 11 月の新聞記事が「概して言へば大阪の方が東京よりも家賃が遥かに高い。恐らく家賃の高い点に於て大阪と神戸は全国無比だらう」[13] と伝えているのは，この点を反映したものである。

1918 年 10 月 30 日から 11 月 5 日にかけて『大阪毎日新聞』は，「住宅難の大阪（一）〜（五）」という連載記事を掲げたが，その小見出しを列記すれば，次のようになる。

- （一）○大阪に貸家が無い
  - ○全市通じて空家が僅かに四百戸足らず
  - ○それも人の住めぬボロ家のみ
  - ○千戸や二千戸の新建では全く補充がつかぬ
  - ○家賃の暴騰
- （二）○築港方面で一割から五割の値上
  - ○他区も略同様の趨勢
- （三）○大阪の家賃の高いのは全国無比
  - ○住宅封建制の暴威
  - ○困るのは小さな借家人
- （四）○場末の家賃がベラ棒に高い
  - ○場末と船場とは家主の柄が違ふ
- （五）○薄給の勤め人の住宅難
  - ○住宅公営と慈善団と公益建築組合の必要
  - ○急速度電車敷設の急務

ここで興味深いのは，かつこの新聞記事が，最終的な結論として，「高速度の交通機関が整備して迅速且低廉に諸方から市内に集合して来る所の人群を比較的遠い郊外にまで輸送することが出来なかつた日には市民は依然として住宅欠乏の苦難を免れることは出来ない」と述べ，「急速度電車敷設の急務」を強く主張している[14] ことである。このことからもわかるように，大阪市内の深刻な住宅難は，電鉄会社の沿線を中心に，周辺郊外地における住宅需要を著しく

---

[12] 「都市生活の不安（四）　大阪市の住宅問題」『大阪時事新報』1919 年 1 月 23 日付，参照
[13] 「住宅難の大阪（三）」『大阪毎日新聞』1918 年 11 月 3 日付。
[14] 「住宅難の大阪（五）」『大阪毎日新聞』1918 年 11 月 5 日付。

84　第2部　インクリメンタル・イノベーションの時代

高める結果を招いた[15]。

　これに対して，1910年代の東京の場合には，住宅に対する需要が，基本的には市電や省線の沿線地域内にとどまっていた。それが私線沿線にまで本格的に拡張するようになったのは，1923年の関東大震災以降のことであった[16]。

❖箕面有馬電軌の不動産業経営

　日本における電鉄会社の不動産業経営のパイオニアとなったのは，専務取締役・小林一三に率いられた箕面有馬電軌だった。なお，1907年10月に創立された箕面有馬電軌は，1918年2月に社名を阪神急行電鉄（阪急電鉄）と変更した。

　大阪（梅田），箕面，有馬，宝塚，西宮を結ぶ鉄道敷設権をもつ箕面有馬電軌の設立は，おりからの日露戦後不況にともなう株式引受難，沿線人口の少なさによる見込旅客数の低迷などによって，困難視されていた。同社の経営にあたることになった小林一三は，この困難を克服するためには，鉄道事業と沿線の住宅事業を結合する必要があると考えた。小林の自叙伝である『逸翁自叙伝』（産業経済新聞社，1953年）によれば，箕面有馬電軌の設立についての彼の考えは，次のようなものであった。

　「ただ屹度うまくゆくだらうと思ふ事は，この会社は設立難で信用はゼロである。早晩解散される事と見られてゐる。仮りに何とか工夫して会社を設立し得るとしても，結局は駄目だといふ風に，沿道一般の人達から馬鹿にされてゐる。それを幸ひに沿線で住宅地として最も適当な土地――沿線には住宅地として理想的なところが沢山あります――仮に一坪一円で買ふ，五十万坪買ふとすれば開業後一坪に就いて二円五十銭利益があるとして，毎半期五万坪売って十二万五千円まうかる。五万坪が果たして売れるかどうか，これは勿論判らないけれど，電車が開通せば一坪五円くらゐの値打はあると思ふ。さういふ副業を当初から考へて，電車がまうからなくとも，この点で株主を安心せしむることも一案だと思ひます」（151-152頁）。

　小林一三は，1907年10月の箕面有馬電軌の創立総会で専務取締役に選出されると，上記の考えをただちに実行に移した。箕面有馬電軌が鉄道開業以前の

15　たとえば，「郊外電車から見た大阪（七）」『大阪毎日新聞』1915年12月21日付，参照。

16　「都市の膨張と郊外電鉄（一）～（十）」『国民新聞』1926年10月1～13日付，および東急不動産株式会社『街づくり五十年』1973年，30-31頁参照。

1908 年 10 月に配布した，『最も有望なる電車』というパンフレットには，「会社の所有となるべき土地が気候適順，風景絶佳の場所に約二十万坪，僅かに梅田から十五分乃至二十分で行けるところにあります。此所に停留場を設け大いに土地開発の策を講じて沿道の乗客を殖やし，同時に土地の利益を得ようと云ふ考へです」[17]と書かれている。また，やはり鉄道開業以前の 1909 年秋に同社が発行した，『如何なる土地を選ぶべきか，如何なる家屋に住むべきか（住宅地御案内）』というパンフレットには，次のような文章が記されている。

「美しき水の都は昔の夢と消えて，空暗き煙の都に住む不幸なる我が大阪市民諸君よ！

出生率十人に対し死亡率十一人強に当る，大阪市民の衛生状態に注意する諸君は，慄然として都会生活の心細きを感じ給ふべし，同時に田園趣味に富める楽しき郊外生活を懐ふの念や切なるべし。

郊外生活に伴ふ最初の条件は，交通機関の便利なるに在りとす，今や，大阪市内電車の縦横に開通せんとするに際し，阪神，南海の既成線，並に京阪，箕面有馬の各電車は東西南北より市の内外を結びつけ，各々其沿道に於ける特色を発揮し，諸君の希望を満足せしめんとするものゝ如し。この時に於いて箕面有馬電車たるものは，風光明媚なる其沿道住宅を説明し『如何なる土地を選ぶべきか』の問題を諸君に提供すべき義務あるを信ぜんとす，何となれば，最も適当なる場所に三十余万坪の土地を所有し，自由に諸君の選択に委し得べきは，各電鉄会社中，独り当会社あるのみなればなり。

（中略）

会社所有土地は八十六町余，此価格三十万余円（市内を除く）なれば一反[18]平均僅かに三百六十余円に過ぎず，是れを実測すれば三十余万坪に上るべし，理想的郊外生活の新住宅地として，諸君の選択に任すべき三十余万坪を，一大楽園たらしめんには勢ひ諸君の移住を待たざるべからず，梢に宿る月の影あれば，沖の白波に千鳥の友呼ぶ声あり，然れば会社も亦た自ら進んで模範的新住宅地を経営し，大いに大阪市民諸君の趣味に訴へんとするなり」[19]。

つまり，箕面有馬電軌は沿線で宅地として開発する用地を，1908 年 10 月ま

---

17 小林一三『逸翁自叙伝』産業経済新聞社，1953 年，185 頁から再引用。
18 1 反は 10 分の 1 町に当たり，360 坪に相当する（ただし，当時の換算値）。
19 小林前掲『逸翁自叙伝』189-190 頁から再引用。

86　第2部　インクリメンタル・イノベーションの時代

でに約20万坪，1909年秋までに累計三十余万坪買収したうえで，1910年3月の鉄道開業に臨んだのである。

　鉄道開業から3カ月後の1910年6月に箕面有馬電軌は，最初の沿線における宅地分譲として，池田室町住宅地の販売を開始し，良好な成績をおさめた[20]。この池田室町住宅地（総坪数3万3020坪）の場合には，「東西南北の道路数十町」を設けたうえ，「百坪を一邸宅としこゝに建坪二十坪内外数十種類の家屋二百軒を新築する」方式がとられた[21]。各住宅には，「庭園を広くすること」「電燈の設備あること」「溝渠下水等衛生的設備を十分ならしむること」などの方針が貫かれ，住宅地全体としては，「完全なる道路を設け両側に樹木を植えゆること」「会社直営の購買組合を設け，物資の供給を廉売ならしむること」「娯楽機関として倶楽部を新築し，玉突台其他の設備を完全ならしむること」「公園及び花樹園を設け花奔盆栽園芸趣味を普及ならしむること」「床屋，西洋洗濯等日常必要なる居舗を設曹せしむること」などの措置が講じられた[22]。池田室町住宅地の住宅地1戸当たりの販売価格は2500円（土地，家屋，庭園，施設一切込み）であり，「販売方法としては最初に五〇円払い込めば，残金は毎月二四円払いの一〇カ年月賦であった」[23]。

　箕面有馬電軌は，池田室町住宅地に続いて，同じく沿線の桜井住宅地（総坪数5万5000坪）と豊中住宅地（総坪数5万坪）を，それぞれ1911年6月と1914年8月に分譲した[24]。そして，その後も，沿線での宅地分譲を積極的に推進した。

　ところで，上記のような箕面有馬電軌の宅地分譲は，小林一三が当初見込んだような収益をあげたのだろうか。まず，用地買収についてみると，小林自身は，『逸翁自叙伝』のなかで，「この会社の生命ともいふべき住宅経営について，土地選定の標準は，一坪一円と見積ったけれど，（中略）大体予算通り進行した」(175頁)と回顧している。この点は，さきに引用したとおり，1909年発行の箕面有馬電軌のパンフレット『如何なる土地を選ぶべきか，如何なる家屋に住むべきか』が，三十余万坪の土地を三十万余円で購入したとしていることと，

20　京阪神急行電鉄『京阪神急行電鉄五十年史』1959年，10頁参照。
21　阪神急行電鉄「土地住宅経営の元祖」『阪神急行電鉄二十五年史』1932年，4頁参照。
22　阪神急行電鉄前掲「土地住宅経営の元祖」『阪神急行電鉄二十五年史』，3-4頁参照。
23　京阪神急行電鉄前掲『京阪神急行電鉄五十年史』120頁。
24　阪神急行電鉄前掲「年譜」『阪神急行電鉄二十五年史』，4，6頁参照。

符節を合する。これに対して，箕面有馬電軌が宅地分譲によって1坪当たりいくらの収益をあげたかについては，それを伝える確実な史料が見当らない。ただし，1913年9月の新聞記事は，それが1坪当たり2円前後であったと指摘している[25]。断言することは避けなければならないが，箕面有馬電軌は，初期の住宅分譲を通じて，当初，小林がめざした水準（既述のように，当初，小林は1坪当たり2円50銭の利益をあげることをめざした）には達しなかったものの，それに近い利益をあげることに成功したようである。そして，この成功が，鉄道開業以前に沿線の土地を廉価で購入していたこと，別言すれば，やがて生じる外部効果をあらかじめ内部化していたことによるものであったことは，多言を要しないだろう。

◈ 小林一三の企業家的革新

箕面有馬電軌が電鉄会社の不動産業経営の真のパイオニアになりえた中心的な要因は，同社の専務取締役を務めた小林一三の企業家的革新に求めることができる。小林は，多くの株主の反対を押し切って，「この会社の生命ともいふべき住宅経営」を推進した。

小林が箕面有馬電軌の住宅地経営に心血を注いだのは，

(1)　沿線住民をふやすことによって乗客数を増大させ，間接的に鉄道事業の増益を図る，

(2)　近い将来確実に生じる外部効果を事前に内部化することによって，（鉄道開業以前に廉価で購入した土地を鉄道開業後高価で販売することによって），住宅地経営そのものからも，直接的に利益を獲得する，

という，二つのねらいをもっていたからであった。

このうち(1)の点は，箕面有馬電軌よりも一足早く，阪神電鉄が，1909年に貸家経営という形で，実行に移していた。また，そもそも(1)については，沿線地域で他の土地会社や住宅会社が活動を始めれば同様の効果が期待できるのだから，それだけでは電鉄会社が不動産業へ本格的に参入する動機になりにくいということも，指摘しておかなければならない。したがって，小林の考えが画期的であったのは，(1)の点を打ち出したからではないのである。

小林がイノベーターになりえたのは，(2)の点に初めて取り組んだからであ

25　「大阪の郊外電車（三）」『中央新聞』1913年9月17日付，参照。

88 第2部 インクリメンタル・イノベーションの時代

る。その後，路線を新設したり延長したりした電鉄会社の多くは，小林のやり方にならって外部効果の内部化に努め，不動産業へ本格的に参入した。また，外部効果を内部化するチャンスは，鉄道路線の新設や延長をともなわない場合にも，生じえた。つまり，それは，電車運転本数の増加，停車駅の新設，急行・特急等の運行，電車と接続するバス路線の新設，他社線との接続や相互乗入れなどによっても，ある程度創出することが可能だったのである。

　さまざま理由によって生じた外部効果を内部化するチャンスを活かしながら，日本の電鉄会社は，不動産業への関与を強めていった。小林一三が切り開いた突破口は，大きなうねりを呼び起こしたのである。

　電鉄業と不動産業とを結合させ，都市化がもたらしたビジネス・チャンスを活かすことに成功した小林一三の快進撃は，その後も続いた。1913年に創設した宝塚唱歌隊は宝塚歌劇団に発展し，1932（昭和7）年には東京宝塚劇場（のちの東宝）を創設した。1927年に阪急電鉄社長に就任し，1929年には，日本初のターミナル・デパートとなった阪急百貨店を大阪・梅田に開業した。

　都市型第三次産業という新分野の開拓者となった小林一三は，1933年には東京電灯の社長に就任した。1940年には第二次近衛文麿内閣の商工大臣となり，第二次世界大戦後の1945年には幣原喜重郎内閣の国務大臣および戦災復興院総裁も務めた。小林一三が死去したのは，1957年1月のことであった。

※ 電化にも貢献

　小林一三は，阪急電鉄の経営手腕を買われて東京電灯にも招聘され，同社の経営再建にもあたった。小林は，東京電灯では，1933年11月から1940年3月にかけて，社長を務めた。

　東京電灯の経営者としての小林一三が取り組んだ一連の施策のなかで，彼の特徴が最も鮮明に表れたのは，営業の革新である。東京電力編『関東の電気事業と東京電力──電気事業の創始から東京電力50年への軌跡』（2002年）は，小林が先頭に立って推進した東京電灯の営業革新について，詳細な記述を展開している（438-447頁）。それによれば，小林は，①東京市内17営業所体制の構築（1931年12月），②「商売人精神」の涵養による需要開発運動の展開，③接客態度の改善，④料金事務のシステム化，などを推進した。このうち①については，「営業所の管轄区域を『小区域に分けて商売人らしくサービス本位に』需要家と接することができるように」した措置であった。②に関しては，「具

体的には，増灯・増燭，とりわけ電気器具の販売であり，それによる『キロ時売り上げの増進』をねらいとし」ていた。また，③については，②の需要開発運動の一環として行われた暖房器具街頭販売の「隠れた真の目的は『職員接客精神の涵養鼓舞』にあった」と言われている。さらに，④に関しては，「それまでの集金しやすい日に集金する，いわゆる『渦巻式集金法』とは異なり，需要家は例日ほぼ同時刻に同一集金員によって料金を請求されるため，会社に対して債務観念が植えつけられ，例日に支払う需要家がしだいに増加した」と記述されている。

このように小林一三は，「都市化のリーダー」としてだけでなく，「電化のリーダー」としても活躍した。

ここで注目する必要があるのは，関西電力初代社長の太田垣士郎（社長在任期間は 1951 年 5 月〜59 年 11 月）と第 2 代社長の芦原義重（社長在任期間は 1959 年 11 月〜70 年 11 月）が，いずれも阪急電鉄の出身であり，阪急電鉄時代に小林一三の薫陶を受けていた点である。別の機会に明らかにしたように，太田垣・芦原両社長が在任した当時，関西電力を含む日本の 9 電力会社（北海道電力・東北電力・東京電力・中部電力・北陸電力・関西電力・中国電力・四国電力・九州電力）は「低廉で安定的な電気供給」を実現し，「黄金時代」を謳歌したが，関西電力は，その 9 電力会社全体のなかでも，企業活力の大きさの点で抜きん出た存在であった[26]。太田垣・芦原のコンビが社運を掛けて実現した，1961 年の黒部川第四発電所の運転開始は，それを象徴する出来事だった。つまり，ともに阪急電鉄出身で，ともに小林一三の薫陶を受けた 2 人のトップマネジメントに率いられる形で，関西電力は，「黄金時代」を迎えていた 9 電力会社のなかでも出色の革新的経営を展開したわけである。このケースについては，同一の人脈につらなる複数のトップマネジメントが革新的 DNA を継承し，結果として企業経営に進化をもたらした典型的事例だということができる。

由井常彦編『憂楽五十年　芦原義重——回顧と展望』（日本経営史研究所，1978 年）のなかで，芦原は，自らと小林との関係，小林と太田垣との関係，自らと太田垣との関係について，以下のように回想している。

「いろいろありますが，なんといっても私が小林さんに教えられたのは，事業とか経営とかいうものは，後を振り返っていたのではだめなんで，やは

---

[26]　橘川武郎『日本電力業発展のダイナミズム』名古屋大学出版会，2004 年，287，364 頁参照。

90 第2部 インクリメンタル・イノベーションの時代

り少し先の将来のことを見通して，少々危険があっても，その危険を覚悟して決断してやらないと，決して事業は繁栄しないのだということ。それともうひとつは，企業の経営というのは，何よりも合理的にやらなければいけないということ。とくにこの二つですね」(31頁)。

「太田垣さんを関西電力の社長にすることについては，公益事業委員会の中は割れていなかったと思います。

日発[27]が池尾[28]さんを推したのは事実ですが，それもあまり強くはなかったので，割合すらっと決まったと思います。ただ，太田垣さんが果たしてこられるのかどうかということについては，実を言うと私どもの間でも意見がまちまちでしたね[29]。それで実際に松永[30]さんと堀[31]さんが小林一三さんのところへ頼みに行かれて，それでやっと小林さんが承知された。太田垣さんご自身も小林さんが行ってもいいとおっしゃるのなら行こうということで，太田垣さんに決まったと私は聞いております」(80頁)。

「合理化精神というのは小林イズムの一つですからね。まず太田垣さんがはじめにやられたのは，要らないものを倉庫において置くなということで，自分で倉庫を調べて回って，無駄なものを見つけると全部処分して金に換えさせられましたね。たとえどんなにわずかなものでも。

また，電気料金の集金率が悪いので，なんとかそれを向上させよとも言われました。そのほか，その頃は電力のロスが非常に多かったから，ロスを低減させること，それからまた火力発電所の熱効率がよくないから，その熱効率を上げるように機械を改善すること。こうしたいろんな問題をとりあげて，それは技術のほうだから芦原お前がやれということだったわけです」(92頁)。

また，芦原義重は，「太田垣さんは，決断のタイミングの重要性ということをよく言われたそうですね」という由井常彦の質問に対して，「重要なことはいつも二人で相談してやっていましたから，個別のケースであらたまって言われたことはありませんが，ただつねづね『芦原君，何をやる場合でも，どんなに慎重に調査や研究をしてやっても必ずリスクはあるものだ。だからだいたい

---

27 電力国家管理の中心的な担い手であった日本発送電株式会社のことである。

28 池尾芳蔵のことである。池尾は，1941年1月から43年8月にかけて，日本発送電の第2代総裁を務めた。

29 当時，芦原義重は，関西配電の副社長を務めていた。

30 当時，公益事業委員会の委員長代理を務めていた松永安左エ門のことである。

31 元関西配電社長で，関西電力発足と同時に会長に就任した堀新のことである。

のところ八割まで大丈夫で，二割ぐらいのリスクがある場合には，社長の責任で決断せざるをえないよ』そう言われていましたね。（中略）経営者は八〇パーセントで決断しなければいけないということでしょうね」と答えている（95頁）。

これらの芦原の言葉から，太田垣士郎も芦原義重も，阪急電鉄時代に薫陶を受けた小林一三から，先見性をもってリスクに挑戦する，合理的な姿勢に徹するなどの基本的な考えを受け継いで，関西電力の経営にあたったことが確認できる。

ケース**9**：松永安左エ門／電化の旗手による「民営公益事業」方式の定着

❖電力業との遭遇

都市化の旗手がまぎれもなく小林一三であったように，電化の旗手は疑う余地もなく松永安左エ門であった[32]。

1875（明治8）年に長崎県壱岐島の事業家の長男として生まれた松永安左エ門は，1889年に慶應義塾に入学し，そこで，生涯の盟友でありライバルでもある福沢桃介（福沢諭吉の婿養子）と出会った。その後松永安左エ門は，日本銀行での短いサラリーマン生活を経て，材木商（丸三商会）や石炭商・コークス商（福松商会）となったが，これらは，いずれも，福沢桃介との共同事業であった。

粉炭やコークスの取扱いで北九州に人脈ができた松永安左エ門は，人に頼まれて福岡市を走る福博電気軌道の専務取締役となり，動力源である電力に目を向けるようになった。そして，1910年には九州電気株式会社を設立し，同社の常務取締役として電力業経営へ本格的にのめりこんでいった。一方，福沢桃介もまた，福博電気軌道の社長，および九州電気の取締役に就任した。松永安左エ門と福沢桃介は，ほぼ同時に，二人三脚を組むようにして，電力業経営者としてのキャリアを刻み始めたのである。

---

32 松永安左エ門について詳しくは，橘川武郎『松永安左エ門』ミネルヴァ書房，2004年，参照。

92　第**2**部　インクリメンタル・イノベーションの時代

❖「科学的経営」を実践

　電力業経営者としての松永安左エ門のキャリアは，九州電灯鉄道とその前身
各社（福博電気軌道が改称した博多電灯軌道と九州電気とが 1912 年に合併して，九
州電灯鉄道が誕生した）のトップマネジメントを歴任していた 1908〜22 年（明
治 41〜大正 11 年）の時期と，東邦電力のトップマネジメントの座にあった
1922〜42 年（大正 11〜昭和 17 年）の時期とに，大きく二分することができる。
松永の電力業経営は，①需要家重視の姿勢，②水火併用の電源開発方針，③資
金調達面での革新，という 3 点で出色のものであった。

　①の需要家重視の姿勢についてみれば，松永安左エ門は，一貫して，低料金
高サービスの利用者開拓主義を採用した。九州電灯鉄道時代には，電灯料金を
大幅に引き下げるとともに，「電柱一本につき，三十灯以上の申込みがなけれ
ば延長しない」という供給規定上の制限を取り除き，辺鄙(へんぴ)な地域にも可能な限
り電気を供給した。このような利用者開拓主義は，結局は九州電灯鉄道の業績
向上をもたらし，同社が北九州電力界の覇者となるうえで大きな力を発揮した。
松永の需要家重視の姿勢は，東邦電力時代においても変わらなかった。彼が東
邦電力の前身，関西電気の経営に乗り出したころには，旧名古屋電灯（関西電
気の前身）時代のサービス低下がたたって停電が頻発し，名古屋市民のあいだ
には同社に対する不満がうずまいていた。松永は，主要配電線路の自動遮断化，
修理班の増強，仮変電所の設置，購入電力の増加などの緊急措置を講じる一方，
自ら中央給電所へベッドを持ち込んで陣頭指揮にあたり，ほぼ 1 年間で停電問
題を解決した。会社が東邦電力として新発足してからも松永は，配電線路の高
圧化，引込線の改良，特別高圧送電線路の敷設，発電所の新増設などの設備改
善を続けた。その結果，新発足後数年にして東邦電力は，名古屋市民からの信
用を回復するにいたった。

　②の水火併用の電源開発方針は，発電コストの切下げに大いに貢献した。当
時多くの電力会社が採用していた水路式水力偏重の発電方式は，需要が増大す
る冬季が渇水期であり需要が減退する夏季が豊水期であるという，根本的な欠
陥をもっていた。そのため，松永安左エ門によれば，「冬季の最大負荷を目標
として，水力設備を為(な)せば，夏季に於(おい)て益々剰余電力の増加を招来する結果と
なり，而(しか)も，設備過大は金利の負担を重くし，引いて原価高を免れぬ」[33]とい

33　松永安左エ門「電気事業統制に就て」『電気公論』第 17 巻第 10 号，1933 年。

う状態が生じていた。そこで松永は，「発電水力を最も経済的に開発せんとするには，流量減少して発電力不足の場合，他に是れを補う方法を講ぜねばならぬ」[34]と主張し，建設費が低廉な火力発電所を補給用として活用する水火併用方式の採用を提唱した。既述のように九州電灯鉄道の誕生をもたらしたのは博多電灯軌道と九州電気との合併であったが，松永は，この合併の実現にリーダーシップを発揮した。その際の彼の企図は，火力発電中心の博多電灯軌道と水力発電中心の九州電気とを統合することによって，水火併用の電力供給体制を構築し，発電コストを引き

東邦電力社長時代の松永安左エ門（1933年）（毎日新聞社提供）

下げる点にあった。松永が提唱した水火併用方式は，東邦電力による名古屋火力発電所・名島火力発電所・前田火力発電所の新増設という形で本格的に実行に移されたが，これは，「水力万能論」や「火力亡国論」がさかんな当時としては相当に大胆な挑戦であった。その後水火併用方式の経済性が確認され，業界全体でこの方式を広く採用するようになったが，そのときまでにはかなりの時間が経過していた。

　③の資金調達面での革新も，コスト削減と密接にかかわっていた。松永安左エ門は，「金利の高低は実に電気の原価を左右する」[35]と指摘し，低利で安定的な資金調達方法の開拓に力を注いだ。電力外債の積極的な発行と1932年以降の円為替低落時における素早い対応，社債発行限度額の拡張運動の推進，社債発行時における新型担保制度（オープン・エンド・モーゲージ制）の活用，などにみられる東邦電力の独特の経営行動は，松永の資金調達に関する進取的な姿勢を反映したものであった。

---

[34] 松永安左エ門「電気事業」『社会経済体系　第九巻』日本評論社，1927年。
[35] 東邦電力史編纂委員会編『東邦電力史』1962年。

94 第2部 インクリメンタル・イノベーションの時代

水火併用の電源開発方針や資金調達面での革新が功を奏して，東邦電力の発電コストは，同業他社より割安となった。たとえば，1931年ごろの販売地における1kW当たり設備費は，東京電灯が884円であったのに対して，東邦電力は792円にとどまった[36]。この事実をふまえて当時の経済雑誌等は，松永安左エ門の経営手腕に対し高い評価を与え，「科学的経営」と呼んで称賛した。松永は，戦前の日本電力業を代表する名経営者となったのである。

❖『電力統制私見』の先見性

1920年代の日本電力業界では，大都市の大口電力需要家の争奪戦である「電力戦」が激化し，電力統制問題が急速に社会問題化した。この電力統制問題に関して，松永安左エ門は，他の経営者とは隔絶した先見性を発揮した。

松永が提示した電力統制構想がいかに先見性に富むものであったのかは，彼が1928年に発表した『電力統制私見』が，1951年の電気事業再編成を23年前に見通す内容をもっていたことに，明確に表現されている。松永は，戦後の「私の履歴書」のなかで，『電力統制私見』について，「全国を九地域にわけて一区域一会社主義をとり，群小会社は合同させて，できない場合はプールし，供給区域の独占を認め，鉄道省が多く持っていたような官・公営の火力設備も民営に移して全国的に電力の負荷率・散荷率を向上させ，料金は認可制とし，監督機関として"公益事業委員会"を設置することなど」，「戦後，現状に再編成したのとほとんど等しい案」[37]であったと回顧している。『電力統制私見』は，戦後の電気事業再編成を23年前に見通した歴史的な文書だったのである。

ここで問題となるのは，多くの電力業経営者のなかで，なぜ松永安左エ門だけが，電力統制問題に関して，上記のような突出した先見性を発揮することができたかという点である。その答えは，生涯の盟友でありライバルである福沢桃介が「研究にかけては俺も人後に落ちぬつもりだが，松永の徹底した研究ぶりには兜を脱ぐ」[38]と感心したように，調査研究を非常に重視する松永の姿勢に求めることができよう。松永は，のべ42人の東邦電力の社員（役員を含む）を視察や実習のために海外へ派遣し，社内に常設機関として調査部を設置した。

---

36 阿部留太『五大電力の優劣』ダイヤモンド社，1931年，参照。

37 松永安左エ門「私の履歴書 27」『日本経済新聞』1964年1月28日付，参照。

38 松島春海「松永安左衛門」下川浩一・阪口昭・松島春海・桂芳男・大森弘『日本の企業家（4）戦後篇』有斐閣，1980年，113頁。

これらはいずれも，当時の電力会社としては，異例の措置であったが，海外派遣社員がもたらす欧米諸国の情報や調査部が行った一連の研究の成果は，松永の電力業界統制論の基盤となったのである。

松永安左ヱ門とは異なり福沢桃介は，水力開発を第一義的に追求し，電力国営化や発送電事業の配電事業からの分離を提唱した。国営，発送電と配電の分離，水力中心の電源開発を掲げる福沢の電力統制構想は戦時体制化の電力国家管理に受け継がれ，民営，発送配電一貫経営，水火併用方式を唱える松永の構想は戦後の電気事業再編成に継承された，と考えることができる。つまり，電力国家管理と電気事業再編成という日本電力産業史の2大エポックを，はるか以前の時期に，福沢と松永は見通していたわけである。福沢が「電気王」と呼ばれ，松永が「電力の鬼」と呼ばれるゆえんであろう。

ただし，結果的にみて，電力業経営者としての福沢桃介は，木曾川水系を中心とする水力開発の面では大きな成果をあげた（そして，それが評価されて，「電気王」と呼ばれた）ものの，需要家向けのサービスがポイントとなる配電事業の面では成功をおさめなかった。松永安左ヱ門が東邦電力の前身，関西電気の経営再建に乗り出さざるをえなかったのは，関西電気の前身，名古屋電灯の社長でありながら配電事業で混乱を招いた福沢が名古屋市民の不評を買い，その収拾を松永に委ねたからにほかならなかった。

❖電力国家管理の強行

松永安左ヱ門の電力統制構想は先見的なものであったが，ここで想起しなければならない事実は，日本の電力業が，松永の『電力統制私見』を受けて電気事業再編成へ直進することなく，その間に電力国家管理という「長い回り道」[39]を経験しなければならなかったことである。電力国家管理は，

(1) 電力業経営者の創意工夫や民間電力会社の活力を封殺した，

(2) 水力中心の発送電事業の一元化というシステムを採用したため，電気供給の安定性や発電コストの面で問題を残した，

(3) 発送電事業と配電事業とを徹底的に分断した，

などの面で経済的にみて非合理な側面をもっていたが，それが強行されたのは，国家主義的イデオロギーの台頭等の経済外的要因が作用したからであった。た

---

39 橘川前掲『日本電力業発展のダイナミズム』203頁。

だし，そこには，1930年代の電力業界の自主統制には看過しがたい難点があり，それが電力国家管理推進論に一定の説得力を与えたという事情も存在した。その難点とは，端的に言えば，卸売電力会社と小売電力会社との併存状態が放置されたままだったことである。

　1930年代に松永安左エ門の構想どおりに電力業界の自主統制が進まなかったことの一つの原因としては，しばしば同業他社の経営者を厳しい調子で批判した松永自身の激しい気性を挙げることができる。当時，電力業界の自主統制の担い手となったのは，1932年に成立した電力連盟であったが，同連盟に対する松永の評価は，二面的なものにならざるをえなかった。というのは，電力連盟が発揮した競争停止機能は彼の意向に沿うものであったが，連盟が現状維持原則を掲げ，卸売電力会社と小売電力会社との併存状態を固定化したことは，発送配電一貫経営をめざす松永の構想に明らかに背反するものだったからである。このような事情をふまえて松永は，電力連盟の結成直後には，連盟に対する直接的な評価を下さなかった。しかし，1933年に電力連盟が水力開発の再開を決定すると，彼は，水力偏重主義の再来として，これに猛烈に反発した。他の電力業経営者に対して，歯に衣を着せない批判を繰り返したのである。

　東邦電力の内部には，松永安左エ門以外にも，電力業界の自主統制が進展しないことについていらだちを強めた人物が，もう一人存在した。同社調査部の有力メンバーであり，松永のブレーン役を長く務めた出弟二郎（いでだいじろう）が，その人である。出は，松永が一連の電力業界統制構想を発表するうえで，必要不可欠な人物であった。しかし出は，電力業界の自主統制が不十分性をもつことに焦燥感を強め，やがて東邦電力を退社し，中心的な電力国家管理推進論者となった。これに対して松永は，同じく焦燥感をもちながらも，基本的には電力民営論者であり続けた。かつての同志である出と激しく対峙しつつ，松永は，最後まで電力国家管理に反対する姿勢を崩さなかった。

　電力国家管理反対論の中心的な担い手となったのは電力業経営者たちであったが，そのなかでも松永安左エ門は，立論の包括性や一貫性の点でぬきんでていた。松永とともに代表的な電力国家管理反対論者として並び称されることが多い日本電力社長の池尾芳蔵（よしぞう）は，反対姿勢の一貫性の点で問題を残し，最終的には国家管理に迎合した。そのことは，池尾が，1941年に，電力国家管理の要に位置する日本発送電の総裁に就任したことに，端的に示されている。

　一方，電力国家管理賛成論者としては，国家管理論争の出発点となった

1936年の内閣調査局案を作成した同局調査官で，革新官僚の奥村喜和男が有名である。しかし，官僚である奥村がある程度の現実性をもつ国家管理案を作り上げるうえでは，電力業界の実情に詳しい人物のサポートを受けることが必要不可欠であった。そのサポーターの役割をはたしたのが，東邦電力を退社したのち内閣調査局専門委員となっていた出弟二郎である[40]。つまり，出は，内閣調査局案作成の陰の主役であったとみなすことができる。電力国家管理をめぐる論争の際に，賛否両陣営の中心に位置して真っ向からわたりあったのは，かつて同志であった松永安左エ門と出弟二郎だったのである。

松永安左エ門らの強い反対にもかかわらず，ついに1939年には電力国家管理が強行された。そして，東邦電力を含むほとんどすべての民間電力会社は，1942年までに解散を余儀なくされたのである。

◈電気事業再編成を主導

電力国家管理は足掛け13年間も続き，第二次世界大戦の終結から6年後の1951年に実施された電気事業再編成によって，ようやく廃止された。その再編成のプロセスでリーダーシップを発揮したのは，ほかならぬ松永安左エ門であった。

松永安左エ門は，電力国家管理に反対して敗れ，戦時中は隠遁生活を送っていたが，1949年に電気事業再編成審議会の会長として社会復帰した。そして，20年以上も前に発表した『電力統制私見』にもとづき，民有民営・地域別9分割・発送配電一貫経営の9電力体制を生み出すため，先頭に立って奮闘した。

占領期に絶対的な権力を有していたGHQ（正確には，GHQ/SCAP, General Headquarters of the Supreme Commander for the Allied Powers, 連合国最高司令官総司令部）は，当初，松永安左エ門のプランと異なる電気事業再編成案を主張していた。しかし，そのGHQも，最終的には松永プランを支持するにいたった。そもそも，GHQの再編成案は，5ブロック案，7ブロック案，9ブロック案，10分割案と激しく動揺した。実効性のあるプランを作成するうえで，日本の電力業の実情を知り尽くした松永安左エ門と，付け焼刃で机上の作業を行っただけのGHQとの実力の差は歴然としており，電気事業再編成は松永のリーダ

40　桜井則「電力産業と国家管理」栗原東洋編『現代日本産業発達史Ⅲ　電力』交詢社，1964年，および松島前掲「松永安左衛門」，参照。

98　第**2**部　インクリメンタル・イノベーションの時代

ーシップのもとで実施されることになった。

　松永安左エ門の電力業に対する理解を豊かにさせるうえで重要な意味をもったのは，「科学的経営」と評価された，戦前の東邦電力におけるトップマネジメントの経験であった。また，戦前戦後を通じて，松永のもとに，日本の電力業界を代表する優秀な人材が参集したことも，忘れてはならないポイントであろう。たとえば，松永が民営地域別9分割案を策定する過程では，再編成推進の「三羽烏」と称された関東配電の木川田一隆，関西配電の芦原義重，中部配電の横山通夫の3人が，松永のサポーターとして重要な役割をはたした[41]。木川田，芦原，横山は，のちにそれぞれ東京電力，関西電力，中部電力の社長に就任し，高度経済成長期における日本の電力業界のリーダーとして活躍することになったのである。

　松永プランにのっとって実施された電気事業再編成によって1951年に誕生した民営9電力体制は，その後，長期にわたって定着した。同体制は，1988年の沖縄電力の民営化によって10電力体制に衣替えしたものの，基本的には，今日にいたるまで継続してきたのである[42]。

◈ 活躍の二つの要因

　松永安左エ門が日本電力産業史において大きな役割をはたすことができたのは，なぜだろうか。その要因としては，二つの点が重要であろう。

　第1は，松永が，需要家重視の姿勢を貫き，その観点から，水火併用の電源開発，発送配電の一貫経営，資金調達面での革新などで特徴づけられる，斬新なビジネスモデルを開拓したことである。日本電力産業史において，「需要家重視」を標榜し，短期的な低料金攻勢で新規参入や事業拡大をはたそうとした経営者は，相当数出現した。しかし，彼らのほとんどは，「需要家重視」を長期的に保証する明確なビジネスモデルを持ち合わせなかったために，歴史の流れのなかで泡沫となって消えていった。一方，松永以外にも，福沢桃介のように，斬新なビジネスモデルを打ち出した経営者は，数は少ないが存在した。しかし，福沢のモデルが典型的事例であるが，それらの大半は，サプライ・サイ

41　小島直記『松永安左エ門の生涯』「松永安左エ門伝」刊行会，1980年，参照。

42　ただし，2016年の電力小売全面自由化によって，10電力体制のあり方は大きく変化した。そして，2020年に予定される発送電分離によって，10電力体制は，その歴史的役割を終えようとしている。

ドからのアプローチに立つものであり，需要家重視の姿勢を貫く松永のモデルに比べて内容的に見劣りすることは明白であった。松永は，需要家重視の姿勢と斬新なビジネスモデルとを結合させた点で，稀有な電力業経営者だったのである。

　第2は，松永安左エ門が，日本電力業の発展過程で活躍した優秀な人材の結集軸となったことである。

　この点ではまず，若いころに，福沢桃介という，かけがえのない「生涯のライバル」に出会ったことが，重要である。松永安左エ門は，事業家としての出発という面でも，株式投資家や衆議院議員としての行動という面でも，福沢の「後輩」の域を脱することはできなかったが，こと電力業の経営という面では，福沢を凌駕する活躍を示した。「松永の徹底した研究ぶり」を支え，結果として日本電力産業史における松永安左エ門のリーダーシップをもたらした内面的な要因は，福沢桃介に対する強いライバル意識にあったと言っても，けっして過言ではなかろう。

　また，電力国家管理の実施過程では論敵となった出弟二郎との関係にも，注目すべきである。出は，電力国家管理の陰の主役であった人物である。だが，かつて東邦電力時代に同志であった松永安左エ門と出弟二郎とのあいだに形成された相互信頼は，生涯にわたって継続した。電気事業再編成（＝電力国家管理終結）から8年後の1959年に，『東邦電力史』（東邦電力史編纂委員会編 1962年）の刊行を松永が出に委託したことは，この点を如実に示している。

　さらに，電気事業再編成については，木川田一隆，芦原義重，横山通夫の3人が松永のサポーターとして活躍したことが，大きな意味をもった。再編成推進の「三羽烏」と呼ばれた彼らの助力がなかったならば，松永が再編成の主役となることは困難だったかもしれない。

❖「民営公益事業」方式の定着

　電気事業再編成後も，松永安左エ門の活躍は続いた。たとえば，1953年に電力中央研究所の理事長に就任した松永は，政府の反対ないし消極的な姿勢を押し切って，電源開発の火主水従化や火力発電用燃料の油主炭従化を推進し，日本経済の高度成長の一要因となった「低廉で安定的な電気供給」の実現に大いに貢献した。政府規制に対抗し次々と革新を実現する松永安左エ門をみて，人々は，いつしか畏敬の念をこめて，「電力の鬼」と呼ぶようになった。その

100　第2部　インクリメンタル・イノベーションの時代

松永が死去したのは，1971年のことであった。

　日本で最初の電力会社である東京電灯が設立されたのは1883（明治16）年のことであるが，それから今日にいたる日本電力業の発展過程の大きな特質は，国家管理下におかれた1939～51年の時期を例外として，基本的には民営形態で営まれてきた点に求めることができる。この点は，やはり電気に関連する公益事業であり，戦前は電力業と同じく逓信省の管轄下にあった電気通信業が，1869年の事業開始から1985年の日本電信電話公社の民営化まで一貫して政府の直営ないし公社経営のもとにおかれたことと，対照的ですらある。

　電気通信業の場合と異なり，電力業で民営形態が支配的であった理由としては，初期条件の違い(a)とその後の条件の違い(b)という，2点を指摘すべきであろう。(a)は，明治政府が国防上ないし治安維持上の観点から電気通信業を決定的に重視したということである。(b)は，民間電力会社内に電力業経営の組織能力が蓄積され，それが，いく度か試みられた電力国営化の動きを基本的には封じ込めた（国家主義的イデオロギーの台頭を背景に強行された電力国家管理を例外として）ということである。そして，この「民間電力会社内に電力業経営の組織能力が蓄積され」た点を体現した人物こそ，「電力の鬼」と呼ばれた松永安左エ門にほかならなかったのである。

　基本的には民有民営形態で営まれてきた日本電力業の企業形態は，国営方式や公営方式が支配的でなかった点で主要ヨーロッパ諸国のそれとは違い，民間電力会社の事業規模が大きかった点でアメリカのそれとも異なっている。つまり，日本では，民有民営の電力会社が企業努力を重ねて，「安い電気を安定的に供給する」という公益的課題を達成する，民間活力重視型の仕組みが採用されてきた，と言える。この民間活力重視型の「民営公益事業」方式は，2016年に電力小売全面自由化が実施され，2020年に発送電分離が行われたのちも継続する。松永安左エ門は，日本電力業に，国際的にみてユニークな「民営公益事業」方式を定着させた立役者にほかならなかったのである。

ケース**10**：二代鈴木三郎助／例外的なブレークスルー・イノベーションの事業化

❖「三大発明」の一つ

第一次世界大戦後の日本では，大衆消費社会への胎動というビジネス・チャンスの発生を受けて，ビール業界，洋菓子業界，調味料業界，化粧品業界，石鹼業界，電球業界などで，生産と販売の統合をめざす企業のマーケティング活動が，活発化するようになった。その先頭に立ったのは，鈴木商店（味の素の前身），大日本麦酒（アサヒビール・サッポロビールの前身），森永製菓，資生堂，花王石鹼，小林富次郎商店（ライオンの前身），東京電気（東芝の前身）などの企業群であった。

このうちの鈴木商店が取り扱ったのは，グルタミン酸ナトリウム（MSG）を成分とするうまみ調味料「味の素」であった。「味の素」は，特許法制定（1899年）以来出現した「日本人の三大発明」の一つとされている。他の二つの発明は，御木本幸吉の真珠養殖と，豊田佐吉の自動織機である。上記の企業群が取り扱った商品の大半はいわゆる「舶来モノ」であったが，鈴木商店の「味の素」だけは，当時の日本では例外的なブレークスルー・イノベーションの産物だったのである。

❖池田菊苗による「味の素」の発明

うまみ調味料「味の素」の販売が開始されたのは，1909（明治42）年5月のことである。画期的新商品である「味の素」が世に出ることができたのは，それを発明した東京帝国大学教授の池田菊苗と，それを事業化した二代鈴木三郎助という，二人のキー・パーソンの活躍があったからである[43]。

池田菊苗が「味の素」を発明した経緯について，味の素社の60年史である

---

43 池田菊苗と二代鈴木三郎助について詳しくは，いずれも味の素株式会社『味の素グループの百年──新価値創造と開拓者精神』2009年，に所収されている橘川武郎「序章前扉　日本の近代化と『味の素®』の誕生」，「序章後扉　うま味は健康に貢献する」，「第1章前扉　画期的新製品の生みの苦しみ」，「第1章後扉　画期的新製品を事業化しえた要因」，「第2章前扉　度重なる試練のもとでの前進」，「第2章後扉　生産システムと販売システムの構築」参照。

『味の素株式会社社史 1』(1971 年) は，以下のように記述している。

　「実験は，専門研究が多忙であったために，この年（1907 年＝明治 40 年
　　──引用者注）の秋以降は一時中断されたが，翌 41 年（1908）正月早々にう
　ま味が食物の消化を促進するという論説（三宅秀「食物と消化」）にふれ，つ
　ねづね日本人の栄養不足を，どうしたら改善できるかという問題が念頭にあ
　ったので，廉価な調味料の発明と工業化に強く意欲をかきたてられた。かく
　て研究を再開した結果，前後約 1 カ年，再開後は 3 カ月間ほどの比較的短時
　間の実験によって，だし昆布がグルタミン酸塩を含むこと，このグルタミン
　酸塩こそ，うま味の本体であることを発見したのであった。彼（池田菊苗
　　──引用者注）は，のちに研究の動機から発明のプロセスを，つぎのように
　回想している。

　　『明治 40 年五二会の共進会より余が妻は一束の好良なる昆布を求め来れ
　り。余之を見て思へらく眼を悦ばす美麗なる色素や嗅覚を楽しませる馥郁た
　る香料は化学工業により数多く製造されつつあれども，味覚に訴ふる製品は
　サッカリンの如き怪し気なる甘味料を除きては殆んど稀なり，昆布の主要呈
　味成分の研究は或いは此の欠点を補ふ一助たるべきなりと。即ちその昆布を
　携へて実験室に至り浸出液を造り粘質物を除き無機塩類及びマンニットを結
　晶せしめて除去したるに呈味物質は依然として残液中に存し，種々之を分離
　せんと試みたるもその目的を達せず，当時他の研究に多忙の際なりしかば，
　この専門外の実験は一時之を中止することとせり。

　　翌 41 年に至り東洋学芸雑誌に於て三宅秀博士の論文を読みたるに佳味が
　食物の消化を促進することを説けるに逢へり。余も亦元来国民の栄養不良な
　るを憂慮せる一人にして，如何にして之を矯救すべきかに就て思を致した
　ること久しかりしが，終に良案を得さりしに此の文を読むに及んで佳良にし
　て廉価なる調味料を造り出し滋養に富める粗食を美味ならしむることも亦此
　の目的を達する一方案なるに想到し，前年中止せる研究を再び開始する決意
　を為せり』」(41-42 頁)。

この文章中で引用されている池田の回想は，1933（昭和 8）年に刊行された
亀高徳平『人生化学』(丁未出版社) のなかに，池田菊苗「味の素の発明動機」
として掲載されたものである。『味の素株式会社社史 1』は，この回想をふま
えて，池田による「味の素」の発明が，栄養摂取の促進を通じた国民の健康へ
の貢献という動機にもとづくものであったことを強調している。

❖二代鈴木三郎助らによる事業化

　しかしながら，「味の素」はこれまでにない調味料だっただけに，生産・販売など経営活動のあらゆる面で，試行錯誤が繰り返されることになった。これらの問題を解決し，「味の素」の事業化を実現したのは，鈴木商店の二代鈴木三郎助であった。彼は，1868（慶応 3）年に神奈川県で生まれた。二代鈴木三郎助は，弟・忠治，長男・三郎らは，主体的努力を積み重ねて一つひとつ解決していき，1910 年代を通して，「味の素」の生産・販売体制の基礎を築いていった。以下では，そこにいたるプロセスを振り返る。

　「味の素」の生産は，手本がなく自ら創造していかなければならなかったので，模索の連続であり，困難を極めた。だが，鈴木忠治ら技術陣が難関に対して果敢に挑戦し，改良に改良を重ねて，製造技術を確立させていったのである。

　鈴木三郎が担当した「味の素」の販売においても，販売店の設置，販売組織の形成，広告・宣伝などの販売促進や，自主的でユニークなマーケティング活動が展開された。また，発売当初から，日本国内だけでなく，台湾，朝鮮，中国という植民地や周辺アジア諸国へ進出し，販売ルートを開拓していった点も注目される。これは，できる限り広範な販売市場を確保しようとした結果である。その行動範囲は，太平洋を越えて，アメリカにまで及んだ。1917 年にニューヨークに事務所を開設したのが，それである。

　加えて，二代鈴木三郎助は，第一次世界大戦ブームを利用して，化学薬品事業を伸長させた。具体的には，従来の沃度と硝石の製造からカリ製品（とくに塩素酸カリ）の製造・販売にも着手することで，業容を拡大していった。そして 1917 年には，経営体制の整備を図って，株式会社鈴木商店を設立した。さらに同年，電気化学工業に進出するなど，鈴木家の事業は，第一次世界大戦期に一挙に花開く形になったのである。

❖「味の素」と出会う以前の二代鈴木三郎助

　二代三郎助に関しては，死去した翌年の 1932 年に故鈴木三郎助君伝記編纂会が刊行した，『鈴木三郎助伝』と題する伝記がある。同書には，二代三郎助の足跡を記した「小伝」（第 1 編）のほか，生前の二代三郎助自身の談話「私の生ひ立と事跡」（第 2 編），池田菊苗をはじめとする関係者の追悼文（第 5 編）などが，掲載されている。

　二代鈴木三郎助が「味の素」を事業化しえたのは，なぜだろうか。この問い

104　第2部　インクリメンタル・イノベーションの時代

に対する答えをみいだすために，ここでは，『鈴木三郎助伝』のなかに盛り込まれたいくつかの記述に目を向けることにする。

「味の素」を事業化しえた要件を解明するうえで鍵を握るのは，企業家としての二代鈴木三郎助の特性を知ることである。ある人物の人となりは，その人物が苦境に立ったときに，端的な形で表れる。二代三郎助が「味の素」と出会う以前の時期で苦境に立ったのは，1880年代後半に東京日本橋蛎殻町の米取引所に通い詰め，相場取引で失敗を重ねたときのことである。『鈴木三郎助伝』中の「小伝」は，この失敗について，次のように書いている（文中の「君」とは，二代鈴木三郎助のことである。以下同様）。

「母堂と夫人が協力して沃度の製造を試み，若干の利益が上るといふ見込をほゞつけて在京の君に知らせ，帰国して此の仕事を見て呉れるやう勧められたが，君は『そんな馬鹿な事を言つて来ても当にならん』と言ひ，例の君の性格通り，是が非でも蛎殻町で成功して見せると云ふ意気込みは，失敗に失敗を重ね乍らも，未だ衰へた様子はなかつた。──此の性格が君の長所の一つであつた。君が後に，沃度の製造に，味の素の普及に，将た電力事業に，いづれも成功の誉を博し得たのは，此の性格から齎す隠忍自重，不撓不屈の熱心努力の致すところであつた。たゞ蛎殻町において丈けは，幸か不幸か，竟に開運の時節が到来しなかつた」（第1編34-35頁）。

ここで注目したいのは，米相場での失敗を，「隠忍自重，不撓不屈の熱心努力」という二代鈴木三郎助の長所と結びつけて説明していることである。つまり，二代三郎助の物事に取り組む姿勢にはみるべきところがあったが，取り組むべき対象を米相場としたところが間違いであったとする見解である。その後の展開を考慮に入れれば，このような見方にはある程度説得力があるが，それでも，一つの疑問が残る。それは，相場取引で失敗し最終的に身を持ち崩した人物のなかには，ほかにも物事に真剣に取り組む姿勢をもつ者はいたはずであり，それらと違って，二代三郎助が再起できたのはなぜか，という疑問である。この疑問を解き明かすうえでは，『鈴木三郎助伝』中の「小伝」にある，以下のような記述が参考になる。

「君の蛎殻町における成功は恰も逆流に掉す如きものにて一向，上に進まず却つて下へ流さるゝのみで，如何に君一流の熱力を注ぐも浮ぶ瀬なきに，さすが強情我慢の君も，そろそろ方向転換が此際身を処する最良方法なるを悟れるやうになつた。偶々母堂より矢の催促にて帰国を促したので，君はツ

イ帰る気になりぶらりと帰つて来た。そして母堂も夫人も一生懸命に働きつゝあるを見て，自責の念にも多少は打れたであらうし，沃度の製造が意外に面白い仕事のやうだといふことを，少しづゝ手伝つてゐるうちに知つた。従つて興味をも持つやうになり，興味のあるにつれて手伝の程度も進み，終には『一つ奮発して努力して見ようか』といふ気になつた。遣らうと覚悟した以上，他を顧みずそれに熱中し，一旦遣りかけたら目的を達成しなくては承知のできぬと云ふのが，君の性格だから，終に君は本格的に沃度製造に奮闘努力することになつた」（第1編36-37頁）。

　端的に言えば，相場取引に失敗した二代鈴木三郎助には，「帰るところ」があったのであり，それが再起を可能にしたのである。その意味で，母ナカと妻テルの支えは，決定的に重要であった。ナカとテルが始めた沃度の製造事業がなかったならば，もしかすると今日，「味の素」は，この世に存在しなかったかもしれないのである。

　二代鈴木三郎助とほぼ同時期に，やはり蛎殻町の米相場取引で失敗し，その後一念発起して事業上の成功をおさめた人物に，今日の花王株式会社の前身である長瀬商店を1887（明治20）年に開業した長瀬富郎がいる。長瀬の場合は，町内の世話役（秋山太吉）の世話で入店した日本橋馬喰町の洋小間物商，伊能喜一郎商店での経験が，再起へのきっかけとなった。物事に真剣に取り組む姿勢をもつ人物でも，相場取引に失敗したのち，再起することは難しい。周囲に再起を助ける人がおり，取り組むべき優れた対象を与えられた人物だけが，再起を果たすことができたと言えよう。

❖ 「味の素」を事業化しえた要件

　「味の素」を事業化しえた要件を明らかにするためには，二代鈴木三郎助と池田菊苗がどのような事情で出会ったかにも目を向ける必要がある。『鈴木三郎助伝』に「私は産の親，君は育の親」と題する追悼文を寄せた池田は，二人の出会いについて，次のように述べている。

　「予が初めて鈴木君と相識るに至つたのは，明治四十一年（1908年——引用者注）の事である。君は多年沃度製造業に従事し著名であつた。当時，其製造の副産物の利用に関し相談を受けたのであるが，此の方面に於て，予は何も貢献する所はなかつた。併ながら君が極めて企業心の盛なる人であることを知り得た。されば発明の完了すると間もなく之が経営を君に托したが君

106　第2部　インクリメンタル・イノベーションの時代

は之を快諾せられた。即ち予が発明の育の親となられたのである。産の苦労は大なれども，短いものである。之に反して育児の苦労は幾年の長きに亘り並大抵の事ではない」（第5編23頁）。

この文章からは，「味の素」の事業化をめぐる折衝に先んじて，沃度製造の副産物に関して話し合うために，二人が会っていたことがわかる。池田は，このときに二代三郎助の企業心に感銘を受けたため，グルタミン酸ナトリウム（MSG）を発明するとすぐに，その事業化を二代三郎助に託したと言う。それでは，池田によるMSG発明の報に接した二代三郎助は，どのように考えたのだろうか。『鈴木三郎助伝』中の「私の生ひ立と事跡」と題する手記（1928年）のなかで，二代三郎助自身は，以下のように回想している。

　「明治四十一年理学博士池田菊苗氏が『グルタミン』酸塩を主成分とせる調味料を発明せらるゝや，窃に願へらく，此方法にして能く工業化せられ完全なる製品を得るに至らば，人類の幸福に寄与する多大なるべきを信じたると，且つ此種の事業を工業化して大規模の生産を営むは世界に於ける空前の試なりと信じたるを以て，之れが製造販売に従事し，味の素と命名して独力事業の発展に熱中したり」（第2編2-3頁）。

二代鈴木三郎助は，うま味を通じてヒトの健康に貢献するという池田菊苗の考えに共鳴したうえで，さらには，MSGの工業化が世界的な大事業になりうるという企業家的な見通しをもって，池田によるMSG事業化の提案を受け入れたのである。

ところで，ここで留意すべき点は，やはり『鈴木三郎助伝』中の「味の素発売二十周年祝賀会挨拶（大阪堺卯楼にて社長の挨拶）」（1929年10月11日）のなかで，二代三郎助自身が，次のように述べていることである。

　「味の素は理学博士池田菊苗氏が多年の苦心研究の結果発明された調味料でありますが，此の池田博士の大発明も其当時にあつては存外認められる事が少く，誰も之れを引受けて製造して見様といふ人が無かつたのでしたが，私はどうも将来有望な品のやうに考へましたので，万一の損失は素より覚悟の上で踏み込んでやつて見る事になり，味の素と命名して市場に出したのであります」（第2編21-22頁）。

この文章によれば，池田菊苗が発明したMSGの事業化を引き受けようとした者は少なく，それに積極的な姿勢をとったのは二代鈴木三郎助だけだったことになる。ところが，1954年に刊行された石川悌次郎『鈴木三郎助伝』（東洋

書館）には，「池田博士の特許になる『味精』（MSGのこと——引用者注）を工業化することについては，鈴木三郎助の競争者として三井物産が現れた」(145-146頁）という記述がある。MSGの事業化に関して，三井物産が本当に二代三郎助のライバルとして出現したかについては，残念ながら，真偽のほどを確認することができない。

　ただし，ライバルとしての三井物産の出現があったにせよ，なかったにせよ，次のことだけは言えそうである。それは，池田菊苗が，事業化を三井物産ではなく二代鈴木三郎助に託したからこそ，MSGの工業化および商品化は実現したということである。

　第二次世界大戦以前の日本では，財閥が革新的技術の特許使用権等を入手しながら，保守的な姿勢のゆえにそれを事業化せず，結果的には，財閥に属さない革新的な企業家が，財閥に代わって事業化を実現するというケースが，いくつか観察された。本書のケース12で取り上げる野口遵による合成硫安の工業化は，その典型的な事例である。このようなケースは，合成アンモニア工業だけでなく，電気機械工業，レーヨン工業，アルミニウム工業などでも生じた。もし，池田菊苗がMSGの事業化を三井物産に任せていたならば，事業化は実現しなかったか，相当に遅れたかしていたであろう。

　晩年になって二代鈴木三郎助は，自らの事業活動を振り返って，「日本の有望な事業は，すべて三井・三菱のような財閥に独占される傾向があるから，自分は他人の真似のできない事業を起して，自力で成功したいと考えたのだ」[44]と繰り返し発言したという。池田が二代三郎助に託したからこそ，「味の素」の事業化は実現したのである。

❖「味の素」事業化をめざす苦闘

　ただし現実には，二代鈴木三郎助にとって，「味の素」の事業化は，きわめて困難な課題であった。さきに紹介した手記「私の生ひ立と事跡」のなかで，彼は次のように述べている。

　「発明其物は単に調味料の人工により化学的に製造可能なる事を明にしたるに止まり，其発明の製造方法を如何にして工業化し，且つ其製品を如何にして商品化すべきかは，全く未解決に残されたる別箇の大問題に属するを以

---

[44] 味の素株式会社『味の素株式会社社史1』1971年，252頁

て，此衝に当る者の前途洵に多難なるべきは予め想ふに難からざる所なり。自分も思を此処に致さざりしにあらざれども，難事の故を以て初志を翻すを遺憾とし，自己の運命を挙げて之に捧げ，明治四十二年（1909年——引用者注）工場を神奈川県逗子に建設して本発明の実施に着手したるも，其遂行は予想以上の困難を極め，殊に我国に於て創始せられたる工業なるを以て，範を示すべき先進の工場も技術も共に存せざりしが故に，其苦心筆紙に尽し得ず，一時は殆んど手の下し難き窮状に陥り，進退谷まるの悲境に沈淪したるも，万難を排して研究計画を進め，一起一伏万丈の波瀾を反覆したる後，漸次有望の成績を示したるを以て，大正三年（1914年——引用者注）十月工場を同県橘樹郡川崎に移し，次で大正六年（1917年——引用者注）六月株式会社鈴木商店を組織して経営するに至れり」（第2編3頁）。

筆舌に尽くしがたい苦難は，「味の素」の工業化についてだけでなく，その商品化についても生じた。二代鈴木三郎助の「味の素発売二十周年祝賀会挨拶（大阪堺卯楼にて社長の挨拶）」における以下のような発言は，そのことを示している。

「元来味の素は酒とか醤油とかと異なり全然新規の発明品で世間に存在しなかつた商品ですから，単に『味の素』と云つた丈けでは何だか分らず，広告宣伝には『原料』『性状』『用途』『用法』『使用分量』等一々詳しく説明して行かなければならぬのですし，製造の方面から申しましても何分新しい事業なので設備，機械，器具一切何もかも独創的研究を要したのですから今から考へますと随分馬鹿らしいやうな無駄や失敗を何回繰返した事でせう。製造販売広告各方面に携はる従業員一同が血の出るやうな奮闘を続けて来た事でありました」（第2編22頁）。

これまで詳述してきたように，二代鈴木三郎助は，鈴木忠治や鈴木三郎の助けを借りつつ，生産面や販売面での苦難を一つひとつ克服して，「味の素」の事業化を達成した。そのプロセスは，「味の素」の「生みの親」である池田菊苗の目から見ても，涙ぐましいものがあった。池田は，追悼文「私は産の親，君は育の親」のなかで，「育ての親」である二代三郎助の奮闘ぶりを，次のように描いている（文中の「君」とは，やはり二代鈴木三郎助のことである）。

「予の発明は実験室の机上に於て成されたるものであつて，未だ小規模の工場試験をも経て居らぬものであつた。故に先づ此の種の試験により，果して製造に適するや否やを確かめねばならぬ。此の際製造に要する困難なる機

械器具及び錯雑なる工程が大略定められたのである。既に小規模の製造試験
を終りて愈々本式の製造に移るに及んで又復幾多の困難に遭遇したのである
が、君の一家は堅忍不抜の努力を以て次第に此等の困難を征服したのである。

斯くして製造法は次第に完成したるも、全く世間未知の製品なるが為めに、
之を商品化し販路を開拓するは、更に一層の困難事であつた。製造開始後数
年間に於ける拮据経営は実に苦心惨憺たるものがあつたと思ふ。而して味の
素なる名が稍人に知らるゝに及んで、小成に安ずることなく、工場を逗子よ
り川崎に移し、設備を整頓し製品を改良すると同時に、巧妙なる広告術を応
用して販路を拡張し、遂に今日の盛を成すに到りたるは、君の企業としての
本色と其の無比の商才とを窺知すべきである」(第5編24頁)。

❈ なぜ「味の素」を事業化しえたのか

二代鈴木三郎助が「味の素」を事業化しえたのは、なぜだろうか。この問い
に対する答えは、以下の3点にまとめることができる。

第1は、初志をあくまで貫き通すという、二代三郎助の人となり、ないし事
業に対する姿勢である。この点の重要性は、『鈴木三郎助伝』中の「小伝」が
「味の素」に出会う以前から二代三郎助は「隠忍自重、不撓不屈の熱心努力」
の人であったとしていること、二代三郎助自身が「味の素」の事業化に関して
「難事の故を以て初志を飜すを遺憾とし、自己の運命を挙げて之に捧げ」る姿
勢で臨んだとしていること、それをみた池田菊苗が二代三郎助の「堅忍不抜の
努力」を高く評価していること、などから確認できる。

第2は、先見性と商才に富んだ、二代三郎助の事業家としての能力である。
その能力がいかに高かったかは、当初からMSGの工業化が世界的な大事業に
なりうると見通したこと、誰も知らない「味の素」の商品化に巧みな販売戦略
で成功したこと、財閥では考えられない進取の気風を発揮して事業を推進した
こと、などに端的な形で示されている。

第3は、鈴木家の「ファミリーの支援」が存在したことである。二代三郎助
の相場取引失敗からの再起は、母ナカと妻テルの協力がなければ不可能であっ
ただろう。また、「味の素」を事業化するうえで、弟・忠治と長男・三郎のサ
ポートは不可欠であっただろう。「味の素」の工業化に関して、池田菊苗が
「君の一家」の奮闘ぶりを讃えているのは、この点を反映したものである。

二代鈴木三郎助は、1931年3月に死去した。鈴木商店では、翌月、第2代

110　第2部　インクリメンタル・イノベーションの時代

社長に鈴木忠治が就任した。

ケース11：豊田喜一郎／ブレークスルーからインクリメンタルへ

◈ 山崎広明著『豊田家紡織事業の経営史』

　本ケースでは，「トヨタ自動車株式会社（正式には，その前身であるトヨタ自動車工業株式会社）の実質的な創業者である」[45]豊田喜一郎を取り上げる。喜一郎は，1894（明治27）年に，日本の代表的な発明家である豊田佐吉の長男として，静岡県の浜名湖西岸の敷知郡吉津村（現在の静岡県湖西市）で生まれた。

　豊田喜一郎自身の生涯を振り返る前に，佐吉以降，豊田家の事業がいかに発展したかを確認しておこう。この点については，山崎広明が2015年に文眞堂から刊行した『豊田家紡織事業の経営史——紡織から紡織機，そして自動車へ』と題する研究書が詳しい。筆者は，『週刊エコノミスト』に同書の書評を寄せたことがある[46]。ここで，その内容を紹介しておこう。

・　　　・　　　・

　豊田佐吉が自動織機などを発明し，「日本一の織機王」となるまでの成功物語については，多数の書物がある。また，佐吉の長男である喜一郎が，父の築いた事業を基盤にして果敢に自動車産業へ進出してゆくプロセスについては，最近，研究が進んでいる。しかし，そのあいだの時期に豊田ファミリーがいかに巨大な富を築き，それがどのような事業展開によって可能になったかについての検証は，ほとんど行われていない。この研究史の空白に挑戦したのが，山崎広明著『豊田家紡織事業の経営史　紡織から紡織機，そして自動車へ』（文眞堂，2015年）である。

　同書はまず，商工信用録や日本紳士録などに記載された所得税課税額を手がかりにして，周到かつ緻密な推計を行い，1901（明治34）年には300円だった

---

[45] 和田一夫「豊田喜一郎」経営史学会編，山崎編集代表『日本経営史の基礎知識』有斐閣，2004年，290頁。

[46] 橘川武郎「Book Review　山崎広明著『豊田家紡織事業の経営史　紡織から紡織機，そして自動車へ』『週刊エコノミスト』2015年9月29日号。

豊田佐吉の年間所得が，10年後に自動織布工場をたちあげた時点で3000円となり，第一次世界大戦のブーム期の急増を経て，1930（昭和5）年に死去する直前の1928年には12万円強に達していたことを明らかにする。そして，佐吉の親族や縁故者の所得についても同様の推計を行い，豊田ファミリーが「中京三大財閥」の一翼を担うにいたった経過を，年間所得額の推移を具体的に示しつつ，見事に再現する。税務統計を使った分析は，最近ではトマ・ピケティの『21世紀の資本』（山形浩生・守岡桜・森本正史訳，みすず書房，2014年）などでも試みられているが，公表資料である税務データを活用して，これほどまでに本格的な形で，しかも長期間にわたり，高額所得者の所得推移を検証した業績は類例をみず，同書は，内容面の豊かさだけでなく，方法面の新しさからみても，長く研究史に名をとどめることになるだろう。

　同書は続いて，豊田ファミリーの所得増加を可能にした豊田自動織布（自働紡織）工場の急成長や，豊田紡織・豊田紡織廠・豊田自動織機製作所の事業展開について，詳細にあとづける。そこでは，中国へ進出した豊田紡織廠が大きな役割をはたしたこと，グループ各社の配当や役員報酬等が豊田ファミリーの所得を増大させたこと，などが明らかになる。

　そのうえで同書が最後に取り上げるのは，豊田自動織機製作所の自動車業進出を実現した金融的条件の析出である。結論として指摘するのは，豊田紡織・豊田紡織廠の支援，三井銀行を中心とする三井財閥の後押し，国策に基盤をおく大銀行の協調融資という，3点である。

◆　　◆　　◆

　山崎著の『豊田家紡織事業の経営史』は，自動車業への進出などに示された豊田喜一郎の企業者活動が，豊田家の事業全体と密接にかかわっていたことを伝えている。

◈ 豊田佐吉と利三郎，喜一郎

　豊田喜一郎の評伝としては，和田一夫・由井常彦『豊田喜一郎伝』（トヨタ自動車株式会社，2001年）が決定版と言えるものである。以下では，基本的には同書の記述に準拠して，喜一郎の生涯を振り返る。

　豊田喜一郎は，愛知県の私立明倫中学校から仙台の第二高等学校（二高）を経て東京帝国大学工科大学（工学部）機械工学科へ進み，卒業後，1921（大正10）年に豊田紡織へ入社した。また，同じ年に，豊田紡織廠の監査役にも就任

112　第2部　インクリメンタル・イノベーションの時代

した。

　喜一郎が明倫中学校に通っていた 1909（明治 42）年に，父・佐吉は，のちの自動織機の要となる「自働杼換装置」の特許を出願した。この装置は，「よこ糸を押上方式で自動的に補充する」[47] ものであった。

　豊田佐吉は，1911 年に豊田自動織布工場を新設し，1914（大正 3）年には紡績工場の建設を機に，それを豊田自動紡織工場と改称した。そして 1918 年に再び改組を行い，豊田紡織を設立した。また，上海でも紡織工場の建設を進め，1921 年に豊田紡織廠を設立した。大学を卒業した喜一郎は，佐吉が設立したこれらの会社で勤務するようになったわけである。

　豊田喜一郎の企業者活動を振り返るとき，父・佐吉との関係が重要な意味をもったことは間違いない。ただし，もう一人，喜一郎の活動に大きく関与した人物がいたことを忘れてはならない。妹・愛子の婿として，1915（大正 4）年に豊田家へ入籍した豊田利三郎が，その人である。喜一郎が豊田紡織に入社したとき，利三郎は，常務取締役として，同社における「事実上の経営の責任者」[48] であった。

　由井常彦は，利三郎が喜一郎の妹婿となった経緯について，以下のように述べている。なお，1915 年当時，喜一郎は，二高の学生であった。

　「当時，女学校の生徒であった愛子に，突然，縁談が持ちあがった。この年（1915 年——引用者注）の八月ごろ，豊田佐吉のもとに，三井物産の大阪支店綿花部長となっていて，彼が信頼していた児玉一造の弟・利三郎が来訪した。繊維製品の輸出の激増をまのあたりにしていた佐吉は，すでに繊維製品の貿易や取引に通じ，積極的な気概に富む利三郎を見て，自分の片腕となる人物，さらには後継者との期待が生じた（まだ二高の学生だった喜一郎は，後継者としてのイメージからは，いまだ遠かったのであろうか）。未婚であった利三郎もまた，愛子を自分の伴侶として懇望し，ここに愛子の縁談がにわかに具体化したのである。

　愛知県立第一女学校の四年生であった愛子は，当初，早すぎる結婚話に躊躇したが，佐吉は愛子を説得して，結局，同年十月に利三郎が娘婿となって，豊田家に入籍することになった。こうして，利三郎は喜一郎にとって

47　和田一夫・由井常彦『豊田喜一郎伝』トヨタ自動車株式会社，2001 年，23 頁。
48　同前 84 頁。

十歳年長の妹婿となった」[49]。

※ G 型自動織機の開発

1921（大正 10）年，豊田紡織に入社した直後に豊田喜一郎は，豊田利三郎・愛子夫妻とともに，欧米旅行に出かけた。和田一夫によれば，「この旅行が豊田喜一郎の生涯における大きな転機となった」[50]。

旅行の途中で喜一郎は，利三郎・愛子夫妻と別行動をとり，当時，世界有数の繊維機械メーカーであったイギリスのプラット社で，数週間の工場実習を行った。その経験を通じて，「彼は繊維機械についての理解を深めるとともに，プラット社製機械の高品質は丁寧な手作業による仕上げによって保持されていること（つまり，完全な互換性部品を使用していないこと）を目の当たりにするとともに，現場の作業者に対する管理の仕方にも疑問を抱き，帰国」[51]した。

帰国後，豊田喜一郎は繊維機械の設計に関与するようになったが，その際，力を入れたのは，父・佐吉が発明した自動杼換装置を備えた自動織機の開発であった。その努力は，1924 年の無停止杼換式豊田自動織機（G 型）の完成として結実し，翌 1925 年には「杼換式自動織機」の特許が豊田喜一郎の名で登録された。そして，1926 年になると豊田自動織機製作所が設立され，喜一郎は，同社の常務取締役に就任した。

G 型自動織機に関する特許権は，1929 年の「豊田・プラット協定」によって，プラット社に譲渡された。豊田自動織機の技術力がプラット社のそれを凌駕したことを，世界の誰もが認めた瞬間であった。

G 型自動織機は，佐吉が積み重ねてきた発明を集大成したものであったが，その開発にあたって，喜一郎がきわめて大きな役割をはたしたことは，否定しがたい事実である。しかし，G 型自動織機開発の功労者が佐吉一人であるかのような風説が定着するようになったのは，どうしてだろうか。その間の事情について和田一夫は，1930 年に佐吉が死去した時点に立ち返って，以下のように説明している。

「わが国が生んだ，世界的な発明家である豊田佐吉の死を悼んで，多数の人びとが葬儀に参列した。多くの新聞が，佐吉の生涯について大きな特集を

---

49 同前 50 頁。
50 和田前掲「豊田喜一郎」290 頁。
51 同前 290 頁。

組んだ。新聞の特集は，さまざまなエピソードで飾られ，佐吉のいわば神格化がなされるほどであった。後世に，佐吉の伝記を彩るエピソードは，この時期の新聞によって書かれたものが多い。とくに，プラット社への特許権譲渡は，佐吉の晩年を飾る功績として大きく報じられた。こうしたエピソードは，技術について十分な知識のない人の手によって，G型自動織機が佐吉の功績として信じ込まれた。佐吉礼賛の風潮のなかで深く考察されることもなく，同じようなエピソードが繰り返され，反復されることで，エピソードは信じられるようにもなった。（中略）真実を知る喜一郎も，死の寸前まで，それについて語ろうとしなかったのである」[52]。

❖ 自動車製造事業への参入

「豊田・プラット協定」の締結のため 1929（昭和 4）年に再びイギリスのプラット社を訪れた豊田喜一郎は，そこで，繊維関連産業が苦境に立たされていることを実感した。繊維関連産業に代わる新産業への展開を模索するようになった彼が選択したのは，自動車製造事業である。

「豊田喜一郎が，自動車事業への進出を決断したのは，いつかという問いは，彼の人生を考えるうえで最も重要なポイントである」とする和田一夫は，「できるだけ喜一郎自身の行動によって，その時期を確定してみたい」と述べたうえで，1930 年の「スミス・モーターの試作こそが，喜一郎が彼の将来構想について，初めて形にしたものであった」と結論づけている。ここで言う「将来構想」とは，もちろん，自動車事業への進出のことをさす。和田は，スミス・モーターについて，「当時においてはポピュラーなエンジンであり，普通の二輪自転車や三輪自転車に取り付けて，荷物の運搬に使う簡便な自動自転車であった。簡単な輸送手段として，一九二〇年代の日本にも数多く輸入されたエンジンである」と説明している[53]。

自動車製造業への進出という豊田喜一郎の果敢な挑戦が成就するうえでは，豊田自動織機の社長であった豊田利三郎の協力が重要な意味をもった。和田一夫は，「喜一郎と同様に繊維産業の将来に不安を抱いていた豊田利三郎は，周囲の反対を巧妙に抑え，豊田系各社が総力をあげて資金面でバックアップし，

---

52 和田・由井前掲『豊田喜一郎伝』275 頁。
53 以上の点については，同前 272-273 頁参照。

ケース **11**：豊田喜一郎　　115

トヨタ自動車工業が誕生した」[54]と書いている。このうち資金面でのバックアップについて和田の詳しい説明は，次のとおりである。

　「資金面から考察した場合，トヨタ自動車工業の設立に当たって忘れてならないのは，豊田自動織機の役割であり，さらに豊田紡織，豊田紡織廠が果たした役割である。豊田自動織機は，同社の自動車部から出発した自動車製造事業に対して，約一七〇〇万円にも及ぶ投資をしていた。こうした多額の投資を豊田自動織機ができたのは，ひとつには同社がG型自動織機や精紡機などの製造・販売によって得た豊富な資金があったせいである。だが同時に，豊田自動織機が一九三四年一月，三五年七月，三六年十月の三回にわたって行なった増資を，主として豊田紡織，豊田紡織廠が引き受けてきたためでもあった。（中略）トヨタ自動車工業は，佐吉，利三郎，喜一郎らが築き上げてきた綿業関連の各社が，総力をあげて資金面でのバックアップをすることにより，初めて誕生しえた企業だった。（中略）豊田喜一郎が，果敢に挑戦した新事業の創出を，こうして豊田系の各企業がベンチャー・キャピタルのような役割を担って，資金的にもバックアップすることになったのである」[55]。

1933年には，60ccのバイクモーター10台が試作され，豊田自動織機製作所内に自動車部が設置された。1936年にAA型乗用車とGA型トラックの生産が始まり，1937年のトヨタ自動車工業の設立へとつながった。同社の社長には豊田利三郎，副社長には豊田喜一郎が選任された。喜一郎がトヨタ自動車工業社長に就任したのは，1941年のことである。

❖豊田争議と喜一郎の引退

　第二次世界大戦が終結すると豊田喜一郎は，国産乗用車の製造という長年の夢を実現する時代が来たと，大いに意気込んだ。しかし，彼の前には，思わぬ苦境が待ち構えていた。

　終戦直後の時期には，経済面におけるアメリカの対日占領政策の重点は「非軍事化」におかれていたが，東西両陣営間の冷戦の深刻化にともない，1947（昭和22）年ごろからその重点が「経済復興」に移行した。日本の経済復興を

54　和田前掲「豊田喜一郎」290頁。
55　和田・由井前掲『豊田喜一郎伝』347-348頁。

116　第2部　インクリメンタル・イノベーションの時代

早期に実現するためには，敗戦後激しい勢いで進行したインフレーションを収束させる必要があったが，この課題を一挙に達成したのは，1949年2月にアメリカの公使として来日したドッジ（Joseph M. Dodge）であった。ドッジが遂行した，国家予算の均衡，補助金の削減，1ドル＝360円の単一為替レートの設定などの一連の措置は，「ドッジライン」と呼ばれた。

　ドッジラインは，インフレの収束には成功したが，それがもたらしたデフレ効果によって，深刻な不況を引き起こしもした。「安定恐慌」と呼ばれたこの不況は，大量の失業者を生み出し，深刻な労使対立を喚起した。このような状況下で，トヨタ自動車工業でも「豊田争議」と呼ばれる事態が発生したのである。

　トヨタ自動車工業は，ドッジライン後の安定恐慌の影響で自動車の売行きが悪化し，経営再建のために解雇通告を出さざるをえない事態に追い込まれた。会社側の合理化提案に対抗して労働組合は1950年4月，ストライキに突入し，それは，朝鮮戦争が始まるまで2カ月間続いた。トヨタ自動車工業を設立した社長の豊田喜一郎は，責任をとって，1950年6月に社長だけでなく取締役も辞職し，第一線から身を引くことになった。

　豊田喜一郎の社長辞職は，争議の指導者たちにも，驚きをもたらしたという。和田一夫は，こう記している。

　「一九五〇年六月，喜一郎はトヨタ自動車工業の社長を辞任して，争議は終結した。自らが精魂を傾けてきた自動車事業から，喜一郎は離れることになったのである。争議の指導者は，この喜一郎の辞任ほど衝撃を受けたことはなかったという。争議を指導していた人物たちにとっても，トヨタ自動車工業は喜一郎の会社そのものだったからである。生活防衛のために，立ち上がった組合側にしても，喜一郎個人に対しては敬愛の情を持っていた。そうでなければ，のちに彼の銅像がトヨタ自動車の本社事務所前に建立されることもなかったであろう」[56]。

　ドッジラインがもたらした不況から結果的に日本経済を救う形になったのは，1950年6月に勃発した朝鮮戦争がもたらした特需ブームであった。特需ブームは，日本経済の回復にきわめて重要な役割をはたした。

　朝鮮戦争は，日米両国に講和条約を締結することを急がせる原因にもなった。

56　同前382-383頁。

ケース **11**：豊田喜一郎　　117

1952 年 4 月のサンフランシスコ講和条約の発効によって，敗戦後の日本で続いていた連合国による占領は終結した。

　朝鮮特需で経営上の困難を克服した企業は数多く存在したが，トヨタ自動車工業もその例外ではなかった。朝鮮特需によって，トヨタ自動車工業は息を吹き返し，やがて「世界のトヨタ」への道を歩み始めることになった。

　『ダイヤモンド』1951 年 3 月 11 日号の記事「トヨタ自動車は業績好転」は，朝鮮戦争前後の同社の経営の変化について，「昨年上期は，当社の御難の年であつた。人員を整理し，生産を減らさねばならぬ破目に陥つた。一般の金詰りで，自動車の売行きが非常に悪化したためである」，「処ろが，事変後，大量の特需が舞い込んで来た。そして，内需もぼちぼち喚起され，売値も騰貴した。それが，人員を削つて，間もなくの事である。今度は，眼の回わるような繁忙さに変じた。正に局面一変といつたところである」と記述している。文中の「事変」とは，もちろん，朝鮮戦争のことをさす。

　この記事によれば，1950 年 1 月に 3 億 4250 万円であったトヨタ自工の生産額は，同 5 月には 1 億 1485 万円にまで落ち込んだが，朝鮮戦争が始まった 6 月には 2 億 4952 万円と回復し，1951 年 1 月には 7 億 3470 万円に達した。一方，1950 年 1 月に 8227 人であった従業員数は，開戦時の 6 月には 5599 人にまで減じており，1951 年 1 月になっても 5486 人と，増勢に転じることはなかった。つまり，同社の従業員 1 人当たり生産額はいったん縮小したのち大幅に増大したのであり，それは具体的には，1950 年 1 月 4 万 2000 円／人，同 5 月 1 万 5000 円／人，同 6 月 4 万 5000 円／人，1951 年 1 月 13 万 4000 円／人と推移した。

　朝鮮特需により経営危機を脱却した企業は，トヨタ自工だけではなかった。さまざまな産業の多くの企業が，同じ経験をした。日本経済の「奇跡の復興」のかげには朝鮮特需があったことを，われわれは忘れてはならない。

　皮肉なことに，豊田喜一郎の社長辞任後すぐに，トヨタ自動車工業は，経営危機から脱却した。このような事情を反映して，喜一郎について，「一九五一年末までにトヨタ自動車工業への復帰が，ほぼ内定していた」という。しかし，結局，喜一郎の復帰は実現しなかった。「戦中・戦後から続いた肉体の酷使や精神の緊張などが，長年の持病である高血圧と相まって，喜一郎の体調を悪化

118　第2部　インクリメンタル・イノベーションの時代

させていた」からである[57]。1952年3月，豊田喜一郎は，帰らぬ人となった。それを追うように，同年6月には豊田利三郎も，この世を去った。

❖ トヨタ生産方式

　「世界のトヨタ」への道を歩み始めたトヨタ自動車工業の競争力の源泉となったのは，いわゆる「トヨタ生産方式」である。本ケースの最後に，豊田喜一郎の死後，本格的な発展をとげることになったトヨタ生産方式についても，目を向けることにしよう。

　高度経済成長期を通じて徐々に多品種少量生産を重視するようになった日本の企業は，やがて，量産効果を第一義的に追求するアメリカの企業とは異なる生産システムを作り出すにいたった。その代表的事例としては，流れ作業による大量生産方式である「フォード・システム」に代わって登場した，トヨタ生産方式を挙げることができる。

　トヨタ生産方式の基本的なねらいは，大量生産がもたらす過剰な中間在庫というムダを徹底的に排除することにある。同生産方式の生みの親であり，トヨタ自動車工業の副社長を務めた大野耐一によれば，トヨタ生産方式は，「ジャスト・イン・タイム」と「自働化」の2つを支柱としている[58]。そして，この2本柱の基礎にあたるのが，生産工程全体に「流れをつくる」ことである。

　「ジャスト・イン・タイム」とは，自動車を流れ作業で組み立てる過程で，必要な部品が，必要なときにそのつど，必要なだけ，生産ラインに到着することを意味する[59]。これを実現するためには，従来の「前工程が後工程へものを供給する」という考え方に代えて，「後工程が前工程に，必要なものを，必要なとき，必要なだけ引き取りに行く」という「後工程引取り」の考え方を導入しなければならない。「トヨタ生産方式」の代名詞である「かんばん」は，「後工程引取り」を実行する際，工程間をつなぎ，後工程が何をどれだけ必要としているかを表示する手段として，工夫されたものである。

　一方，ニンベンのついた自動化，すなわち「自働化」は，人間の知恵を付与

57　以上の点については，同前384頁参照。

58　以下の「トヨタ生産方式」に関する記述は，主として，大野耐一『トヨタ生産方式』ダイヤモンド社，1978年，による。とくに，同書の4-5, 228-229頁参照。

59　和田一夫は，すでに1938〜39年の時点で豊田喜一郎が「ジャスト・イン・タイム」の考え方を有していたと指摘している。この点については，和田・由井前掲『豊田喜一郎伝』352-353, 362-363頁参照。

した自動化を意味し，機械について言えば，異常があればただちに停止する自動停止装置付き機械のことである。「自働化」の結果，1人の作業者による「多工程持ち」が可能になるが，そのことは，生産工程に「流れをつくる」うえでの重要な条件となる。

　しかし，各工程で「多工程持ち」が実現しても，最終工程の生産のバラツキが大きければ，前工程は余分な人と設備を抱え込まざるをえなくなる。したがって，生産工程全体に「流れをつくる」ためには，さらに，最終工程のロットを極力小さくし，「生産の平準化」を達成しなければならない。このような「生産の平準化」は，プレス部門の金型の交換のような「段取り替え」が迅速に行われない限り，現実性をもたない。トヨタ自動車本社工場内のプレス段取り時間の平均値は，1950年代前半には2〜3時間に及んだが，1962年には15分間となり，1971年には3分間にまで短縮した。トヨタ自動車は，「段取り替え」のスピードアップに成功することによって，「生産の平準化」を実現したのである。

　トヨタ自動車は，終戦直後の時期から「トヨタ生産方式」の開発に着手し（1948年に早くも「後工程引取り」を部分的に開始した），1960年代前半にはほぼそれを完成させた（1962年に「かんばん」の社内全面採用に踏み切り，1963年には「多工程持ち」を確立した）。石油危機以降の時期には，「トヨタ生産方式」は，トヨタ自動車という1企業や自動車工業という1産業の枠を越えて，日本の多くの企業に広まった。「多種少量で安くつくることのできる」同生産方式の普及は，高度成長を経て低成長時代にはいった世界の市場で日本製品が強い競争力を発揮するうえで，大きな貢献をはたした。

　「トヨタ生産方式」は，「Kaizen」という英語表現と結びつけられる形で，世界に広まった。「Kaizen（改善）」という言葉は，それが，インクリメンタル・イノベーションの成果であったことを物語っている。豊田喜一郎の企業家活動は，父・佐吉と成し遂げたG型自動織機の開発というブレークスルー・イノベーションからスタートし，「トヨタ生産方式」という戦後日本を代表するインクリメンタル・イノベーションへと変化をとげながら継承されていったのである。

120 第2部 インクリメンタル・イノベーションの時代

ケース12：野口遵・鮎川義介／新興コンツェルンの形成と大陸進出

◈新興コンツェルン

　長期不況の時代と言われた1920年代の日本では，明治期以来の三井・三菱・住友・安田の4大財閥の制覇が復活した。しかし，1930年代になると，それらとは違う「新興コンツェルン」と呼ばれる企業集団の活躍が目立つようになった[60]。コンツェルンとは，持株会社による複数の傘下企業の株式所有を通じて，同一資本で異なる産業部門の支配をめざす独占組織の一形態である。

　新興コンツェルンとしてしばしば列挙されるのは，①鮎川義介率いる日産（日本産業）コンツェルン，②野口 遵率いる日窒（日本窒素肥料）コンツェルン，③森矗昶率いる森コンツェルン，④中野友礼率いる日曹（日本曹達）コンツェルン，⑤大河内正敏率いる理研（理化学研究所）コンツェルンの5者である。このうち森コンツェルンの中心企業は昭和肥料であり，同社は1939（昭和14）年に日本電工と合併して，昭和電工となった。

　新興コンツェルンのうち事業規模の大きさの点で抜きん出ていたのは，日産コンツェルンと日窒コンツェルンであった。『ダイヤモンド』1935年2月11日号の「日産コンツェルンの動向」は，「新興コンツエルンとして，非常時経済界の波に踊る日本産業の直系子会社は，現在のところ，十七社公称資本金二億六千六百万円，払込資本金一億九千八百万円で，このうち，日産の投資額は一億四千四百万円に及び，払込資本額の七十二・八％を占めてゐる」と述べている。この記事が日産コンツェルンの直系子会社として挙げるのは，日本鉱業，日本炭礦，山田炭礦，日産護謨，日立製作所，日立電力，大阪鉄工所，日産自動車，共同漁業，日本合同工船，日本食料工業，日本捕鯨，中央土木，日産汽船，帝国土材工業，南米水産，合同土地の17社であった。

　一方，『ダイヤモンド』1938年7月1日号の「日窒コンツェルンの解剖」は，

---

60 新興コンツェルンについて詳しくは，宇田川勝『新興財閥』日本経済新聞社，1984年，斎藤憲『新興コンツェルン理研の研究』時潮社，1987年，大塩武『日窒コンツェルンの研究』日本経済評論社，1989年，下谷政弘『日本の系列と企業グループ』有斐閣，1993年，麻島昭一・大塩武『昭和電工成立史の研究』日本経済評論社，1997年，など参照。

「日窒は満業（満州重工業開発。日本産業を改組——引用者注）に次ぐ一大コンツェルンである。その統轄下にある会社は直系十三社，傍系十八社に及び，資本金は合計六億円を超え，総資産は実に八億三千万円の多きに上る」と記している。同記事が日窒コンツェルンの直系会社として挙げたのは，中心企業である日本窒素肥料のほか，朝鮮窒素，長津江水電，朝鮮石炭工業，日窒証券，日窒鉱業，端豊鉄道，朝鮮鉱業開発，新興鉄道，朝鮮ビル，日窒火薬，朝窒火薬，朝鮮水産工業，朝鮮マイトからなる子会社 13 社である。傍系会社には，のちに旭化成となる旭ベンベルグ絹絲も含まれていた。

　新興コンツェルンは，株式市場を通じた資金調達，重化学工業中心の事業展開，商社や銀行をもたない事業会社中心の企業構成などの点で，既成財閥とは異なる行動様式をとった。そして，日産コンツェルンは満州（中国東北部）へ，日窒コンツェルンは朝鮮半島へ，積極的に進出した。これらの在外資産は第二次世界大戦の敗北にともないほぼ無に帰したが，両コンツェルンの直系会社や傍系会社のなかからは，戦後日本の経済成長を牽引する優良企業が数多く輩出することになった。本ケースでは，日窒コンツェルンを作り上げた野口遵と日産コンツェルを形成した鮎川義介に，光を当てる。

❖ 野口遵の略歴

　野口遵は，1873（明治 6）年，金沢に生まれた。帝国大学（現在の東京大学）電気工学科を卒業後，福島県の郡山電燈に技師長として入社した。その後，ドイツの電機メーカー・ジーメンスの日本出張所，長野県の安曇電気などを経て，1906 年には鹿児島県で曾木電気を設立し，社長に就任した。

　曾木電気の設立が，起業家・野口遵のスタートとなる。当時の水力発電は，まだダム式ではなく水路式が主流で，降水量が多い梅雨時から台風シーズンにかけての夏場には，電力が余剰になった。当時は，冷房機が普及しておらず電灯需要や電熱需要のウエートが大きかったため，冬場に電力消費のピークを迎えたのである。

　この余剰電力問題解決のために，ケース 9 で取り上げた松永安左エ門は，水力発電と火力発電とを組み合わせる水火併用方式を採用した。一方，野口遵は，これとは違う解決策を思いついた。余剰電力を化学工業の「原料」として利用するを電気化学方式がそれである。

　余剰電力を使う電気化学工業は，当時の日本では，きわめて優れたビジネス

122　第**2**部　インクリメンタル・イノベーションの時代

モデルであった。野口は，まずカーバイド製造から始め，その後，石灰窒素，
硫安，ベンベルグ人絹などと，外国技術を導入して生産を拡大し，事業を発展
させていった。

　野口遵は，カーバイド工業に進出するにあたって日本カーバイド商会を設立
したが，同商会は 1908 年に曾木電気と合併し，日本窒素肥料として新発足し
た。そして，同じ年に彼は，カーバイド製造を開始した。

　野口が熊本県・水俣村にカーバイド工場を建設したのは，村をあげての誘致
運動の結果であった。当初の候補地は鹿児島県最北端の米の津であったが，水
俣村は，「『水俣が米の津より遠いなら，その間の電線と電柱を寄付する。港も
米の津以上に改築しよう。工場敷地は普通の売買より高くならないようにし，
もし高くなったら村が負担する』との好条件で勧誘した」[61]。この工場はチッソ
株式会社水俣工場の前身であり，第二次世界大戦後に，多くの地域住民を苦し
めることになる世界的な産業公害・水俣病の元凶となる。その同じ工場が，も
ともとは地域住民に歓迎されて建設されたことになる。

　野口遵は，次々と外国技術を導入し，石灰窒素，硫安，人絹の製造を開始し
た。1923（大正 12）年には，宮崎県・延岡に硫安工場を完成させた。

　とくに野口が，ドイツから最新技術であるハーバー・ボッシュ法を導入し，
三井・三菱・住友に先んじて，日本における合成硫安の工業化に成功したこと
の意義は大きかった。この点について中村青志は，次のように述べている。

　　「ハーバー・ボッシュ法は，大戦中の大正六年（第一次世界大戦中の 1917
　　年——引用者注）に工業所有権戦時法により，特許専用権を日本国民に付与
　　しうるようになり，大正一〇年に三井，三菱，住友などが共同で結成した東
　　洋窒素組合に払い下げられた。しかし，既成財閥の利害を代表する同組合は，
　　リスクを嫌い，工業化の意図を示さず，むしろ商業的利潤に関心を示した。

　　大戦後不況下での野口の積極果敢な合成法への進出は，このような既成財
　　閥の合成硫安工業への消極的姿勢と対照的であり，革新的企業者活動とよぶ
　　にふさわしいものである。さらに合成法への転換により，従来の変成法に比
　　して，原料費をはじめコストの大幅な低減が実現された。それゆえ日窒は大
　　正末から昭和初期にかけて，外国硫安のダンピング攻勢と，トン当り六〇円

61　中村青志「野口遵」森川英正・中村青志・前田利一・杉山和雄・石川健次郎『日本の企業家
　　（3）昭和篇』有斐閣，1978 年，49 頁。

にまで落ちこむほどの市価の崩落というきわめて困難な条件の下でも，外国硫安に対抗し安定した業績をあげることが可能であった」[62]。

中村青志は，野口遵の人絹工業への進出についても，以下のように説明する。

「進取の気性に富む野口は，つづいてベンベルグ人絹に進出する。アンモニア合成成功の結果，アンモニアを高度に利用する工業として選ばれたのが，ベンベルグ人絹であった。野口は昭和三年，ベンベルグ社特許を導入し，翌年日本ベンベルグ絹糸（株）を設立，延岡のアンモニア工場に隣接して工場を建設し，六年四月に完成した。（中略）昭和八（一九三三）年に旭絹織，日本ベンベルグ絹糸，ならびに延岡のアンモニア工場（延岡アンモニア絹糸（株））の三者は合併により，旭ベンベルグ絹糸（株）という大人絹会社となった」[63]。

この旭ベンベルグ絹糸は，今日の旭化成につながる。

野口遵の革新的企業者活動として，特筆すべきは，1910（明治43）年の日韓併合で日本の植民地となっていた朝鮮半島への進出と，そこでの水力開発および電気化学コンビナートの建設である。朝鮮半島は東側に山脈が走り，その西側には黄海へ向けて比較的なだらかな傾斜面が広がって，いくつかの大きな川が流れる。このころ技術的に可能となったダム式水力発電では，発電力は水量と落差の両要素で決まるが，水量をとるには西斜面が，落差をとるには東斜面が適地となる。このジレンマはなかなか解決されなかったが，野口は，東側を走る山脈の下にトンネルを貫通させることで，このジレンマを克服した。西斜面にダムを建設し水量を確保したうえで，水をトンネルによって東斜面へ運び，そこで大きな落差を活かして発電した。具体的には，朝鮮・満州（中国東北部）の国境に位置し，西に向かって流れる鴨緑江の支流である赴戦江や長津江，虚川江に大規模ダムを建設し，東斜面で発電を行って，東海岸の興南（現在の威興）に一大電気化学コンビナートを展開したのである。

朝鮮半島における野口遵の水力開発をめぐっては，三菱とのあいだに確執があった。その間の経緯について，中村青志は，以下のように説明している。

「朝鮮の水力開発に関しては，先に三菱から赴戦江，長津江の水利権許可

---

[62] 同前 56 頁。

[63] 旭絹織は，野口遵が喜多又蔵と，1922（大正 11）年に設立した会社である。1933（昭和 8）年時点で喜多は，旭絹織の経営からすでに撤退していた。同前 59 頁。

124　第2部　インクリメンタル・イノベーションの時代

申請が出されていたが，総督府[64]も新進企業家野口の積極的姿勢を評価し，赴戦江は野口らに，長津江は三菱に，それぞれ水利権が許可された」[65]。

「長津江水利権は三菱に認可されていて，野口にはどうにもならない。もっとも三菱はいっこうに開発の気配をみせず，期限は過ぎており，毎年の更新で延期していた。総督府は朝鮮全土の発電計画を急ぎ，宇垣一成総督は再三にわたって開発を促し，開発の意思がなければ水利権を返却せよと迫った。結局，消極的姿勢の三菱は開発を決断することができず，水利権を返却せねばならなかった。この好機に野口は早速宇垣に長津江水利権の譲渡を願い出た。

　しかし，たとえ水利権を手に入れても，開発資金の調達が難問題である。日窒は創立以来，一貫して三菱の資金的援助を受けてきた。（中略）長津江開発は三菱の仕事を横取りすることになり，三菱の援助はとうてい期待できない。事実，長津江開発計画は日窒重役会で三菱系重役の大反対を受けた。けれども，そのようなことであきらめる野口ではない。問題は三菱の援助をとるか，長津江開発をとるか二者択一の選択である。かれはついに長年の後援者である三菱との絶縁を決意し，三菱からの負債を返済し，長津江開発計画に突進することにした。三菱銀行に代わる支援銀行として新たに日本興業銀行，ならびに宇垣の世話で朝鮮銀行，朝鮮殖産銀行の融資を得ることになった」[66]。

三菱と絶縁してまで野口遵は，朝鮮での水力開発に邁進した。第二次世界大戦の終結の前年の1944（昭和19）年には，鴨緑江で彼が手がけた，当時，世界有数の70万キロワットの発電能力をもつ水豊ダムと水豊発電所が完成した。

　野口遵は，窒素やアンモニア，人絹という新技術をいち早くドイツ等から導入するなど，経営判断の速さ（speed）は際立っていた。また，日本内地にもない規模の大きなコンビナートを朝鮮半島に作り上げ，規模（scale）のメリットを追求した。そして，余剰電力から電気化学工業を展開し，結合（範囲）の利益（economy of scope）も実現した。競争力の源泉とされるスピードの経済（economy of speed），規模の経済（economy of scale），範囲の経済（economy of scope）のいずれをも体現したのである。

64　朝鮮総督府。日韓併合で朝鮮を植民地化した日本政府が設けた統轄機関。

65　中村青志前掲「野口遵」64頁。

66　同前70-71頁。

ケース **12**：野口遵・鮎川義介　　125

　野口の事業を集大成した企業が，日本窒素肥料である。日窒コンツェルンは，日産コンツェルンと並んで，新興コンツェルンの代表的存在となった。

　野口遵は，終戦直前の 1944 年に死去した。日窒は，日本の敗戦で朝鮮半島の工場・発電所をすべて喪失した。水俣に戻った同社は，1950 年に新日本窒素肥料（株）として再出発した。新日本窒素肥料（株）がチッソ（株）と改称したのは，1965 年のことである。

◇ 鮎川義介の略歴

　一方，日産コンツェルンの経営者である鮎川義介は，1880（明治 13）年に山口県で生まれた。東京帝国大学（現在の東京大学）機械工学科を卒業後，あえて一職工として芝浦製作所に勤務した。「同級生が官庁や大企業で技師として四五円前後の月給をもらう中で，鮎川の日給四八銭の職工生活がスタートした」理由について，宇田川勝は，学生時代にアメリカの実業家アンドリュー・カーネギー（Andrew Carnegie）の「君たちを使っているボスが感心できなかったら，一時の損は覚悟のうえでサッサと見切りをつけて去って行け。自分の天分を見抜いて生かしてくれる人に巡り合うまで，くたびれずに転々することだ」という言葉にふれ，感銘を受けた鮎川が，「工場現場で実地体験を積む必要がある」と考えたからだとしている[67]。

　芝浦製作所の職工として鮎川は，2 年間で仕上・機械・製造・板金・組立・鋳物の各工程で勤務した。「短期間に各職場を体験できたのは一年目の後半に鮎川の素性がばれてしまい，芝浦製作所側が特別の配慮をしてくれたからである」[68]。ここで言う「鮎川の素性」とは，義介の母方の大叔父が井上馨であり，鮎川家は三井家・久原家・古河家・藤田家などともつながりが深かったことをさす。

　芝浦製作所で各工程を経験した鮎川義介は，1905 年，アメリカに渡った。

　「ニューヨークに着いた鮎川は井上馨から紹介された現地の三井物産支店を通じて就職先を探した。鮎川の志望は鋼管製造と可鍛鋳鉄製造技術を習得できる工場であった。鮎川はわが国の機械工業を発達させる上で，基礎素材である鋼管と可鍛鋳鉄の製造技術の開発・向上が必要不可欠であると考えて

67　宇田川勝『日産の創業者　鮎川義介』吉川弘文館，2017 年，26-27 頁参照。
68　同前 27 頁。

126 第2部 インクリメンタル・イノベーションの時代

いたからである。しかし，当時，鋼管製造会社はどこも技術の秘密保持が厳
しかったので，可鍛鋳鉄製造会社を探し，一九〇六年一月，バッファロー市
郊外のグルド・カプラー本社工場に週給五ドルの見習工として採用され，職
長宅に下宿して工場にかよった」[69]。

1907年に帰国した鮎川義介は，すぐに可鍛鋳鉄を製造する会社の設立準備
にとりかかった。そして，3年後には，戸畑鋳物（株）を創立した。同社につ
いて宇田川勝は，次のように記している。

「鮎川の事業経営の出発点は，明治四三年（1910年──引用者注）六月，井
上馨を介して藤田（東京），貝島，久原，三井の各家からの資金その他の援
助を受け，九州戸畑に設立した戸畑鋳物（株）である。（中略）戸畑鋳物は，
わが国最初の黒心可鍛鋳鉄の生産会社ということもあって，第一次大戦の勃
発を契機として経営的自立を達成し，以後急成長を遂げる」[70]。

戸畑鋳物の業績向上に貢献したのは，欧米でもまだあまり普及していなかっ
た電気炉を，1921（大正10）年から順次導入したことであった。その結果，品
質向上とコスト削減を同時に達成した戸畑鋳物の国際競争力は高まり，「わが
国鉄鋼関連製品で最初に欧米市場進出を果たし」[71]た。

戸畑鋳物の経営を軌道に乗せた鮎川義介は，親族各家の事業経営にも関与す
るようになった。それらを統括する目的で鮎川は，1922年に，「コンツェルン
的最高持株・管理機関」[72]の性格をもつ共立企業を設立した。共立企業自体は
資金不足もあって十分に機能することはなかったが，その経験を通して，鮎川
は，のちの日産コンツェルン形成につながる重要な教訓を得た。宇田川勝によ
る詳しい説明を聞こう。

「共立企業を中核とするコンツェルン経営は所期の目的を果たすことはで
きなかった。しかし，鮎川は共立企業の経営を通じて，（中略）日産コンツ
ェルンの形成を可能にする二つのビジネスモデルを学んだ。その一つは持ち
株会社を頂点とするコンツェルン経営は企業集団の有効なコーポレートガバ
ナンスであるが，持株会社自体に資金調達能力がなければ傘下企業に対する

---

69 同前29頁。
70 宇田川勝「日産コンツェルンの展開」中川敬一郎・森川英正・由井常彦編『近代日本経営史の
基礎知識［増補版］』有斐閣，1979年，205頁。
71 宇田川前掲『日産の創業者　鮎川義介』36頁。
72 宇田川前掲「日産コンツェルンの展開」205頁。

統括管理機能を十分に発揮することができず，まして成長産業分野へ経営を多角化することが困難であるということであった。それゆえ，鮎川は今後，資金需要旺盛な重化学工業を中心とするコンツェルン経営を実践するためには，特定の親族あるいは血縁的ネットワーク型の封鎖的持株会社から株式市場において直接資金を調達できる公開持株会社への移行が必要不可欠であることを学んだのである。もう一つは，M&A（吸収・合併）戦略による企業再生ファンドビジネスの可能性についてである。共立企業が買収対象として調査した企業は四〇～五〇社あった。これらの企業の大半は経営者のモラルハザードで経営を悪化させていた。鮎川は企業再生ビジネスを展開する上で，公開持株会社制度は有効な手段であると考えた。公開持株会社は手持ち資金に関係なく自社株式と被合併企業株式を交換することによって後者企業を吸収・買収し，そこへ株主の受託者であるという意識を持った経営者を派遣すれば企業再生の道は開かれることを知ったからである（岡崎哲二『持株会社の歴史』[73]）」[74]。

この共立企業での経験を活かして，鮎川義介は，日産コンツェルンを形成した。そのきっかけとなったのは，1927（昭和2）年に破綻寸前の久原鉱業の経営を引き継いだことである。融資先を確保し久原鉱業の破産を回避した「鮎川は，共立企業での経験を生かし，久原系事業全体の管理方式を抜本的に再編し，本社『機構』と現業部門からなる経営組織を確立しようとした。その意図にもとづき，昭和三年一二月，久原鉱業は持株会社に改組され，社名を日本産業（以下日産）と改称した。そして，日産はその株式を公開した。持株会社自体の株式を公開して一般大衆の資金を吸収し，資金調達の道を開こうとすることが，改組のもう一つの狙いであった」[75]。こうして久原財閥は，日産コンツェルンへと転換したのである。

日産コンツェルンとその傘下企業は，1931年の金輸出再禁止を契機とする景気好転のなかで，飛躍的な発展をとげた。そのメカニズムについて宇田川勝は，以下のように説明している。

「日産は，昭和八年（1933年——引用者注）に入るとそれまで封鎖的に所有してきた日本鉱業株，日立製作所株の一部をプレミアム付きで公開して巨額

---

73 岡崎哲二『持株会社の歴史』筑摩書房，1999年。
74 宇田川前掲『日産の創業者　鮎川義介』66-67頁。
75 宇田川前掲「日産コンツェルンの展開」205頁。

128　第2部　インクリメンタル・イノベーションの時代

な資金を獲得した。子会社株式の公開は日産にとって支配に要する資本の節約となるとともに，そのプレミアム稼ぎは日産の重要な資金調達の手段となり，以降毎期の収益金の少なからざる部分を占めることになる。そして，このプレミアム資金と子会社からの配当収入の増加を背景として，日産は昭和九年から多角的事業分野に大々的に進出した」[76]。

　コンツェルン経営とプレミアム付き株式発行で急成長をとげた日産は，短期間のうちに，三井・三菱に続くわが国第3位の企業集団に躍り出た。

　子会社株式のプレミアム付き発行で資金を得た鮎川義介は，それを背景に，かねてから進めていた自動車工業への進出を本格化した。すでに1931年にはダット自動車製造の株式を購入し，経営権を掌握していたが，1933年になると，戸畑鋳物に自動車部を設置した。戸畑鋳物自動車部は，いったん自動車製造（株）となったのち，1934年に日産自動車（株）と改称した。

　鮎川義介が企図したのは自動車の国産化であり，それは，「自動車部品事業の拡大と小型自動車ダットサンの量産化」から始め，「『満州国』における自動車産業の確立」をめざすというものであった[77]。1935年には，ベルトコンベア方式を採用したダットサンの量産工場として，日産自動車・横浜工場が完成した。

　「一九三七（昭和一二）年一一月，突然，わが国第三位の企業集団・日産コンツェルンの本社日本産業は傘下企業の株式を保有したまま，『満州国の首都（新京）の南満州鉄道（満鉄）』付属地に移転して社名を満州重工業株式会社（満業）と改称の上，同国の『満州産業開発五ヶ年計画』の遂行機関になると発表した。そして，満業は，翌一二月の『満州国』の治外法権撤廃とともに同国法人となり，資本金を倍額の四億四〇〇〇万円に増資し，増資分を『満州国』政府が出資する国策会社となった」[78]。世間を驚愕させた日産コンツェルンの満州移転を，鮎川義介は，なぜ決断したのだろうか。たしかに，経済統制の強化や株式市場の沈滞化で国内の事業環境が悪化したことや，満州進出を促すために日本政府と「満州国」政府がさまざまな特典を付与したことなども，影響したであろう。しかし，決断の本質的な理由は，鮎川が新天地・「満州」に抱い

76　同前206頁。引用文中のプレミアムとは，額面株式が額面金額以上の価額で発行されたときの超過額をさす。なお額面株式は，2001（平成13）年の商法改正により廃止された。

77　宇田川前掲『日産の創業者　鮎川義介』41頁参照。

78　同前100頁。

ていた夢に求めるべきであろう。そのことは，日産の自動車国産化計画が「満州国」を目標の地としていた点からも窺い知ることができる。

しかし，日中戦争の本格化と徐々に進行した戦況の悪化によって，鮎川の夢は「見果てぬ夢」のまま終わった。第二次世界大戦の敗戦によって日産の満州での資産はすべて失われ，戦後の財閥解体によって日産コンツェルン自体が消滅した。

戦後，鮎川義介は，政府の要請で国策会社の帝国石油と石油資源開発の社長・会長になったのを除いて，実業界の第一線から退いた。1953年に参議院議員となり，1956年には日本中小企業政治連盟を結成して，中小企業振興に力を注いだ。鮎川義介は，1967年に死去した。

❖ 宇田川勝著『日産の創業者　鮎川義介』

鮎川義介については，前項で引用したことからもわかるように，宇田川勝による優れた評伝『日産の創業者　鮎川義介』（吉川弘文館，2017年）がある。筆者は，『週刊エコノミスト』に同書の書評を寄せたことがある[79]。ここで，その内容を紹介しておこう。

・　　・　　・

宇田川勝著『日産の創業者　鮎川義介』（吉川弘文館，2017年）は，長年，日産コンツェルン・日産自動車研究の第一人者として活躍してきた著者による，研究成果の集大成とも言える鮎川義介の評伝である。同書では，既発表作品との重複を避けるため，これまであまり光が当たってこなかった第二次世界大戦後の鮎川の社会企業家としての活動について詳述する，鮎川の事業活動の革新性に関して深掘りする，などの工夫が施されている。

社会企業家としての鮎川の活動は，電源開発，道路整備，中小企業助成の3点に代表される。これらのうち電源開発は電源開発株式会社（J-POWER）の設立に，道路整備は道路公団の発足に，それぞれつながっていった。やがて，鮎川の関心は中小企業助成に集約されるようになり，1956年には，新政党「中小企業政治連盟」（中政連）を結成するにいたった。中政連の初代総裁に就任した鮎川は，利己主義的行動とその帰結としての過当競争を「中小企業の風土

79　橘川武郎「Book Review　宇田川勝著『日産の創業者　鮎川義介』」『週刊エコノミスト』2017年7月18日号。

130 第2部 インクリメンタル・イノベーションの時代

病」と呼び，その根絶のための「集団的行動」を呼びかけた。1957年の中小
企業団体法の成立は，その成果と言えるものであった。

鮎川の事業活動の革新性について同書は，シュンペーターの五つのイノベー
ション類型に即して，次のように整理する。可鍛鋳鉄製品の生産は，「新製
品・新品質製品の生産」。可鍛鋳鉄製造への電気炉導入・自動車生産へのベル
トコンベア方式導入は，「新生産方法の導入」。可鍛鉄製品（とくに鉄管継手）
の欧米市場開拓は，「新市場の開拓」。「満州産業開発5カ年計画」での地下鉱
物資源開拓は，「新原材料の供給開始」。公開株式会社の創設と横断的企業集団
体制（コンツェルン）の確立，ベンチャキャピタリスト・システムの導入など
は，「新産業・経営組織の確立」。鮎川の人生は，①戸畑鋳物・日本産業の設立，
②日産コンツェルンの形成，③満業（満州重工業開発）コンツェルンの経営，
④社会企業家としての活動という，起伏と変化に富んだ前人未踏の四つの「ハ
イキング・コース」になぞらえることができる。そのどのコースにおいても，
鮎川が残した足跡の革新性は際立っていたのである。

鮎川は，四つのコースのうち，①・②では成功したが，③・④では大きな成
果をあげることができなかった。ただし，それは，「あまりにも時代を先取り
し，先見的であり過ぎた」（223頁）からだという。たとえば，鮎川が満業で採
用した総合開発方式は，第二次世界大戦後，中国の東北地方開発に継承された
のである。

・　　・　　・

シュンペーターのイノベーション論に見立てて鮎川義介の企業者活動の革新
性を整理する宇田川勝の議論は，興味深い。ただし，全体的に見れば，鮎川が
遂行したのは，「均衡の破壊」というよりは，「新たな均衡の創造」に近かった
と言うべきだろう。可鍛鋳鉄製品の生産も，電気炉やベルトコンベア方式の導
入も，欧米市場の開拓も，公開株式会社の創設も，コンツェルンの確立も，ベ
ンチャキャピタリスト・システムの導入も，それ自体としては，ブレークスル
ー・イノベーションとは言えない。その意味では，鮎川は，インクリメンタ
ル・イノベーションの担い手だったのである。

この点では，野口遵の場合も同様である。石灰窒素や硫安や人絹の工業化も，
あくまで外国技術の導入によるものだった。朝鮮半島で行った大規模水力開発
も，「世界初」の試みではなかった。野口もまた，インクリメンタル・イノベ
ーションの担い手だったのである。

だからといって，鮎川や野口の企業者活動の革新性が色あせるわけでは，けっしてない。スケールの大きさの点でも，チャレンジする姿勢の果敢さの点でも，彼らが特筆すべきイノベーターだったことは，疑う余地がないのである。

❖アジア大陸への展開

本ケースでは，日窒コンツェルンの形成者の野口遵と日産コンツェルンの形成者の鮎川義介に，目を向けてきた。長期的にみれば，日窒コンツェルンや日産コンツェルンなどの新興コンツェルンは，事業的に必ずしも成功したわけではなかった。1937（昭和12）年以降の戦時期にはいると，多くの新興コンツェルンは，株式市場の不振，資材の入手難，既成財閥との競合などに直面して経営難に陥り，解体・再編を余儀なくされた。もちろん，朝鮮半島での日窒や満州での日産の大規模投資が敗戦によって水泡に帰したことも，それに追い撃ちをかけた[80]。

しかし，アジア大陸に積極果敢に進出した行為自体は，革新的企業者活動の証左として，正当に評価されてしかるべきである。その行為は大きなリスクをともなうものであったが，それをものともせずに大規模投資を敢行する企業家が出現したことは，20世紀に長期成長を実現した日本経済のダイナミズムを象徴する出来事だったと言える。

第二次世界大戦以前の時期に日本の勢力圏がアジア大陸に拡大するにつれて，企業家の活動範囲も大陸へと広がった。日本窒素肥料の野口遵は，朝鮮半島北部に世界最大級のダム式水力発電所を次々と建設し，一大電気化学コンビナートを築き上げた。また，日本産業の鮎川義介も，徐々に事業の重心を日本国内から満州（中国東北部）に移し，満州開発のために心血を注いだ。

さらに，次のケース13で取り上げる石油商・出光佐三は，日本の勢力圏であった朝鮮・台湾・満州にとどまらず，中国全土に支店網を拡張した。野口遵や鮎川義介，出光佐三が大陸で形成した資産は，敗戦によって一挙に無に帰した。しかし，戦争末期に死去した野口や，戦後は企業経営から離れた鮎川とは異なり，出光は戦後も活躍を続け，「馘首せず」の大方針を掲げて敗戦のショ

---

[80] 宇田川勝や須江國雄が指摘するように，三井・三菱・住友・安田の「4大財閥」の制覇は，新興コンツェルンとの関係においても生じたことになる。この点については，宇田川前掲『新興財閥』9頁，須江國雄「1920年代における財閥資本の編成替えと重化学工業化」日本大学『経済科学研究所　紀要』第29号，2000年，300頁参照。

132 第2部 インクリメンタル・イノベーションの時代

ックからいち早く立ち直って，出光興産を「民族系石油会社の雄」として育て
上げた。

ケース 13：出光佐三／ 「大陸の石油商」から「民族系石油会社の雄」へ

❖ 日章丸の奇跡

第二次世界大戦以前に果敢に海外へ進出し，敗戦によって大きな打撃を受け
たもう一人の経営者としては，出光佐三の名を挙げるべきであろう[81]。出光は，
敗戦を転機にして，「大陸の石油商」から「民族系石油会社の雄」へ，大きな
変身をとげた。

日本中の主要都市が灰燼に帰した敗戦からわずか8年後の1953（昭和28）年，
出光佐三率いる出光興産は，イギリス系石油会社（アングロ・イラニアン）の
国有化問題でイギリスと係争中であったイランに，自社船の日章丸（二世）を
差し向け，大量の石油を買い付けて国際的な注目をあびた。メジャーズ（大手
国際石油資本）らによるイラン石油ボイコットの包囲網を突き破って世界の耳
目を集めたこの「日章丸事件」について，出光興産が1964年に刊行した『出
光略史』は，次のように記述している。

「これは世界的な石油資源国であるイランと，消費地日本とを直結せんと
して敢行された壮挙であって，その結果は年間数百億円にものぼる国内製品
の値下がりをもたらし，消費者に多大の利益を与えた。イギリスのアング
ロ・イラニアン会社は日章丸積取り石油の仮処分を提訴したが，東京地裁，
同高裁で却下され，出光勝訴のうちに落ちついたのである。イギリスの強圧
に屈しなかった出光のこの毅然たる態度は，敗戦によって自信を失っていた
一般国民に自信と勇気を与えた」(46頁)。

この文章にあるように，敗戦ですっかり打ちひしがれていた当時の日本国民
にとって，連合国の中心的な一角を占めたイギリスに正面から堂々とわたりあ
って勝利をおさめた出光興産の「日章丸事件」は，まさに奇跡的な出来事であ

---

[81] 出光佐三について詳しくは，橘川武郎『出光佐三』ミネルヴァ書房，2012年，参照。

った。日章丸の奇跡は，出光佐三を戦後の日本で最も人気のある経営者の一人に一挙に押し上げるとともに，日本経済全体の奇跡の復興，すなわち，1950年代半ばから始まる高度成長の呼び水の一つともなった。

※ 出光商会の海外展開

「日章丸事件」に示されるメジャーズへの挑戦は，出光佐三が生涯を通じて貫いた生き様であった。その挑戦は，第二次世界大戦以前から始まっていた。

1885（明治18）年に福岡県宗像郡赤間村（現在の宗像市赤間）に生まれた出光佐三は，1905年に入学した神戸高等商業学校（現在の神戸大学）で内池廉吉から，商業の社会性について，「投機的商人は今後不必要となり，生産者と消費者の間にあって社会的責任を果たす配給者としての商人のみが残る」[82]との教育を受けた。この内池の教えに深い感銘を受けた出光佐三は，のちに，「生産者から消費者へ」，「大地域小売業」，「消費者本位」などの諸点を掲げ，消費者の便益を最優先させることを自らの事業理念とするようになった。

出光佐三は，神戸高商を卒業してから2年後の1911年に独立して，石油類の販売に携わる出光商会を創設した。その際，独立資金を提供したのは，神戸高商時代に知遇を得た淡路の資産家，日田重太郎であった。

第一次世界大戦の直前に設立された出光商会は，その後，日本の勢力圏とその周辺の東アジア地域を中心にして，出光佐三が掲げる「大地域小売業」の方針を実行していった。1911年6月に創設された出光商会は，1940（昭和15）年3月に設立した関係会社・出光興産に統合され，1947年11月に消滅した。この間，出光佐三は，出光商会の店主を一貫して務めた。37年間にわたる出光商会の歩みを，海外事業の展開という観点から時期区分すると，以下のようになる。

(1) 創業した1911年から，1916年の大連出張所開設を経て，「満州」（中国東北部のこと。本ケースでは，出光商会が用いた当時の呼称にしたがい，「満州」という言葉を使用する）での事業の足掛かりを固めた1918（大正7）年までの時期。

(2) 「満州」以外にも，中国北部，シベリア，朝鮮，台湾に進出した1919〜30（大正8〜昭和5）年の時期。

---

[82] 出光興産株式会社『出光略史』1964年，5頁。

⑶　外地重点主義をとるとともに，海外事業の重点を満州と満州以外の中国に移した 1931～36 年の時期。

⑷　外地重点主義を徹底し，満州以外での中国における事業活動を活発化した 1937～41 年の時期。

⑸　第二次世界大戦下で既存の海外事業が苦難に直面する一方，南方に進出した 1942～45 年 8 月 15 日の時期。

⑹　敗戦により，すべての海外事業・資産を喪失してから，出光興産へ統合されるまでの 1945 年 8 月 15 日～47 年の時期。

　それぞれの時期における出光商会の動向と出光佐三の言動を追うことにしよう。

❖ 満州進出と南満州鉄道への車軸油納入

　⑴の時期の満州では，日露戦争後にロシア産の石油が後退し，スタンダード社，アジア石油（シェル系），テキサス石油の英米系 3 社が市場を独占していた。とくにスタンダード社は，満州市場で絶大な力をもっていた。日本の石油製品は，輸送費や関税，品質規格などの面で不利な条件のもとにおかれ，日本の石油業者は，満州進出に二の足を踏んでいた。

　南満州鉄道（満鉄）では，機関車や客車，貨車をアメリカから輸入して運航しており，そこで使用する潤滑油についても，すべてアメリカ製品が使われていた。そこで出光商会は，日本石油製品をベースにして満鉄で使われている車軸油に近いものを作り，分析試験をしてもらうよう，満鉄の各方面に働きかけた。そして，2 年にわたる分析試験，実施試験の結果，使用に差し支えないことが判明すると，次の見積もりの段階で出光商会は，スタンダード社の納入価格の半値を提示した。これが，満鉄サイドに出光商会の営業努力を強く印象づけることになり，満鉄内部に，出光商会の機械油を積極的に使用しようとする動きが生まれた。こうして出光商会は，1914 年，満鉄への車軸油（潤滑油）納入を開始した[83]。

　出光佐三は，満鉄が出光商会の車軸油を購入するにいたった経緯について，次のように回顧している。

83　以上の点については，関東州満州出光史調査委員会・総務部出光史編纂室編『関東州満州出光史及日満政治経済一般状況調査資料集録』1958 年，17-23 頁，および出光興産株式会社編『出光五十年史』1970 年，102-104 頁参照。

ケース **13**：出光佐三　135

「僕は先づ分析試験を頼み次に実地試験を迫つた訳だ。そして各支線を限定してやつて貰った。それが撫順線だ。其実地試験を頼むのに余りに僕が熱心にやるもんだから満鉄の技師の人が満鉄の沙河口工場にある油の試験工場を僕に提供して呉れた。其工場には総ゆる試験機械があるけれども一つも使用されて居ない。埃塗れになって放任されて居た。それを技手も一人つけて提供されたからそれで大体機械に依る実地試験をすました。其処で幸に大体の良い試験成績を得た訳だから撫順線で実地試験をした。そして外国品と対等の成績を出した。

それでまあ幾らか買つてやろうと云う事になつた」[84]。

出光商会は，満鉄への潤滑油納入を足がかりとして，石油類のほかにセメントや火山灰，機械工具なども取り扱うようになり，1916 年 4 月には，国内外を通じて初の本店以外の店舗となる大連出張所を開設した。

(2)の第一次世界大戦が終結してから 1930 年代初頭までの時期に，出光商会は，着実な成長をとげた。成長を牽引したのは，東アジア諸地域での積極的な販路拡張であった。

1929 年度の出光商会の売上高を支店別にみると，最大の売上規模を誇ったのは大連支店（107 万 4782 円）であり，それに下関支店（107 万 3038 円）が続いた。以下，販売規模でみれば，京城（ソウル）支店（99 万 6968 円），門司支店（97 万 9351 円），台北支店（93 万 1050 円），博多支店（70 万 3948 円）の順であり，若松支店の売上高（1 万 6037 円）は小さかった[85]。第一次大戦後の 10 年間の出光商会の成長にとって，満州・朝鮮・台湾での販路拡張が大きな役割をはたしたことは明らかである。

1929 年時点で出光商会の各支店のうち最大の売上高をあげたのは，1916 年に大連出張所として開設された満州の大連支店であった。大連支店での事業拡大にとって大きな意味をもったのは，満鉄向けに「2 号冬候車軸油」を開発したことであった。

極寒の地・満州では，車軸油が凍結して貨車の車軸が焼き付けを起こすトラブルが続出し，満鉄の経営に大きな打撃を与える状況が続いていた。1914 年

84　関東州満州出光史調査委員会・総務部出光史編纂室編前掲『関東州満州出光史及日満政治経済一般状況調査資料集録』22-23 頁。

85　以上の点については，博多出光史調査委員会・総務部出光史編纂室編『博多出光史並一部本店状況調査集録』1959 年，59 頁参照。なお，7 支店の売上高の合計額は，577 万 5174 円であった。

136 　第2部　インクリメンタル・イノベーションの時代

に満鉄への車軸油の納入を開始した出光商会は，1917年に耐寒車軸油である
「2号冬候車軸油」の見本300缶を，満鉄に提出した。しかし，満鉄からは1
年たっても何の音沙汰もなく，問い合わせてみても，用度の担当課長が交代し
ていて埒があかなかった。満鉄では，外国石油会社製の車軸油の在庫を抱え，
それを優先的に使用していた。ところが，1918年新春に数百両の満鉄貨車の
車軸が焼損する事故が起こり，当時の金額で300万〜400万円の損害が発生し
たため，満鉄から出光商会が呼び出されることになった。出光商会は，長春で
行われた極寒地での実車試験に参加した。テストに使用された車軸油は，ヴァ
キューム社製，スタンダード社製，出光商会が従来から納入していた普通冬候
油，それに出光商会が見本としてもっていった「2号冬候車軸油」の4種だっ
た。テストでは，2号冬候車軸油のみが完璧な状態で機能し，対照的にヴァキ
ューム社の製品は最悪の結果であった。

　その実車試験の経緯と結果について，出光佐三は，次のように回顧している。
　「満鉄は貨車の車軸を大部分焼いてしまつた。丁度冬は大豆の輸送期で大
豆の輸送が止つてしまつた。其時運賃の損害が三四〇〇万円，間接の損害は
大したものだ。満鉄は非常な攻撃を受けた（中略）それで長春でいろいろ油
の試験をした結果よからうと言う事で今度は実際試験し様と云う事になつて
機関車を出し四ツの車軸に違う油を注油した。一つはヴアキームの其の焼け
た油，スタンダードの以前使つて居た上等の油，一つは出光の普通冬候油，
一つは今持つて行つた見本，四通り違う油を積んで夜中に公主嶺迄引張つて
行つて帰つて来た。朝早く一同が行つて実際を見た処がその結果はヴ社の油
は中の羊毛が車軸のボックスから飛出して中が空つぽの油が滲んだウールが
飛出して居たから焼けるのは当然だ。次にス社のは半分はみ出して半分ボッ
クスの中にあつた。出光の普通冬候油は車軸の下からボックスの中へ半分位
出て未だ焼けはしないが将来は焼ける。見本の現在の冬候油（2号冬候車軸
油——引用者注）これは車軸の下にキッチリ嵌つて少しも移動して居ない完
全状態にあつた。こんなに明瞭に成績の出て居たのは珍らしい，これはもう
その油に限ると言う事に実際問題から決定した」[86]。

外油2社は，以前から車軸油の凍結を防ぐため，満鉄に対して，ボックスカ

---

[86]　関東州満州出光史調査委員会・総務部出光史編纂室編前掲『関東州満州出光史及日満政治経済
　　一般状況調査資料集録』99-100頁。

バーを強く締め付けるよう提案していたが，油そのものの性能には言及していなかった。上記の試験結果により，出光商会納入の2号冬候車軸油を満鉄が全面的に採用したのは，当然のなりゆきであった。2号冬候車軸油の使用によって，満鉄の貨車焼損事故は一掃された。

❖「外地重点主義」の推進

(3)の1931〜36年の時期になると，出光商会は，店舗展開の重心を国内から海外へ移行させた。国内での石油統制の強化により事業活動に対する制約が増大したことは，出光商会を「外地重点主義」へ向かわせたのである。

ただし，1930年代半ばに石油産業への国家統制が強化されたのは，日本内地においてだけではなかった。1932年に成立した「満州国」や，日本の植民地であった朝鮮でも，石油統制が強められた。

1931年9月の満州事変，同年12月の金輸出再禁止，1932年3月の「満州国」成立，1934年2月の満州石油設立などは，大連支店を中心とする出光商会の満州での事業活動に大きな影響を及ぼした。とくに満州石油設立による満州における石油専売制実施の影響は，甚大であった。

満州での石油統制強化とそれに対する出光商会の対応について，出光興産株式会社人事部教育課編『出光略史』第11版（2008年）は，以下のように記述している。

「昭和七年（一九三二年）満州国成立後，同国においては，資本家排撃の方針のもとに重要産業の国家統制をはかり，石油専売の計画を推し進めた。出光はその誤った方針に反対し，これを是正すべく全力をつくしたが，当局の理解は得られず，ついに昭和十年（一九三五年），満州国における石油専売は実施された。当局は出光の進言に耳をかさないばかりでなく，出光を単なる営利業者，資本家と見なしていたため，一時は満州からの引揚げを覚悟せねばならぬほどの苦境に追い込まれた。各種物資の統制が強化されるにともない，過去二十数年間営々として築き上げた商権も，ただ一片の法令によって取りあげられることになり，出光取扱商品のほとんど全部が統制の対象となった。そして仕事の大部分は配給業務と化した。

石油については，専売法実施とともに，自由販売品である機械油は満石（満州石油株式会社，昭和九年創立）の製品を同国内に一手に販売したが，専売品である燃料油は満州各地の販売統制会社の一員としてその配給にたずさ

138　第2部　インクリメンタル・イノベーションの時代

わることになったのである。

　しかしながら過去の自由経済時代に資本に屈しなかった出光は，このような統制のもとにおいても法律・機構の番人たることに満足しなかったのはもちろんである。そして時日がたつにつれて，実地に鍛練された実力はおのずから現れ，当局もその実務は，長年の経験と実力とをもって奮闘する出光の活動に待つほかなく，専売品である燃料油の配給，物動品（物資動員計画による品）の輸入等その多くは出光に委託され，満州事変以前よりも仕事は増え，ますます忙しくなったのである」(17-18頁)。

　この記述は，出光商会が営業活動の自由を否定する満州での石油専売制実施に断固として反対したこと，それにもかかわらず強行された石油専売制は出光商会の満州での事業活動に短期的には大きな打撃を与えたこと，しかし，時間が経つにつれて出光の活躍の場は徐々に広がり，石油専売制のもとで出光の満州での事業規模はむしろ拡大したこと，を伝えている。

　つまり，満州では，強化された石油統制のもとで出光商会が短期的には制約を受けたものの長期的には事業規模を拡大するという，一種の「逆転現象」が生じたと言える。

　出光商会が1930年代にはいると外地重点主義をとるにいたったのは，日本国内での石油統制が強化されたからであった。しかし，石油統制の波はその外地にも波及し，満州や朝鮮での出光商会の事業活動に対する制約は増大した。そこで，出光商会は，事業の重点を満州以外の中国に移した。その第一着手となったのが，外油の牙城であった上海への進出である。出光商会は，1935年に上海支店を開設した。

　(4)の時期は，1937年7月の日華事変の勃発によって始まった。

　1938年度の出光商会の売上高を地域別・支店別にみると，出光商会の売上高が最大であった地域は満州（大連支店と満州の合計値で1684万2050円）であり，これに満州以外の中国（1345万6526円）が続いた。内地の売上高（798万2595円）は，朝鮮の京城支店（430万3730円）や台湾の台北支店（418万618円）のそれよりは多かったが，大連支店の売上高（980万6658円）にも及ばなかった[87]。

---

[87]　以上の点については，朝鮮出光史調査委員会・総務部出光史編纂室編『朝鮮出光史及朝鮮政治経済一般状況調査資料集録』1959年，208頁参照。

つまり，1938年時点ですでに出光商会は満州と中国に重点をおいて外地重点主義をすでに実行していたということができる。この方針は，1938年12月に門司の本店で開催された出光商会の支店長会議で，さらに徹底されることになった。この会議の冒頭，店主の出光佐三は，

「諸君も新聞紙上で御承知の通り国策としての為替管理の強化と産業統制の結果油界は石油，機械油の製産減じ内地に於ける出光の商売は面白からざる経路を辿つて居るが満州の商売は益々増加し北支は満州の延長として発展途上にありますことは同慶の至りであります。（中略）

大陸方面は種々の仕事を凡ゆる角度から進むと云う考へを持つ必要があります。店は幸運に恵まれたというか，過去の犠牲の償いというか，此時代に際しても予期の業績を挙げましたことは諸君の御努力に負うものと感謝して居り且つ店は大陸に於て発展の結果工合よく進捗して行くにはどうして行くか，益々発展させんとするにはどうするか，之は益々諸君の御健闘を願います」[88]

と発言した。佐三は，発展を続ける外地での事業にいっそう注力することを明確に打ち出したのである。

日本国内で活路を開くとともに，外地で事業を積極的に推進する方針を固めた出光商会は，1939年から1940年にかけて，企業体制を再編し，出光商会の1社体制から，出光商会・出光興産・満州出光興産・中華出光興産の4社体制へ移行した。

1942年5月の時点で，出光4社の人員総数は1095人に達していた。会社別内訳は，出光商会246人，出光興産361人，満州出光興産105人，中華出光興産383人であり，地域別内訳は，内地319人，朝鮮85人，台湾123人，関東州および満州185人，満州以外の中国383人であった[89]。

日華事変以後の時期には，日本軍の占領地域の拡大とともに，軍部による石油統制は対象地域を広げた。しかし，そこでも，「強化された石油統制のもとで出光商会が短期的には制約を受けたものの長期的には事業規模を拡大するという，一種の『逆転現象』が生じた」。かつて満州で現出した「逆転の構図」

---

[88] 博多出光史調査委員会・総務部出光史編纂室編前掲『博多出光史並一部本店状況調査集録』97-98頁。

[89] 以上の点については，出光興産株式会社人事部教育課編『出光略史』第11版，2008年，付表，参照。

140　第2部　インクリメンタル・イノベーションの時代

は，日華事変後の中国でも再現されたわけである。

　(4)の時期に出光は，中国全土に店舗網を拡張し，上海に大規模な油槽所を
開設した。5万トンの貯蔵設備を擁する出光上海油槽所は，1939年8月に着
工し，1940年4月に竣工した。現地の日本軍当局は，用地を提供し，油槽所
建設を後押しした。建設に必要な資材に関しては，出光が，手持ちの外貨を使
ってアメリカから購入した。アメリカから輸入され，出光上海油槽所に貯蔵さ
れた石油のうち，灯油は中国全土，満州などで民需用として使われ，揮発油は
軍用に供給された[90]。

❖南方派遣と敗戦

　(5)の時期は，第二次世界大戦に日本が参加していた時期にあたる。

　前項でも引用した『出光略史』第11版は，第二次大戦時の中国における出
光の活動について，

　　「中国大陸においては，対英米関係がいよいよ緊迫する中，出光は，外油
　の輸入がストップしたときに備えて，石油類の緊急輸入に奔走し，あるいは
　市場出回り品を買いつけるなど，その確保に努力した。太平洋戦争に突入す
　るとともに，中国における供給は米英油に代わって日本がこれをまかなわな
　ければならぬ状態となったが，民需は出光の貯蔵油以外には，他の業者の在
　庫はほとんどなく，その手持ち石油類も当局の統制下に置かれて，出光は民
　需配給業務に一意専心した。やがて供給もいよいよ逼迫するに及び，当局の
　現地自給の方針にもとづき，代用燃料油，代用潤滑油の原料買い集め及びそ
　の生産に力を入れ，あるいは民船によって南方油の曳荷をはかるなど，大戦
　下中国大陸における石油国策に重要な役割を果たした。そしてその間に絶え
　ず当局の石油政策を正しい方向へ導くことに力をつくした」(26-27頁)
と述べている。

　1941年12月の日米開戦から半年のあいだに，東南アジアと西南太平洋の広
範な地域は，日本の陸海軍によって占領されることになった。これらの地域で
は軍政が敷かれ，域内の石油資源は，軍需用に充当されるとともに，現地の民
生用に供給されることになった。

90　以上の点については，上海油槽所史調査委員会・総務部出光史編纂室編『出光上海油槽所史並
　中華出光興産状況調査集録（原稿）』1959年，27-36頁参照。

当初，現地日本軍は，約2000名を要する厖大な石油配給機構の設立を計画し，本省の承認を求めた。しかし，本省は中国における配給機構の機能不全の経験をふまえてその計画を退け，出光を起用する方針をとった。当局から陸軍占領地域における石油民需配給業務を委託された出光は，1942年，百数十名の人員を軍属として南方に派遣した。

派遣直後の現地では，南方総軍内の反出光感情が，相当に深刻であった。派遣された出光の要員は試練に直面したが，各地における彼らの働きぶりは効率的であり，困難な仕事を短期間で軌道に乗せた。このため，現地軍にただよっていた出光に対する敵意はしだいに解消し，積極的な支援さえ行われるようになった。そして，1943年には，南方の海軍占領地域での石油配給業務も，出光に委託されることにいたった[91]。

南方に向かう出光の要員に対して，1942年7月に出光佐三は，

　　「南の新天地は白紙である。いささかの因襲情弊なし。吾人はこの白紙の天地において広大複雑と称せられる難事業を簡単容易に総合統一し，もって人の真の力を顕現せんとするものである。これ単に石油配給上の一些事と考うべきにあらずして，よってもって国家社会に対する一大示唆となすべきである。しかも吾人のみに課せられたる大使命たるを自覚すべきである」[92]

と激励した。

1945年8月15日の第二次世界大戦の敗戦によって，日本は，朝鮮・台湾・南樺太等の植民地を失うとともに，アメリカを中心とする連合国の占領下におかれることになった。(6)の時期である。出光は，戦時中，国内事業の大部分を統制会社に吸収され，主力を注いでいた海外事業も，敗戦によってそのすべてを喪失してしまった。残されたものは，約1000人の従業員と約250万円の借金のみという深刻な状況だった[93]。

そのようなマイナスからの再スタートに不安が広がるなかで，出光佐三は，同年9月，次のように語った。

　　「翻って出光を顧みると，内地に於ける事業は戦時中統制会社に取られて，ホンの形ばかりのものが残っているに過ぎない。台湾，朝鮮，満州，シナ

---

91 以上の点については，出光興産株式会社店主室編『積み重ねの七十年』1994年，306-315頁，および出光興産株式会社人事部教育課編前掲『出光略史』第11版，27-29頁参照。

92 出光佐三『人間尊重五十年』春秋社，1962年，143頁。

93 この点については，出光興産株式会社店主室編前掲『積み重ねの七十年』543頁参照。

出光興産川崎油槽所で記者会見する社長の出光佐三（1962年）（朝日新聞社/時事通信フォト提供）

及び南方全域の事業は原子爆弾によりて消失した。出光は内地に於ける資金は海外に投資し，その利益も相当巨額に達しているが，その元金も利益も海外から取り寄せなかった。従って出光としては，内地に借金が残っている。事業は飛び借金は残ったが，出光には海外に八百名の人材がいる。これが唯一の資本であり，これが今後の事業を作る。人間尊重の出光は終戦に慌てて馘首してはならぬ」[94]。

きわめて厳しい経営環境のなかで，これほど迅速かつ明確に「馘首せず」の大方針を打ち出したことは，当時の社会的風潮のもとでは，傑出した行為であった。

❖「民族系石油会社の雄」への変身

1945年の第二次世界大戦での日本の敗北により出光商会は，すべての在外支店を喪失するという大きな打撃を受けた。それでも同商会は，1947年に子会社の出光興産に事業を継承する形で再出発し（その時点で出光佐三は，オーナー経営者として，出光興産の社長も務めていた），1947年に石油配給公団の販売店に指定されたのに続いて，1949年には元売業者にも指定された。

出光佐三と彼が社長を務める出光興産は，外資と提携しない「民族系石油会社の雄」として，1953年の「日章丸事件」に示されるように積極果敢な経営戦略を展開した。出光興産は，東京銀行や東海銀行の資金的援助を受けながら，1957年の徳山製油所の建設，1962年の日章丸三世の建造，1963年の千葉製油所の建設など，設備投資を活発に遂行した。この間，日本の石油市場における出光興産の販売シェアは1950年の8.6%から1960年の14.3%へ，精製能力シ

---

[94] 出光佐三『我が六十年間 第一巻』出光興産，1972年，156頁。

ェアは 1955 年の 0%から 1960 年の 13.7%へ，それぞれ急速に上昇した。出光
佐三は，1966 年に出光興産会長となり，1972 年に同職を退いたのち，1981 年
に死去した。

　本ケースでは，あえて戦前の「大陸の石油商」の側面に焦点を合わせて，出
光佐三の企業者活動を振り返った。第一次世界大戦前後から 1980 年代にかけ
ての日本経済の長期にわたる高成長を牽引したのは，主として国内市場をター
ゲットとした一連の革新的企業者活動であったが，なかには少数ではあるもの
の，海外市場を視野に入れたものがあったことを示したかったからである。

　その出光佐三も，野口遵や鮎川義介と同様に，敗戦による海外資産・事業の
喪失から逃れることはできなかった。ただし出光は，野口や鮎川と異なり，戦
後も革新的企業家として不死鳥のようによみがえった。海外市場を視野に入れ
た「大陸の石油商」から，国内市場をターゲットとした「民族系石油会社の
雄」へ，変身をとげたのである。

ケース 14：西山弥太郎／設備投資の先導役による高度成長の牽引

❖「再生の 10 年」

「失われた 10 年」——バブル景気崩壊後，日本経済が出口のみえない迷路に
さまよいこんだ 1990 年代をさす言葉である。破綻した日本長期信用銀行が新
生銀行となってアメリカ資本の傘下にはいり，日産自動車にフランス人のトッ
プマネジメントがやって来た 1990 年代には，「第 2 の敗戦」という言葉もさ
かんに使われた。

　それでは，「第 1 の敗戦」，つまり，1945（昭和 20）年 8 月 15 日の第二次世
界大戦敗北からの 10 年間を，日本人はどのように過ごしたのだろうか。アメ
リカ軍の空襲により，日本の大都市の多くは灰燼に帰していた。インフレの進
行は激しく，巷には失業者があふれていた。単純に考えれば，昭和 20 年代こ
そ，日本人にとって，「失われた 10 年」となるはずであった。

　しかし，現実は，それほど単純ではなかった。昭和 20 年代は，日本経済に
とって，けっして，「失われた 10 年」とはならなかった。それどころか，昭

144 第2部 インクリメンタル・イノベーションの時代

和20年代は，次の時代に実現する高度成長へ向けて，日本経済が助走路を駆け抜ける「再生の10年」となった。

昭和30年代からの高度経済成長期には，企業家のなかから次々とヒーローが誕生した。しかし，ここで忘れてはならない点は，日本経済がまだ助走路を走っていた昭和20年代にも，すでに，先駆けの役割をはたしたヒーローが存在したことである。先駆者となったのは，いずれも，1953年の初夏に，「奇跡」と呼ばれた快挙を成し遂げた出光興産の出光佐三と川崎製鉄（現在のJFEグループの前身）の西山弥太郎[95]であった。

❖「もう一つの奇跡」

出光興産の日章丸（二世）がイランからガソリン・軽油を満載して川崎に帰港してから1カ月経った1953年6月，東京湾の対岸の千葉で，国民的な注目を集めつつ，ある溶鉱炉（高炉）の火入れが敢行された。川崎製鉄・千葉製鉄所の第1高炉が，それである。

川崎製鉄（川鉄）は，初代社長・西山弥太郎のリーダーシップのもと，川崎重工業から分離独立して1950年に誕生したばかりの，若い企業であった。その川崎製鉄が，当時の資本金が5億円であったにもかかわらず，163億円の巨費を投じて，高炉を擁する銑鋼一貫生産の千葉工場を新設するという。この計画は，その規模自体が破天荒なものであっただけでなく，「銑鋼一貫3社（八幡製鉄・富士製鉄・日本鋼管）＋製鋼専業3社（川崎製鉄・住友金属工業・神戸製鋼）」という業界秩序を突き破る意味で，きわめて挑戦的なものでもあった。

マスコミは，日本銀行総裁の一万田尚登が，川鉄千葉製鉄所の事業計画を嘲笑し，そんな計画を実行に移したら，川鉄は行き詰まり，千葉製鉄所の屋根にペンペン草が生えるだろうと揶揄したと，面白おかしく伝えた。また，鉄鋼業界を主管する通商産業省も，業界秩序を維持する立場から，高炉を擁する川鉄千葉製鉄所の新設に，強い異論を唱えた。西山弥太郎は，これらの「官の圧力」を押し返して，川鉄千葉製鉄所第1高炉の火入れを実現したのである。それが，社会的注目を集めたのは，敗戦後も長く続いた官主導の経済統制に風穴をあける「もう一つの奇跡」だったからにほかならない。

---

95 西山弥太郎について詳しくは，伊丹敬之『高度成長を引きずり出した男　サラリーマン社長西山彌太郎の夢と決断』PHP研究所，2015年，参照。

ケース **14**：西山弥太郎　　145

　1953 年初夏に相次いで「奇跡」を実現した出光佐三と西山弥太郎は，いずれも，既成の状況に迎合しない反骨精神の持ち主であった。長いものにまかれていては，新しい時代を切り拓く先駆者にはなれない。彼らにも「出る杭は打たれる」式の厳しい現実がふりかかったが，彼らはそれに屈することなく，「打たれても出る」立場を貫いたのである。

❖ 革新性のポイント

　西山弥太郎は，1893（明治 26）年に神奈川県吾妻村（現在の中郡二宮町）で生まれた。第一高等学校（一高）を経て東京帝国大学工科大学校冶金学科で学んだ西山は，1919（大正 8）年，川崎造船所に入社し，製鋼畑でキャリアを重ねた。西山が，川崎造船所から分社独立した川崎製鉄の初代社長に就任したのは 1950（昭和 25）年，川崎製鉄・千葉製鉄所第 1 高炉火入れの 3 年前のことである。

　西山弥太郎については，米倉誠一郎が，川鉄千葉工場建設に示された西山の革新性のポイントを，次の 3 点にまとめている[96]。

(1)　銑鋼一貫生産に参入することによって，既存の鉄鋼業界の業界秩序を打破し，一貫 6 大メーカーによる活発な寡占的競争を生み出したこと（住友金属工業と神戸製鋼も川鉄千葉工場の成功に刺激されて，銑鋼一貫生産に踏み切った）。

(2)　川鉄千葉工場それ自体が，規模の大きさ，レイアウトの合理性，原料輸入・製品輸出に適した臨海立地，東京近隣の消費地立地などの点で，「これまでの延長線上にない工場」であったこと。

(3)　他人資本の積極的な活用によって，設備投資を推進したこと（西山が立案した 163 億円の資金調達計画の内訳は，見返り資金 80 億円，社債 31 億円，銀行借入金 10 億円，増資 25 億円，自己資金 17 億円であった。なお，見返り資金とは，被援助国政府〔この場合は日本政府〕が援助国〔この場合はアメリカ〕からの供与物資を売却し，その利益を社会開発事業に活用する制度のことである）。

　これらのうち(1)は，〈二番手企業の積極的な新規参入→寡占的競争の激化→

96　米倉誠一郎「日本鉄鋼業の革新者　西山弥太郎（川崎製鉄）」伊丹敬之・加護野忠男・宮本又郎・米倉誠一郎編『ケースブック日本企業の経営行動 4』有斐閣，1998 年，189-193 頁参照。

146　第2部　インクリメンタル・イノベーションの時代

産業全体の国際競争力の強化〉という，戦時期から高度成長期にかけて日本の
主要産業で共通して観察された発展の図式を，代表するものであった[97]。また，
(2)および(3)の「大規模な銀行融資による臨海新鋭工場の建設」という方式は，
鉄鋼業のみならず，他の主要産業にも伝播し，高度成長期の典型的な設備投資
パターンとなった。(1)・(2)・(3)は，既存の状況を突き破る西山弥太郎の反骨精
神を体現したものであり，それらはいずれも，高度成長の先駆けとしての意味
をもったのである。

❖ 鉄鋼業の歴史を変えた男

　上記の(1)は，西山弥太郎が実行した川鉄・千葉製鉄所第1高炉の建設が，
日本の鉄鋼業の歴史を大きく変えたことを意味する。この点を確認するため，
時計の針を第二次世界大戦前夜に戻してみよう。

　鉄鋼業は，石炭産業等と同様に，戦時経済統制の主要な対象の一つとなった。
たとえば，1937年には製鉄事業法が制定され，1938年には鉄鋼と鉄屑の配給
制が始まった。また，1941年には鉄鋼統制会が設立された。さらに，1943年
には主要な製鉄工場が商工省の直轄下におかれることになった。ただし，この
製鉄工場国家管理は，敗戦により，短期間で終結した。

　1937年7月に日中戦争が勃発した時点では，日本政府は，当時のリーディ
ング・カンパニーであった日本製鉄を優遇する「日鉄中心主義」をとっており，
他の製鋼企業の銑鉄生産への進出を厳しく制限していた。しかし，インドから
の銑鉄輸入やアメリカからの屑鉄輸入が途絶する可能性が強まった[98]ため，日
中戦争開始の1カ月後に公布された製鉄事業法は，一転して，製鋼メーカーの
製銑事業への参入を容認するにいたった。そして，同法が設定した合理化のた
めの一定の基準をクリアして，日本製鉄以外の製鋼企業は，次々と銑鉄生産を
開始した。このため，銑鉄に関する上位3社の生産集中度は，1937年の97.8
％から1944年の88.5％へ低下した。一方，製鋼業の上位集中度は，「不足し
た資源を限られた企業に投入した」ため，1940年代前半に上昇した（1937年
に56.2％だった鋼材に関する上位3社の生産集中度は，1944年には64.9％となっ

---

[97]　この点については，橘川武郎「中間組織の変容と競争的寡占構造の形成」山崎広明・橘川武郎
編『日本経営史　第4巻　「日本的」経営の連続と断絶』岩波書店，1995年，233-274頁参照。

[98]　現実にアメリカは，日独伊三国軍事同盟締結と日本の北部仏印進駐に対抗して，1940年9月
に屑鉄の対日禁輸を断行した。

ケース**14**：西山弥太郎　　147

た)[99]。ただし，それでも，製銑業の上位集中度は，製鋼業のそれよりはるかに
高かった。

　第二次世界大戦後になると，製鋼業における上位3社の生産集中度は著しく
低下した。1944年に64.9％だった鋼材に関する上位3社の生産集中度は，
1950年には49.6％となった。伊藤修は，市場構造をA型（独占型），B型（上
位1社・下位層型），C型（上中位2層型），D型（上中下位3層型），E型（中位
寡占型），F型（中位寡占・下位層型），G型（中位1社・下層型），H型（原子型）
の8類型に分け，最も競争的でないA型から最も競争的なH型へかけて，順
次，競争が激しくなるとしている[100]。普通鋼材の市場構造は，1937年のB型か
ら1949年のD型，1955年のF型へと変化した。同様に銑鉄の市場構造も，
1937年のC型から，1949年のD型を経て，1955年のF型へと推移した[101]。

　戦後，日本の鉄鋼業界における企業間競争が激化したことについては，二つ
の要因を指摘することができる。一つは，過度経済力集中排除法により日本製
鉄が八幡製鉄と富士製鉄に分割されたことである。もう一つは，川崎製鉄の西
山弥太郎のような二番手以下の企業の経営者による企業家的革新がみられたこ
とである。

　西山は，当時の日本では最新鋭である川鉄千葉製鉄所の高炉の操業を，
1953年6月に開始した。日本開発銀行の長期融資と第一銀行の系列融資を受
けた川崎製鉄による千葉製鉄所の建設は，1950年代前半に日本の鉄鋼業界で
進展した「第一次合理化計画」のハイライトと言えるものであった。

　この計画が進行する過程で，日本政府は，合理化のための一定の基準をクリ
アした企業については，原則としてすべて平等に援助するという姿勢をとるこ
とになった。たとえば，日本開発銀行は，1952年以降，富士製鉄，八幡製鉄，
日本鋼管，川崎製鉄，住友金属工業，神戸製鋼の6社に対して，長期融資を行
った[102]。

　ここで作用した，合理化のための一定の基準をクリアした優秀企業について
日本政府が原則としてすべて平等に助成措置を講じるというメカニズムは，橋

99　以上の点については，橘川前掲「中間組織の変容と競争的寡占構造の形成」255-258頁参照。

100　伊藤修「日本の産業組織と企業」神奈川大学『商経論叢』第24巻第1号，1988年，参照。

101　以上の点については，橘川前掲「中間組織の変容と競争的寡占構造の形成」256，258-259頁
　　参照。

102　山極完治「戦後日本経済の『合理化』過程と開銀の役割」『中央大学大学院年報』第8号，1979
　　年，204-205頁参照。

148　第2部　インクリメンタル・イノベーションの時代

本寿朗が「優等生機会均等主義」と名づけたものである[103]。「優等生機会均等主義」は，1937年の製鉄業法の施行過程でも観察されたが，それが日本鉄鋼業に本格的な形で定着したのは，ほかならぬ「第一次合理化計画」の遂行過程においてであった。そして，「第一次合理化計画」のハイライトとなった川崎製鉄・千葉製鉄所建設を実現したのは西山弥太郎であったわけだから，西山がこの「優等生機会均等主義」を定着させたと言っても，けっして過言ではなかろう。

　「第一次合理化計画」の終了を受けて1956年には「第二次合理化計画」がスタートしたが，そこでは，既存の高炉3社（八幡製鉄，富士製鉄，日本鋼管）に旧平炉メーカー3社（川崎製鉄，住友金属，神戸製鋼所）を加えた高炉建設競争が主として展開されることになった。これは，一方では，川崎製鉄・千葉製鉄所建設が引き起こした「川鉄ショック」を反映したものであるとともに，他方では，政府が1957年の新長期経済計画で銑鉄自給政策を打ち出し，1962年度までに高炉10基を建設するという具体的目標を示したことに触発されたものでもあった。

　1960年代に入ると，鉄鋼需要の顕著な伸び，1960年に発表された「所得倍増計画」などを追い風に，高炉6社による銑鋼一貫製鉄所の建設競争はさらに加速された。この時期には臨海立地の新しい大規模一貫製鉄所が相次いで誕生し，1961年に住友金属・和歌山と日本鋼管・京浜，1964年に富士製鉄・名古屋，1965年に八幡製鉄・堺，1966年に日本鋼管・福山，1967年に川崎製鉄・水島，1968年に八幡製鉄・君津，1970年に神戸製鋼所・加古川，1971年に住友金属・鹿島，の各製鉄所が操業を開始した[104]。

　高度経済成長期の鉄鋼各社の設備投資競争においては，「優等生機会均等主義」が一貫して観察された。このように長期的な流れを俯瞰的にみると，西山弥太郎がゲームのルールを変えたことがわかる。電力業において松永安左エ門がそうであったように，西山は，日本の鉄鋼業の歴史を変えたのである。

103　橋本寿朗『日本経済論』ミネルヴァ書房，1991年，284頁参照。

104　すでに1965年の時点で，世界の高炉生産能力ランキングの上位20基中14基が，日本に所在していたと言われている。この点については，日本経済新聞社編『昭和の歩み2　日本の産業』日本経済新聞社，1988年，134頁参照。

❖ 根拠ある決断

　ここで注目する必要があるのは，既存の状況を打破した西山弥太郎の行動が，単なる情熱の所産ではなく，きちんとした計算や経験に裏打ちされたものだったことである。彼が偉大であったのは，決断を下す大胆さをもっていたからだけではなく，根拠をもって決断を下す細心さを持ち合わせていたからでもあった。

　森川英正によれば，西山弥太郎は，川鉄千葉製鉄所の建設を決断するにあたって，三つの隘路を解決する展望をもっていた。三つの隘路とは，①鉄鋼市場拡大の見通し，②資金計画，③技術力の確保，の3点のことであるが，これらに対して，西山は，①朝鮮戦争以前の1949年時点での市場調査，②見返り資金を主管する通産省への働きかけや第一銀行常務の大森尚則の川鉄会長への招聘，③旧満鉄（南満州鉄道）傘下の昭和製鋼所出身の優秀な高炉技術者（浅輪三郎ら）のリクルートなど，問題を克服する方策をきちんと講じていた。西山は，「情熱の持主」というよりは，合理的構想力をもつ「情熱の組織者」であったというのが，森川の結論である[105]。

❖ 高度経済成長へ

　西山弥太郎について，『高度成長を引きずり出した男——サラリーマン社長西山彌太郎の夢と決断』（PHP研究所，2015年）と題する評伝を書いた伊丹敬之は，千葉製鉄所建設を振り返った西山弥太郎の回想談を紹介している。『川崎製鉄新聞』1958年11月8日付に掲載されたものである。

　「（千葉の建設計画は）それは相当な決意でしたよ。だがそれも綿密周到な計画に立脚したものだったし，またその決意をさせたものは，一口にいえば，時代の流れというものに対する認識だと思います。つまり，戦後の産業革命科学技術の進歩によって旧来の製鉄業の方式がかわって，すべて大量に精密に自動化されたものになったから，旧来のものは品質や価格の点で到底対抗できなくなったわけです。川鉄としても，こうした点から従来のやり方に見切りをつけて銑鋼一貫連続圧延にふみきったのです。

　また，当時の国際情勢からいっても，戦後のヨーロッパは相当疲弊してい

---

105 以上の点については，森川英正「西山弥太郎（川崎製鉄）」佐々木聡編『日本の戦後企業家史』有斐閣，2001年，261-270，274-275頁参照。

150　第2部　インクリメンタル・イノベーションの時代

た。ヨーロッパ各国はこれによってまず鉄鋼業の改革をはかったわけですが，そのために日本の鉄鋼業は圧迫をうけて，このままいったんじゃ自滅するよりほかはないというところまで事態は深刻になりました。

　国内事情だってそうだったでしょう。人口は増加するし，国内資源はない。したがってどうしても国全体として，生きてゆく糧をどうして得るかを真剣に考えねばならぬ状態だったんですね。そこで戦前は綿業というものが輸出の大宗でありましたが，戦後は木綿の消費地はすでに自給自足の段階にはいりつつある。こうした事情から日本は将来どうしても重工業によって自活しなければならなかったのです。それにはすべての重工業の基礎である鉄鋼業をまずよくする必要があったわけで，当社としてはまず溶鉱炉を造り一貫作業を確立した上で薄板の製造から近代化を計ろうということで，千葉の建設にとりかかったわけです」[106]。

　この回想談からわかるように，西山弥太郎は，的確な「時代の流れというものに対する認識」，つまり大局観に立って，千葉製鉄所の建設を決断した。そしてそれは，内外情勢をみわたしたうえでの強い使命感にもとづくものでもあった。

　西山が定着させた「優等生機会均等主義」は，鉄鋼業のみならず，他の主要産業にも広がっていった。多くの産業で一定の合理化基準をクリアした企業同士の設備投資競争が激化し，それが，高度経済成長の時代の扉を開けた。

　1951〜53年に生産と消費の両面で第二次世界大戦前の水準を回復した日本経済は，1950年代半ばから1970年代初頭にかけて，世界史上特筆すべき高度成長をとげた。そして日本は，GNP（国民総生産）の規模で先進各国を次々と追い抜き，1968年以降アメリカに次いで資本主義国中第2位の地位を占める「経済大国」となった。

　高度経済成長期を通じて，日本人の生活水準は飛躍的に向上した。個人消費支出中の食料費の構成比（エンゲル係数）は縮小し，「三種の神器」（白黒テレビ，電気冷蔵庫，電気洗濯機）や「3C」（カラーテレビ，クーラー，乗用車）などの耐久消費財に対する支出は著しく増大した。人口の都市集中と核家族化により世帯数が増加したことも，耐久消費財を中心とする工業製品への支出を増大させる要因となった。軍需を喪失した戦後の日本の重化学工業にとって，個人消費

106　伊丹前掲『高度成長を引きずり出した男』165-166頁から再引用。

支出の拡大は，発展を支えた重要な市場面での条件であった。

　一方，高度経済成長期における民間設備投資の年平均伸び率は，個人消費支出のそれの2倍以上に達した[107]。「投資が投資を呼ぶ」と表現された民間設備投資の活発化は，個人消費支出の拡大とともに，日本経済の高度成長を推進するエンジンの役割をはたした。高度経済成長が，個人消費支出と民間設備投資という「内需」主導で実現した点に，のちのアジア新興国の場合とは異なる日本の特徴をみいだすことができる。

　千葉製鉄所の建設に続いて水島製鉄所の建設に全力をあげた西山弥太郎は，民間設備投資の時代の先導役をはたし，伊丹敬之が言うように「高度成長を引きずり出した」。水島製鉄所の高炉火入れの前年にあたる1966年の7月，西山は，川崎製鉄の社長を辞した。そして，翌8月に，この世を去った。

ケース15：松下幸之助／「消費革命」の仕掛け人による高度成長の牽引

❖「消費革命」の進行

　本書の概観3でみたように，「1920年代から始まった日本の経済成長率がアメリカ・イギリス・ドイツのそれを上回るという傾向は，第二次世界大戦前後の一時的中断をはさみながらも，長期にわたって継続し，定着した。その傾向が終了したのは，1990年代のことだった」。この長期にわたる相対的高成長を可能にした最大の要因は，大衆消費社会化の進展，つまり個人消費支出の増大であった。

　個人消費支出の増大が経済成長を牽引する現象が最も大規模に観察されたのは，1950年代半ばから1970年代初頭にかけての高度経済成長期であった。高度成長期の日本では，大衆消費社会が確立し，大量生産−大量流通−大量消費のリンケージが形成された。

　高度経済成長の到来を告げた「もはや『戦後』ではない」という有名な文言とともに，「技術革新」という言葉が初登場したのは，1956（昭和31）年度版

107　橘川前掲「経済成長と日本型企業経営」299-300頁参照。

152 第2部 インクリメンタル・イノベーションの時代

の『経済白書』においてであった[108]。それから3年後の1959年度版の『国民生活白書』は「消費革命」という表現を初めて用い[109]，さらに3年後の1962年には林周二の『流通革命』[110]がベストセラーとなった。「消費生活の向上とその平準化傾向」という副題をもつ1963年度版の『国民生活白書』は，1950年代半ばから1960年代初頭の日本で生じた消費面，生産面，流通面での変化を，それぞれ「消費支出の増大，消費生活の平準化＝大衆消費化（食糧消費の質的変化，耐久消費財の普及など）」，「技術革新（新製品の出現，大量生産体制の確立）」，「流通機構の変化（大量販売小売店の発展，生産者の流通機構への進出）」と概括したうえで，それらが密接に関連しているとした[111]。

「消費革命」という表現を初めて用いた1959年度版の『国民生活白書』は，次のように述べている。

「消費水準が戦前を二割五分上回ったといっても，食，衣，住および文化的消費の各分野において，かならずしも一率^{（ママ）}的な上昇がみられるわけではない。そこには，戦前にくらべて所得が高まったことに基づく消費支出構成の変化がみられるばかりでなく，戦後における国民の生活様式や，生活態度の変化に伴う消費革命ともいわれるような，構造的変化がみとめられる」[112]。

この文章からわかるように，「消費革命」という概念は，消費の量的拡大とは区別される消費の構造的変化，別言すれば質的充実にかかわるものであった。それでは，1950年代半ば以降の日本で生じた消費の構造変化とは，具体的には何をさすのだろうか。1963年度版の『国民生活白書』は，以下の4点を指摘している[113]。

①食料消費の質的変化
②耐久消費財の普及
③光熱消費の熱源転換
④能動的レジャー消費の増大

---

108 経済企画庁編『昭和31年度経済白書』1956年，33-35，38頁参照。
109 経済企画庁調整局民生雇用課『戦後国民生活の構造的変化（国民生活白書昭和34年版）』1959年，1頁参照。
110 林周二『流通革命』中央公論社，1962年。
111 経済企画庁編『昭和38年度国民生活白書』1964年，8-27頁参照。
112 経済企画庁調整局民生雇用課前掲『戦後国民生活の構造的変化（国民生活白書昭和34年版）』1頁。
113 経済企画庁編前掲『昭和38年度国民生活白書』10-20頁参照。

これらのうち，電気，ガス，石油の消費構成比の急伸に示される③は，各種家電製品，ガス器具，石油ストーブ，オートバイ，自動車等の普及，つまり②を反映したものである。また，旅行やスポーツの盛行に代表される④は，「便利な耐久消費財の普及，液体燃料消費の増大，インスタント食品の増加あるいはセーターなど完成衣料品の家庭への進出などは，家事労働を軽減した」[114]という事実を重要な条件とするものであり，①・②・③の帰結とみなすことができる。したがって，1950年代半ば以降の日本で生じた消費の構造的変化，つまり「消費革命」の中核を形成したのは，①の食料消費の質的変化と②の耐久消費財の普及とであった，と言いうるのである。

②の耐久消費財の普及を牽引したのは，各種家電製品の普及であった。1950年代の中葉から，つまり高度経済成長の開始とともに，日本の一般家庭には家電製品が急速に普及するようになった。1963年度版の『国民生活白書』は，1956〜60年の期間に「第1期というべき耐久消費財ブーム」が生じたとしたうえで，この「4年間に家具什器費は2倍にふえたが，その増加分の7割程度は，電化製品の増加によるものであり，そのなかでもテレビが急増した」[115]と述べている。

ここで言われている「テレビ」とは白黒テレビのことであるが，白黒テレビ普及の契機となったのは，価格の低下である。この点について，家電量産量販体制の形成を論じた中村清司は，次のように説明している。

「テレビ（白黒テレビ——引用者注）市場の拡大にとって最大の障害は，なんといってもその価格にあった。そしてコスト引き下げの道は54年のブラウン管の国産化によって開かれ，生産コストに関わる各種要素技術の開発と急速な量産規模の拡大によって加速的な成果がもたらされた。54年4月の物品税改正で税率上有利になり，その後の主流となった14型テレビの価格は，同年末に12万円まで下がり，55年に10万円を切ったあと，57年末には7万円を割る機種が登場した。中堅サラリーマンの月給の2カ月分の水準にまで下がることによって，翌58年にはようやく普及率は10％の二桁に上り，その後の本格的な大衆化時代を迎える」[116]。

---

114 同前17頁。

115 同前13頁。

116 中村清司「家電量産量販体制の形成」森川英正編『ビジネスマンのための戦後経営史入門』日本経済新聞社，1992年，122頁。

154　第2部　インクリメンタル・イノベーションの時代

価格低下をきっかけに一般家庭へ急速に普及するという状況は，白黒テレビ
以外の家電製品についてもみられた。

家電製品の普及は1960年代になって本格化し，さながら「家電ブーム」の
様相を呈した。1960年代の家電ブームの担い手となったのは，白黒テレビ，
電気洗濯機，電気冷蔵庫，電気こたつ，電気釜，電気掃除機などであった。こ
れらのうち初めの3製品は，時代の寵児として，「三種の神器」とさえ呼ばれ
た。

❖家電メーカーによる流通系列化

高度経済成長期の日本における家庭電化の急速な進展は，家電製品の流通面
での大きな構造変化を引き起こした。家電メーカーによる流通系列化がそれで
あるが，系列化は卸売流通のみならず，小売流通にまで及ぶ全面的なものとな
った。

すでに別の機会に明らかにしたように，高度経済成長期に進展した家電メー
カーによる流通系列化のプロセスは，およそ以下のとおりであった[117]。

(1)　1953年から1955年にかけて，東芝・日立製作所・三菱電機の総合電機
　　メーカー各社が，それぞれ東芝商事・日立家電販売・菱電商事という卸売
　　段階を統括する販売会社を設立することによって，流通系列化が始まった。
(2)　総合電機メーカー3社の動きに対応して，家電専門メーカー各社も卸売
　　流通の系列化を進めたが，その先頭に立ったのは松下電器であり，同社は，
　　1957年以降，全国的に販社制度の導入を進めた。
(3)　松下電器は，1957年に「ナショナル店会」を発足させ，卸売流通のみ
　　ならず小売流通の系列化にも本格着手したが，その動きは，さらに他の家
　　電メーカーのあいだにも広がった（1957年には日立製作所が，1958年には
　　東芝とシャープが，1959年には三洋電機が，それぞれ系列小売店制度を導入し
　　た）。
(4)　上記のような経緯をふまえて松下電器は，1963年までには，ほぼ図15-
　　1にあるような流通組織を作り上げた。
(5)　その後，1964～65年ごろには不況の影響で系列卸売店や系列小売の

117　橘川武郎「『消費革命』と『流通革命』」東京大学社会科学研究所編『20世紀システム3　経済
　　成長Ⅱ　受容と対抗』東京大学出版会，1998年，122-128頁参照。

ケース 15：松下幸之助　155

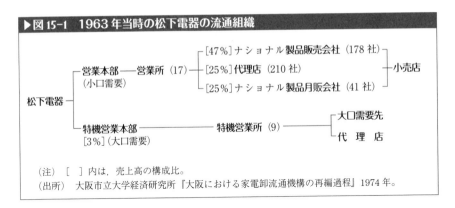

図 15-1　1963 年当時の松下電器の流通組織

（注）　[ ] 内は、売上高の構成比。
（出所）　大阪市立大学経済研究所『大阪における家電卸流通機構の再編過程』1974 年。

経営が悪化したため，それを機に家電メーカー各社は，販社・総代理店の整備（テリトリー制の導入など）と系列小売店の差別化とに重点をおいて，系列再建に取り組んだ。

(6)　一連の系列再建策の結果，「ほぼ 1970 年頃までに，メーカー・系列卸売店・系列小売店を結ぶ家電の流通チャネルは，大量生産を可能にする安定的・継続的な製品供給システムとしての機能を効率的に果たせるようになった」[118]。

このような推移から明らかなように，高度経済成長期に進展した家電メーカーの流通系列化のプロセスで主導権を発揮したのは，松下幸之助率いる松下電器（正式には松下電器産業，現在のパナソニック）であった。

❀「経営の神様」による「松下商法」

高度経済成長を彩ったのは「三種の神器」や「3C」[119]と呼ばれた耐久消費財であったが，それらは，家電製品と乗用車からなっていた。高度成長期日本の家電メーカーの代表的経営者としては松下幸之助[120]を，自動車メーカーの代表的経営者としては本田宗一郎を，それぞれ挙げることができる。日本最大の家電メーカー松下電器産業を一代で築き上げた松下幸之助は，量産量販体制の

---

[118]　新飯田宏・三島万理「流通系列化の展開」三輪芳朗・西村清彦編『日本の流通』東京大学出版会，1991 年，110 頁。
[119]　カラーテレビ，クーラー，カーの総称。
[120]　松下幸之助に関する新しい評伝として，米倉誠一郎『松下幸之助』（ミネルヴァ書房，2018 年）が刊行された。

確立，事業部制の導入，適正利益の確保などを進め，「経営の神様」と呼ばれた。

松下幸之助は，『ダイヤモンド』1956年新年特大号の「新年の夢」のコーナーで，「三十一年こそは，（中略）わが国が真に大発展を成し遂げる第一年目だと思う」と語っている。この言葉どおり，昭和31（1956）年は高度成長元年となった。高度成長の主役は高度成長の始まりを，みごとに言い当てたのである。

松下幸之助と松下電器産業が高度成長の主役になりえたのは，「良い商品をより多くの人に，できるだけ安い値で買ってもらう」という「松下商法」を貫いたからである。『ダイヤモンド』1956年10月2日号に「松下幸之助氏——良品廉価で成功」と題するインタビュー記事を載せた河野重吉は，「『世の中が不景気になると，私の会社は，景気がよくなる』」，「松下氏の言葉は，この世間一般の常識と，正反対である。それが立派に通用するのは，わけがある」，「ナショナル[121]の製品は，安価である。世間が不景気になれば，個人の懐工合も悪くなる」，「だれでも，出来るだけ安いものを買い求めようとする。それでナショナルにとびつく。従つて，氏の会社が忙しくなるのである」，「いくら安くても，品物が悪ければ，いけない。ナショナルは，値が安くて，その上，品質がすぐれている。世間が不景気になると，自分の会社は景気がよくなるとはこのことである」と書いている。

製品価格の引下げこそ，高度経済成長を牽引した耐久消費財普及の鍵を握る要素であった。「経営の神様」松下幸之助は，まさに製品価格引下げの体現者だったのである。

❖ 戦前の松下幸之助

ここで改めて，松下幸之助の生涯を振り返ることにしよう。

松下幸之助は，1894（明治27）年に，和歌山県海草郡和佐村（現在の和歌山市）で生まれた。中流の地主であった父親が米相場に失敗し破産したのに続いて，兄，姉，父，母が相次いで死亡する不幸に遭遇した。尋常小学校を4年で中退し，大阪へ奉公に出たあと，16歳で大阪電灯に就職した。「一五歳のときには，たまたま大阪市内を走っている路面電車を見て，その便利さに感銘し，

---

121 松下電器産業のブランド。

これからは『電気の時代』だと予感した。これが『電気の仕事』に転じる機会になった」[122] と言われている。

1917（大正6）年，22歳のときに松下幸之助は，大阪電灯を退職した。退職の「決断の引き金となったのは，自分なりのソケットの改良品をなんとか世に出したいという願いであった。仕事への創意工夫が，配線器具，ソケットの改良に熱中させたのである。苦心の試作品は完成したが，主任に採用されず，再度改良を提案したものの採用されないので，自信作だけに落胆も大きく，憤慨も激しかったのである」[123]。

松下幸之助は，1918年に松下電気器具製作所を設立した。幸之助は，次々とアイディアに満ちた実用的な商品を世に出した。「幸之助が最初の製品とした『アタッチメントプラグ』，またつづく最初の実用新案である『二灯用差込みプラグ』も，当時の顧客ニーズをふまえた製品開発である。さらに松下電器の成長の基礎をつくったといわれる，自転車用の砲弾型電池式ランプも，画期的であると同時に実用的な開発である。これをふまえた一般家庭用の角型ランプは，国民の必需品にと願って『ナショナル』の商標で販売し，乾電池ランプの代名詞にまでなっている」[124]。

「第一次大戦後の電化ブームの波に乗った」[125] 松下電気器具製作所は，「昭和二年（1927年──引用者注）に『誰でも買える電熱器』をコンセプトに，アイロン，コタツ，ストーブなどの分野に進出し，さらに昭和五年には『故障の起こらないラジオ』をテーマに，無線分野に事業を展開していく。（中略）これらはすべて，電化による大衆のための実用品，すなわち顧客志向の一業専念の態度──幸之助がいう専門細分化に徹して行く途である」[126]。

1932（昭和7）年，松下幸之助は，当時の従業員およそ1000名のうち200名を大阪・中央電気倶楽部に集め，「『生産に次ぐ生産により』すべての物資を『水道のように』安い価格で提供することこそ，自分たち『産業人の使命』であるという『水道哲学』を訴えた。幸之助の熱っぽい語り口は従業員をも奮い立たせ，会場は騒然としたという」[127]。幸之助の経営理念の根幹をなす「水道哲

---

122 中村清司「松下幸之助（松下電器産業）」佐々木編前掲『日本の戦後企業家史』21頁。
123 大森弘「松下幸之助」下川・阪口・松島・桂・大森前掲『日本の企業家（4）戦後篇』223頁。
124 同前227頁。
125 中村清司前掲「松下幸之助」23頁。
126 大森前掲「松下幸之助」227頁。
127 中村清司前掲「松下幸之助」25頁。

158　第 2 部　インクリメンタル・イノベーションの時代

学」の表明である。

　「水道哲学」を実践する形で松下電気器具製作所は、「早くから、一般家庭が
入手しやすい価格で品質の良い製品を普及させることに力を注」いだ。一方で、
「価格については『不当に高い利益も、少なすぎる利益も、ともに商売の正道
からはずれている』との観点から、取引先が適正利潤を確保できるように努力
し」た。松下幸之助は、「適正利潤に基づく価格で販売することは、メーカー、
販売業者の経営安定のためだけではなく、需要者にとっても買いやすく、しか
も安心して買えることになると確信した。そこで 1935 年 7 月から共存共栄の
理念に基づいて正価販売運動を展開した。『正価』とは、『適正価格』という意
味で、一般の『定価』と区別するための」松下電気器具製作所独自の呼称であ
った。続いて同社は、1935 年 11 月に、「共存共栄の理念を推し進めるために、
『連盟店制度』を実施した」[128]。

　松下幸之助は、1933 年、松下電気器具製作所に事業部制を採用し、1935 年
には同社を松下電器産業へ改組した。「松下電器産業株式会社に改組した
一九三五年一二月には、事業部門を分社化し、ラジオ、乾電池・ランプ、配線
器具、金属製品など子会社九社を傘下におさめ、従業員も総勢四〇〇〇名を数
える代表的な電器メーカーの一つになっていた。戦時になると、軍用無線機か
ら木造船さらに飛行機製作まで手がけ、終戦時には二万人を超える従業員と約
六〇の工場を擁していた」[129]。

❖ 戦後の松下幸之助

　終戦の翌日、松下幸之助は、焼け残った松下電器産業の本社の講堂に幹部社
員を集め、「直ちに民需産業に復帰するとの方針を明示した」。続いて 4 日後の
1945（昭和 20）年「8 月 20 日には『全従業員に告ぐ』との通達を出し、『生産
こそ復興の基盤である。わが社の伝統精神を振起し、国家再建と文化宣揚に尽
くそう』と訴えた」[130]。

　しかし、松下電器産業の生産復興はすんなりとは進まなかった。翌 1946 年

---

128 以上の点については、パナソニック株式会社ホームページ「企業情報、歴史、社史」の「1935
　　年（昭和 10 年）　共存共栄の理念に基づいて」、参照。

129 中村清司前掲「松下幸之助」23-24 頁。

130 以上の点については、パナソニック株式会社ホームページ「企業情報、歴史、社史」の「1945
　　年（昭和 20 年）　民需生産の再開を決意」、参照。

に，同社が制限会社・財閥企業に指定され，松下幸之助自身も公職追放の対象とされたからである。

ただし，「幸之助の公職追放は，結成したばかりの労働組合と代理店の代表者が除外嘆願運動を行ったこともあって翌年に解除され，財閥指定についても，粘り強い抗議を続けた結果，四九年暮れに解除となった。このとき労働組合では幸之助の追放反対を全員一致で決議し，一万数千人の陳情書を抱えた代表が約一〇日間東京に滞在し，GHQや日本政府に陳情を繰り広げた」[131]。労働組合が先頭に立って経営者の公職追放解除に奔走したことは，労使対立が激化していた終戦直後の日本においては，異例の出来事であった。とくに争議が深刻化し生産現場の混乱が続いた東芝の場合と比べれば，対照的ですらあった。松下幸之助のリーダーシップのもとで労使関係が良好であったことは，終戦後における松下電器産業の相対的に早い生産復興を可能にした。

1950年に松下幸之助は，松下電器産業の「再建」を内外に宣言した。そして，1951年にアメリカ視察に出かけ，1952年にはオランダのフィリップス社と技術提携するなど，おりから始まった電化ブームの先頭に立った。なかでも幸之助が力を入れたのは，販売体制の再構築であった。パナソニック（2008年に松下電器産業から社名変更）のホームページに掲載されている「社史」は，次のように述べている。

「1950年の再建声明以前から，将来の積極的な事業展開を目指して販売力，技術力，製造力の強化に着手していた。

販売については，1950年に販売会社制度を一部の地区で発足させる一方，翌年には本社の営業スタッフ部門の整備と営業出先機関の増設を進めた。販売会社の設立は1959年ごろまで，全国各地で積極的に推進された。

これと並行して，1951年から月販会社の設立も開始された。この月販会社は当初はラジオだけを対象として発足したが，その後ラジオ以外の大型商品も取り扱うようになる。

また販売店組織の復興も始まった。1949年には連盟店制度が復活，一部地区では有力連盟店による親睦組織『ナショナル会』が結成され始め，のちの『ナショナル店会』へ発展していく」[132]。

---

131 中村清司前掲「松下幸之助」29頁。

132 パナソニック株式会社ホームページ「企業情報，歴史，社史」の「1951-54年（昭和26-29年）販売会社，月販会社を設立」，参照。

160　第2部　インクリメンタル・イノベーションの時代

熱海会談を開催し，意見交換を行う松下幸之助（1965 年）
（時事通信フォト提供）

　松下電器産業の「販売力，技術力，製造力の強化」に符節を合わせたかのように，1950 年代半ばから日本経済の高度成長が始まった。家電製品の大量生産，大量販売の体制を整えつつあった同社は，「消費革命」と高度成長を牽引する役割をはたすことになった。
　松下幸之助は，家電製品の普及とともに発展を続ける松下電器産業の先頭に立った。そして，同社の経営が軌道に乗った 1961 年に社長から会長に転じ，いったん第一線から退いた。
　ところが，白黒テレビ，電気洗濯機，電気冷蔵庫などの普及が一巡した 1960 年代半ばに，状況の変化が生じた。「家電市場では再び販売競争が激しくなり，流通在庫が増加し，系列販売の価格支配力が低下した。六四年には松下電器の販売代理店一七〇社のうち一五〇社近くが赤字経営に陥り，代理店の松下に対する不満が高まった」[133]。ことここにいたって，松下幸之助は，1965 年 7 月に，全国の代理店や販売会社の社長を熱海に招き，懇談会を開いた。この懇談会について中村清司は，以下のように記している。
　「のちに『熱海会談』と呼ばれることになるこの会で，三日間延べ一三時間立ち続けて不満の声に耳を傾けた幸之助は最後に，『共存共栄』の理念か

---

[133] 中村清司前掲「松下幸之助」33 頁。

ら松下電器としての反省を口にし，感極まって涙した。幸之助の涙は聞く者たちの涙をさそい，とげとげしかった会場の雰囲気を一変させたという。そして営業本部長代行として第一線に復帰した幸之助は，全国的な販売会社の設立，代理店・小売店の地域制と現金決済の徹底などからなる新販売体制を実現した。代理店主たちの気持ちを一気につかんだ熱情と販売体制再構築の先頭に立った実行力には，六九歳の衰えは見られなかった」[134]。

「熱海会談」ののち松下幸之助の陣頭指揮のもと，松下電器産業は息を吹き返し，再び成長軌道に乗った。幸之助のリーダーシップに対する称賛の声が改めて高まり，「経営の神様」という評価は不動のものとなった。

松下幸之助の生涯を振り返ると，「水道哲学」を提唱したときも，終戦直後に民需復帰を宣言したときも，「熱海会談」で販売体制再構築を訴えたときも，ステークホルダーに真摯な姿勢で直接よびかけ，大きな感動を生んで，状況を変革したことが印象的である。略伝を書いた大森弘は，幸之助のことを「内省的企業家」と呼んでいる[135]。同じく中村清司の略伝にも「内省と発言」という副題がついている[136]。幸之助の「内省」にもとづく「発言」は多くの人々の共感を呼び，その共感は，経営の世界を超えて社会全体に広がったのである。

松下幸之助が社会的影響力を発揮した事例として，二つの組織を設立したことを挙げることができる。PHP 研究所と松下政経塾が，それである。

このうち PHP 研究所の設立について大森弘は，次のように述べている。

「戦後の社会的な混乱のなかにあって，企業そのものとしても，また個人としても，苦悩の時期をむかえたとき，幸之助は企業家としてだけでなく，むしろ個人として，社会人として，どうあるべきかを自らに問い，内省的な思索のうえに，実業人らしく行動をはじめる。昭和二一年（1946 年――引用者注）一一月の PHP 研究所の創設がそれである。敗戦直後の社会的・経済的な混乱に直面して，まさに“やむにやまれぬ気持で”はじめたことであるという。それは，世の衆知を集めつつ，人間とはどういうものかということの研究，そしてどうすればお互い人間の真の繁栄，平和，幸福というものを実現していくことができるのかということについての研究，そしてもろもろ

---

134 同前 33 頁。

135 大森前掲「松下幸之助」254 頁。

136 中村清司前掲「松下幸之助」17 頁。

162　第2部　インクリメンタル・イノベーションの時代

の繁栄方策の提言といった活動をめざすものであった」[137]。

　なお，PHP とは，Peace and Happieness through Prosperity（繁栄によって平和と幸福を）という英語の頭文字をとったものである。

　もう一つの松下政経塾は，「私財七〇億円をもって財団法人化し」，1979 年に設立された人材養成機関である。同塾からは，多くの政治家・経済人が輩出している。

　「消費革命」の仕掛け人として，高度経済成長を牽引した松下幸之助は，1973 年に松下電器産業の会長を退いた。彼がこの世を去ったのは，1989（平成元）年のことである。

ケース 16：井深大・盛田昭夫・本田宗一郎・藤沢武夫／「世界のソニー」「世界のホンダ」の革新性

❖ 世界のソニー，世界のホンダ

　第二次世界大戦の敗戦から戦後復興期を経て高度成長期にいたる時期の日本では，数多くの企業家が活躍した。製造業に携わった企業家だけに絞ってみても，すでに取り上げた出光興産の出光佐三や松下電器産業の松下幸之助のほかにも，サントリーの佐治敬三，ブリヂストンタイヤの石橋正二郎，キヤノンの御手洗毅，三洋電機の井植歳男，早川電機の早川徳次，そしてソニーの井深大と盛田昭夫，本田技研の本田宗一郎と藤沢武夫など，多士済済のメンバーがすぐに並ぶ。これらの企業家は，とくに戦後復興期から高度経済成長期にかけて，日本の経済成長のリーダーとしての役割をはたした。そして，彼らの活躍した事業分野がいずれも消費財産業であったことも，注目に値しよう。

　復興期から高度成長期にかけての企業家の相次ぐ活躍は革新的企業者活動の継起とみなすことができるが，この革新的企業者活動の継起については，次の二つの論点を解明する必要がある。それは，

(1)　当時の日本では企業者活動にとってのビジネス・チャンスがいかに広がったか（別言すれば，革新的企業者活動の客観的条件は何か），

137　大森前掲「松下幸之助」254 頁。

(2)　広がったビジネス・チャンスを特定の経営者だけが活かしえたのはなぜ
　　か（別言すれば，革新的企業者活動の主体的条件は何か），
という2点である。本ケースでは，世界のソニーとホンダを生み出した4人
の企業家の行動をまとめて振り返り，この二つの論点について考察する[138]。

　とくにソニーと本田技研を選ぶのは，①戦前から存在していた松下電器等の
他の会社と違って，完全に戦後，設立された会社であること，②国内はもとよ
り，世界中でよく知られた，日本を代表する国際企業であること，などによる。
なお，検討対象とする時期は，両社が創設された終戦直後から，世界企業への
変身をはたした高度経済成長期の終わり（具体的には1960年代末）までとする。

❖4人のプロフィール

　このケースに登場する4人の企業家のうち井深大は，1908（明治41）年4月，
栃木県上都賀郡日光町（現在の日光市）に生まれた。早稲田大学電気工学科を
卒業後，東宝映画傘下のPCL（写真化学研究所）や日本光音工業の社員を経て，
戦時下の1940（昭和15）年11月に日本測定器（株）を設立した井深は，その
ころ出会った海軍技術者の盛田昭夫らと，戦後の1946年5月に，ソニーの前
身である東京通信工業を創立した。東京通信工業は1958年1月に社名をソニ
ーと変更し，井深は，1950年11月から同社社長，71年6月から会長を務め，
97年12月に死去した。

　一方，盛田昭夫は，井深大より遅れること13年，1921（大正10）年1月に
愛知県名古屋市で生まれた。大阪帝国大学物理学科を卒業後，ただちに海軍技
術見習尉官となり，ほどなく海軍中尉に昇進した盛田は，戦後，東京通信工業
の創設に参加し，技術面を井深が，営業面を盛田が担当する名コンビで，ソニ
ーを世界的企業に成長させた。盛田は，1959年12月にソニーの副社長となり，
71年6月からは社長，76年1月からは会長を務め，99年10月に死去した。

　他方，本田技研工業（以下，適宜，本田技研）の創設者の本田宗一郎は，
1906（明治39）年11月，静岡県磐田郡光明村（現在の浜松市）に生まれた。高
等小学校卒業と同時に，東京の自動車修理工場アート商会に奉公して機械技術

138　以下の記述は，橘川武郎・野中いずみ「革新的企業者活動の継起——本田技研とソニーの事
　　例」由井常彦・橋本寿朗編『革新の経営史』有斐閣，1995年，をもとに，必要な改稿を加えた
　　ものである。なお，本田宗一郎については，伊丹敬之『本田宗一郎』ミネルヴァ書房，2010年，
　　伊丹敬之『人間の達人　本田宗一郎』PHP研究所，2012年，が詳しい。

164　第2部　インクリメンタル・イノベーションの時代

を体得した宗一郎は，1934 年にはピストンリング製造の東海精機を設立した。戦後の 1946 年 10 月，浜松市に本田技術研究所を設立して再出発し，2 年後の1948 年 9 月に同研究所を本田技研工業に改組した。本田宗一郎は，創立時から同社の社長を務め，1973 年 10 月に，副社長の藤沢武夫とともに，「鮮やかな退き際」と言われた引退をしたのち，1991 年 8 月に死去した。

　本田宗一郎のパートナーとして，日本経営史における「最良のナンバー・ツー」とされる藤沢武夫は，本田宗一郎より遅れること 4 年，1910（明治 43）年11 月に東京府東京市小石川区（現在の東京都文京区）で生まれた。京華中学校を卒業後，1939 年 4 月に日本機工研究所を設立した藤沢武夫は，戦後，人を介して本田宗一郎に出会い，意気投合して，1949 年 10 月に常務として本田技研工業に入社した。1964 年 4 月に副社長となった藤沢武夫は，入社後一貫して本田技研工業の営業，経理，人事を統括し，技術，開発を統括した本田宗一郎と「ツーマン経営」を展開した。本田宗一郎とともに 1973 年に引退した藤沢武夫が死去したのは，1988 年 12 月のことであった。

❈1946 年の創立と初期の製品・販売戦略の共通性

　戦後復興期から高度経済成長期にかけてのソニーと本田技研の足跡を振り返ると，そこには，驚くべき同時性と共通性が存在することに気がつく。それらは，四つの点にまとめることができる。

　第 1 は，会社創立の同時性と初期の製品戦略，販売戦略の共通性である。

　ソニーの前身である東京通信工業（以下，東通工と略す）と本田技研の前身である本田技術研究所は，いずれも 1946 年に，東京と浜松で設立された。創立当初は両社とも町工場の域を出ないほどの規模であり，東通工の従業員数は二十数名[139]，現在の社名である本田技研工業株式会社に改名した 1948 年当時の本田技研の従業員数は 34 名[140]にとどまった。

　井深大は，東通工の設立趣意書のなかで，技術力を活かして既存の大規模電機メーカーが手をつけない新製品を開発することを強く打ち出した。これが，創立当初からの東通工のエネルギー源であり，基本的な製品戦略であった。

---

[139] ソニー株式会社『ソニー創立 40 周年記念誌・源流』1986 年，24 頁，およびソニー株式会社『ソニー創立 50 周年記念誌「GENRYU 源流」』1996 年，26 頁参照。

[140] 本田技研工業株式会社『社史』1955 年，「従業員数の推移」（頁表記なし），および本田技研工業株式会社『語り継ぎたいこと　チャレンジの 50 年』1999 年，7 頁参照。

ケース**16**：井深大・盛田昭夫・本田宗一郎・藤沢武夫　165

「既存の大規模電機メーカーが手をつけない新製品」の第1号として，東通工の成長の起爆剤となったのは，テープレコーダーであった。東通工創設の中心メンバーであった井深と盛田昭夫はともに技術者であったが，テープレコーダーの発売を機に，井深が技術開発，盛田が製品販売を担当するという，大まかな役割分担ができあがった。

1950年8月，東通工は，日本初のテープデッキとテープを開発し，テープレコーダーG型として市販を始めた。東通工のテープレコーダー開発のきっかけとなったのは，占領軍の関係者からテープレコーダーをみせてもらった井深大が，強い関心を示したことであった。幾多の困難を経て商品化されたテープレコーダーG型は，公務員の初任給が5500円（1951年）だった時代に，価格は16万円，重量は45kg，という代物であった[141]。高価格，重量の大きさ，新製品，これら三つの要件が災いして，発売後1カ月たち，2カ月たっても，日本初のテープレコーダーが売れる気配はなかった。やっと最初の1台が売れたのはしばらくたってからのことであり，買い手は東京・八重洲のおでん屋だった。その後，東通工は，当時，速記者の不足に悩まされていた裁判所に対してテープレコーダーG型の売込みを強め，最高裁判所に20台販売することに成功した[142]。

しかし，テープレコーダーG型の価格と重量では市場開拓に限界があることを痛感した後，東通工は，G型を小型軽量化し，価格も約半分に抑えたH型テープレコーダーを製作し，1951年3月に発売した。H型は，学校における聴覚教育用として使用可能な価格と性能をもったテープレコーダーであった。占領下の当時，「アメリカ側は正しく聞き正しく話すことを学ぶ事が，とりわけ語学の勉強が重要であることを強調した」[143]ので，教室でのテープレコーダーの使用は，学校の側にとっても有益だった。井深大によれば，1台8万円のH型テープレコーダーの販売により，東通工は，「会社の資金ぐりがいっきょに楽になり，開発費も豊富に出せるようになった」[144]のである。

東通工の初期のテープレコーダーは，家庭用ではなく，業務用（裁判所，学

---

141 ソニー株式会社前掲『ソニー創立40周年記念誌・源流』66頁参照。

142 井深大『わが友本田宗一郎』ごま書房，1991年，117頁参照。

143 川邉信雄「ソニーのマーケティング戦略（1945-79年）」『広島大学総合科学部紀要I』第14巻，1988年，144頁。

144 井深前掲『わが友本田宗一郎』118頁。

校など）が中心であった。テープレコーダー G 型の G は Government の略であったことからも，そのことを窺い知ることができる。盛田昭夫は，自ら小学校などに赴き，テープレコーダーの操作方法を教えながら，販売に力を入れた。こうして東通工は，従来，存在しなかった新商品の市場を開拓し，その市場で製品の使い方を教える，市場の教育を行った。別の言い方をすれば，市場を教育しない限り，新製品のための市場を開拓することはできなかったのである。新製品の発売にともなう市場の教育は，トランジスタ・ラジオやビデオデッキのケースでも繰り返され，東通工のその後の成長過程に継承されていった。

一方，本田技術研究所は，自転車につける補助エンジンである A 型エンジンの生産から事業を開始した。同研究所設立から 1 年後の 1947 年 11 月のことである。この A 型エンジンは，そのエンジン音から通称「バタバタ」と呼ばれた。

本田技研にとっての初めての本格的なオートバイ，ドリーム号 D 型（2 サイクル，98cc）の生産は，1949 年 8 月に始まった。奇しくも，東通工がテープ用ヘッド，テープ式磁気録音機の試作に成功したのと，同年同月のことである。二輪車の車体とエンジン，これらの双方を生産するメーカーは当時の日本には存在せず，ドリーム号 D 型の発売によって本田技研は，これら双方を生産する最初のメーカーとなった。

ドリーム号 D 型は，改良を加えられ，1951 年 10 月にドリーム号 E 型として販売される。このドリーム号 E 型は，本田技研を成長軌道に乗せる主力製品となった。技術的側面をみると，ドリーム号 E 型は，多くの他社製品のような 2 サイクル・エンジンではなく，排気音がソフトで排気煙が出ない 4 サイクル・エンジンを使用し，しかも，オーバー・ヘッド・バルブ（OHV）・エンジンを採用した点に特徴があった。

ピストン 1 往復で吸入・圧縮・爆発・排気の 4 工程を行うのが 2 サイクルであり，ピストン 2 往復でこれら 4 工程を行うのが 4 サイクルである。4 サイクルには，2 サイクルに比べて，排気音がソフトである，排気煙が出ない，燃料効率がよい，オイル消費が少ない，始動性がよい，などのメリットがあった[145]。また，4 サイクル（ストローク）車の生産に際して，同業他社のようにサ

---

145 以上の点については，本田技研工業株式会社『ホンダの歩み　1947〜1975』1975 年，9 頁参照。

イドバルブ方式をとらず，OHV を採用した点に本田技研の新しさがあった[146]。

　ドリーム号 D 型やドリーム号 E 型の商品化は，創立直後から本田技研が，東通工の場合と同様に，他のメーカーが手をつけていない分野に進出するという製品戦略をとっていたことを示している。

　本田宗一郎は，技術面では十分な自信があったが，営業面では「素人」であり，販売を任せられる人材を探していた。友人の紹介によって宗一郎は藤沢武夫と出会い，1949 年に藤沢は本田技研に入社した。ドリーム号 E 型に続き本田技研は，1952 年 6 月に自転車補助エンジン F 型カブ（以下，カブ）を発売したが，「赤いエンジン，白いタンク」で有名になったカブの販売網を形成したのは，藤沢であった。それまで本田技研の製品は，同業他社と同様に代理店を通じて販売されていたが，「代理店だけに頼っていたのでは，（中略）流通のパイプがつまってしまう」と判断した藤沢は，「どうしても大きな流通網を考えなくてはならない」との結論に達した[147]。藤沢が着目したのは，オートバイの小売店（当時，全国で 300〜400 店）よりはるかに数の多い自転車店であった。カブの発売に際して，藤沢は全国 5 万 5000 店の自転車販売小売店に手紙を送り，カブの販売店になることを勧めた。そして，結局，1 万 5000 店の自転車店がカブを取り扱うことになった[148]。このように本田宗一郎が技術を受け持ち，藤沢武夫が販売と財務を担当するという，本田技研のトップマネジメント内部の役割分担は，早い時期に形成されたのである。

　以上述べてきたことから，東通工と本田技研の初期の販売戦略には，ある種の共通性があったと言える。それは，メーカーが製品販売に積極的に関与することを通じて，新たな市場を開拓するという，共通性である。盛田昭夫による市場の教育や藤沢武夫による販売網の形成は，そのことを端的に示している。また，そもそも，盛田や藤沢のように，販売を担当するトップマネジメントが早い時期に登場したことも，重要な共通性だと言うべきであろう。

❖1952 年の海外出張と差別化投資

　第 2 は，会社創立からわずか 6 年後の 1952 年に両社のトップが重要な海外

146　本田技研工業株式会社前掲『語り継ぎたいこと』24 頁参照。

147　藤沢武夫『松明は自分の手で』産業能率短期大学出版部，1974 年，14 頁。

148　本田技研工業株式会社前掲『ホンダの歩み』10-12 頁，および本田技研工業株式会社前掲『語り継ぎたいこと』25-26 頁参照。

168　第2部　インクリメンタル・イノベーションの時代

出張を行った同時性と，それがいずれも決定的な差別化投資につながった共通性である。

　東通工では，1952年4月に井深大が，テープレコーダーの市場調査のためアメリカに渡った。井深にとって本来の渡米の目的は，テープレコーダーがアメリカでどのように使用されているかを，市場調査することにあった。井深の予想に反して，アメリカの学校等ではテープレコーダーがそれほど使われておらず，テープレコーダーの普及という点では，かえって日本の方が先行していると感じられるほどであった。テープレコーダーの市場調査は実りがなかったものの，この渡米で井深は，技術者としての鋭い感性を働かせて，本来の目的とは別の大きな収穫を得ることになった。アメリカのベル研究所でトランジスタが開発されたことを知ったのが，それである。

　井深の渡米は，東通工が「世界のソニー」へ飛躍していく契機となる差別化投資，つまりトランジスタ特許の購入とトランジスタ・ラジオの開発につながっていった。井深の渡米の翌年にあたる1953年，今度は盛田昭夫がアメリカを訪れ，ベル研究所の親会社であるウエスタン・エレクトリック社と，トランジスタ特許の使用に関する契約を締結した。このころアメリカでは，トランジスタは補聴器にしか使用できないのではないかと思われていたが，井深は，補聴器では主力製品になりえないと判断し，トランジスタの新しい使い方，すなわちトランジスタ・ラジオの開発に力を入れた。

　実は，井深大は，東通工の創設時には，当時の花形製品であるラジオの製造に反対する意見をもっていた[149]。それは，大手メーカーが鎬を削る大型で電源コードのついた「1家に1台」のラジオの生産に参入しても，とても勝ち目がないと考えたからであった。しかし，アメリカでトランジスタに関する情報を入手してからの井深は，ラジオのパーソナル・ユース，つまり，小型で電源コードが不必要なため持運びができる「1人に1台」のラジオに注目するようになった。

　「果たして，物になるかどうかもわからないトランジスタに，東通工は当時の会社規模としては，思いも及ばないほどのお金と尽力をかけてスタートし」，「とにかく，お金がかかった」[150]が，三井銀行五反田支店と同行本店審査部を説

149　山名一郎『ソニー流商品企画術』こう書房，1992年，24頁参照。

150　ソニー株式会社前掲『ソニー創立40周年記念誌・源流』127頁。

得して，やっとの思いで必要な規模の融資を受けることができた。

　東通工は，日本初のトランジスタ・ラジオ TR-55 を 1955 年 8 月に，世界最小のポケット型トランジスタ・ラジオ TR-63 を 1957 年 3 月に，それぞれ発売し，好評を博した。これらの製品は，1955 年 2 月に決定した方針にもとづき，いずれも「SONY」のマーク付きで販売された。東通工にとって本格的輸出品の一番手となった TR-63 は，"ポケッタブル・ラジオ" という新しい英語を生み，ソニーのブランド名を世界に広める役割をはたした。

　一方，本田技研の本田宗一郎は，井深が渡米したのと同じ年の 1952 年 11 月，アメリカとヨーロッパを訪れ，総額 4 億 5000 万円の工作機械を自ら買い付けた。いずれも最新鋭のこれらの機械は，1953〜54 年に，量産体制の確立へ向けて本田技研が埼玉県下（白子・大和）や静岡県下（葵）に新設した各工場に，次々と配備された。1952 年の宗一郎の海外出張は，本田技研が二輪車トップ・メーカーの座を確保するうえでキー・ポイントとなった差別化投資と，直結するものだったのである。

　占領下で継続されていた燃料統制が解除されたことを受けて，1950〜51 年ごろには，浜松だけで 29 社，全国では 100 社以上のオートバイ・メーカー（二輪車メーカー）が乱立するする状況が生まれた。1950 年の本田技研の生産台数は全国の二輪車メーカー中第 5 位にすぎなかったが，ドリーム号 E 型を発売した翌 1951 年には第 3 位となり，1953 年から国内第 1 位となる。この間に本田技研は，総額 4 億 5000 万円の工作機械の購入を決定し，白子工場等を建設したのである。次に言及する 1954 年の経営危機により，1955 年には第 1 位の座を東京発動機に一時的に奪われたものの，早くも 1956 年に本田技研は再び国内生産台数第 1 位となり，以後，今日まで第 1 位の座を保持している[151]。

　ところで，1953 年から 1954 年にかけて白子（1953 年 4 月），大和（1953 年 7 月），葵（1954 年 4 月）の各工場を次々と完成させ，量産体制を整えた本田技研は，1954 年に会社存亡の危機を迎えた。まず，同年 1 月，本田技研がスクーターのジュノオ号を発売すると，オーバー・ヒートなどのトラブルが続出した。ジュノオ号の発売は，既存のスクーター市場への本田技研の参入を意味したが，新機軸を打ち出すため導入したプラスチック成形が思わぬ欠陥を生み出

---

[151] 以上の日本のオートバイ市場におけるメーカー間競争に関する記述は，富塚清『オートバイの歴史』山海堂，1980 年，81-82，125-127，176-184 頁による。

170 第2部 インクリメンタル・イノベーションの時代

した。空冷エンジンをプラスチックで覆ったために，エンジン冷却に問題が生じ，オーバー・ヒートが多発したのである。また，自転車の補助エンジンのカブも，他社が類似製品を販売しはじめた影響を受けて，同じころに売行きが芳しくなくなってしまった。さらに，主力製品であったドリーム号についても，200cc から 225cc にパワーアップした途端に，クレームが続出し，売上が落ちた。月商 10 億円であれば，4 億 5000 万円の工作機械の購入費用と，白子工場，大和工場，葵工場の建設関連費用を賄えると計算していた藤沢武夫の計画は，本田技研の月商が 5 億円未満となった当時の状況のもとでは，成り立たなくってしまった。

　1954 年不況と呼ばれた当時の経営環境のもとで，ジュノオ号，カブ，225cc のドリーム号のトラブルや売上減少が集中的に生じたことは，本田技研にとって，会社存亡の危機に直面したことを意味した。この危機を克服するため，本田宗一郎と藤沢武夫は，両者の役割分担にもとづき，それぞれエンジニアとビジネスマンとして，両輪の輪のように精力的に活動した。宗一郎は，寝食を忘れて，225cc にパワーアップしたドリーム号になぜトラブルが生じたのか，原因の究明に努めた。一方，藤沢は，自転車に補助エンジンを取り付けたモーターバイクの時代は終焉を迎えたと判断し，カブの生産を停止して，輸入したばかりの工作機械の一部を神戸製鋼に売却した[152]。さらに，藤沢は，宗一郎がドリーム号のクレームの原因をつきとめるまでのあいだ，パワーアップした 225cc のドリーム号の生産を一時的に停止し，代わりに旧製品の 200cc のドリーム号を 5 月の連休中に集中的に生産して，急場の資金繰りを確保する方針をとった。前年の 1953 年に結成されたばかりの本田技研の労働組合は，藤沢のこの方針に協力することを決め，「200cc ドリーム号の増産に労使一体となった全力が投入された」[153]。

　しかしながら，工作機械の一部売却と 200cc の旧型ドリーム号の緊急生産だけでは，本田技研が 1954 年の非常事態を乗り切ることは不可能であった。そこで，藤沢は，三菱銀行に融資を依頼することを決断した。その時点まで本田技研は，工場建設や設備購入にあたって，銀行融資に大きく依存することはなかった。それどころか，カブの売上代金は各地の販売店から三菱銀行京橋支店

---

152 山本祐輔『藤沢武夫の研究』かのう書房，1993 年，111-127 頁参照。
153 本田技研工業株式会社前掲『ホンダの歩み』21 頁。

に振り込まれており，本田技研は巨額の資金を預ける同行にとっての上客であった[154]。本田技研からの融資依頼を受けた三菱銀行京橋支店の鈴木時太支店長は，融資を実現するため，同行の内部で，「自分の信じるところを重役に積極的に説明」[155]した。鈴木の協力もあって，本田技研は，三菱銀行から2億円の融資を受けることができた。

さらに，藤沢は，本田技研の部品納入メーカーの代表者300名を集め，しばらくのあいだ部品代を払えないこと，部品を発注できないこと，などを説明した。その際，藤沢は，これは無理な懇請であり，部品メーカーの一部が本田技研を見限ってもいたしかたないという心情であったという。たしかに数社の部品メーカーは本田技研から離れていったが，大方の部品メーカー代表者は，ここまで成長できたのは本田技研のおかげであり，今後も同社とともに歩んでゆくとの意思表明をしたのである[156]。

そうこうするうちに，本田宗一郎は，ついに225ccのドリーム号に対するクレームの原因がキャブレターにあることをつきとめ，まもなく問題を解決した。こうして，「ツーマン経営」を担う宗一郎と藤沢の2人の活躍によって，本田技研は，同社最大の危機を乗り越えることができた。既述のように，本田技研のオートバイ生産台数は，1956年以降，一貫して国内メーカー中第1位を占めるようになったのである。

❖1957～58年からの海外市場への本格的進出

第3の同時性と共通性は，両社とも，1957～58年から海外市場へ本格的に進出し，会社創立から十年余にして早くも国際企業となったことである。①1957年3月に東通工が「本格的輸出の第一号」[157]となるトランジスタ・ラジオTR-63を発売すると，翌1958年8月に本田技研も「輸出の花形」[158]となるスーパーカブを発売したこと，②1959年6月に本田技研がアメリカ・ホンダを設立すると，翌1960年2月にソニー（東京通信工業が1958年1月に社名変更）もソニー・コーポレーション・オブ・アメリカを設立したこと，③1961年6

---

154 cf. Sakiya, Tetsuo, *Honda Motor: The Men, The Management, The Machines*, Kodansha International Ltd., 1982, p. 87.

155 西田通弘『語りつぐ経営　ホンダとともに30年』講談社，1983年，66頁。

156 cf., op. cit., Sakiya, *Honda Motor*, pp. 96-97.

157 ソニー株式会社前掲『ソニー創立40周年記念誌・源流』329頁。

158 藤沢前掲『松明は自分の手で』71頁。

172　第2部　インクリメンタル・イノベーションの時代

月にソニーが日本企業として初めて ADR（アメリカ預託証券）を発行すると，翌 1962 年 12 月に本田技研も ADR を発行したこと，などが示すように，両社の国際化は踵を接して進行した。

　ソニーの「成長過程は，企業としての国際化と平行して進んだ。というより国際企業を梃として，ソニーは今日の大企業への道を辿りえた」[159] と言われているが，同社にとっての本格的輸出商品第 1 号となったのは，東通工時代の 1957 年に発売したトランジスタ・ラジオ TR-63 であった。既述のように，同社は，「SONY」のマークを製品に付すことを 1955 年に決めたが，これは，英語圏の外国人にとって，「東京通信工業」ないし「東通工」と発音することが困難であるために講じた措置であった。東通工は，ソニーというブランド名を海外市場で浸透させることに，とくに力を入れた。同社が 1955 年 1 月に試作したトランジスタ・ラジオ TR-52（国連ビル型ラジオ）について，アメリカの大手時計会社ブローバー社から 10 万台もの引合いがあったときも，喉から手が出るほどほしい注文であったにもかかわらず，盛田昭夫は，ソニーのブランド名が使えないとの理由で，これを断った[160]。1958 年に，社名を正式にソニー株式会社に変更したのも，ブランド名を国際的に浸透させようという意図によるものであった。トランジスタ・ラジオの活発な輸出を通じてソニーというブランド名がアメリカ市場に浸透していくなかで，1960 年，ソニー（株）は，現地法人の販売会社ソニー・コーポレーション・オブ・アメリカを設立した。そして，1962 年 9 月には，ニューヨークの一等地に，「五番街の日章旗」[161] と呼ばれたショールームをオープンした。

　ソニーは，1961 年に，自社株式を，日本企業としては最初の ADR として，アメリカで一般公募し，好評を得た。これは，同社にとっては海外における直接金融の道を開くものであったが，別の角度からみれば，アメリカ市場がソニーを一流の国際企業として認知したことを意味するものでもあった。ソニーの株式は，1970 年 9 月，ニューヨーク証券取引所に上場された。

　一方，本田技研も，早い時期から，企業の国際化に取り組んだ。「一昨年（昭

159　加納明弘『ソニー新時代』プレジデント社，1982 年，1 頁。

160　ソニー株式会社前掲『ソニー創立 40 周年記念誌・源流』142 頁，およびソニー株式会社前掲『ソニー創立 50 周年記念誌「GENRYU 源流」』84-85 頁参照。

161　前田和利「海外マーケティングの発展」中川・森川・由井編前掲『近代日本経営史の基礎知識［増補版］』379 頁。

和25年）は吾が社は浜松の本田技研であったが，現在では日本の本田になった。本年こそ，世界のホンダにならなければならない」[162]。この文章は，社内の『月報』第6号に掲載された本田宗一郎による「社長の希望」の一部であるが，ここでは，「本年」というのが，会社創立からわずか6年後の1952年である点に，注目する必要があろう。世界制覇を力説する宗一郎に当時の従業員は思わず失笑したという，エピソードも残されている。しかし，宗一郎は，経営危機が深刻化しつつあった1954年3月には，従業員や関係者を鼓舞する意味合いもこめて，オートバイの世界トップレースであるT. T.（Tourist Trophy）レースへの参戦を宣言した。1959年にT. T.レース初出場をはたした本田技研は，1961年以降，同レースで輝かしい戦績をおさめた。T. T.レースなどでの活躍が，二輪車メーカーとしての本田技研の国際的な知名度を一挙に高めたことは，言うまでもない。

　本田技研にとって，最初の本格的な輸出商品となったのは，1958年に発売した二輪軽量車のスーパーカブ（50cc，4.5馬力）であった。同社の会社史は，「スーパーカブは，発売直後から爆発的な売行きを示した。スーパーカブによって，当社は初めて近代的なマスプロ，マスセールの企業に入ったということができる」[163]と述べている。スーパーカブの販売に際して本田技研は，やはり自転車販売店を活用することに重点をおいて，日本国内での二輪販売網を再構築した。そして，1960年4月には鈴鹿製作所（三重県）を新設し，スーパーカブの量産体制を整えた。

　スーパーカブは，日本国内だけでなく，アメリカなどの海外でも好評を博した。アメリカ市場への売込みを進めたのは，1959年に設立された現地法人の販売会社アメリカ・ホンダ（アメホン）であった。アメホンは，スーパーカブの販売にあたって，有名な“ナイセスト・ピープル・オン・ホンダ（「すばらしき人ホンダに乗る」）”キャンペーンを展開した。当時の『ライフ』誌の記事「ホンダに恋したアメリカ」は，次のように述べている。

　　「ホンダはオートバイそのものに対する新しい考え方を生み出しました。長い間オートバイが連想された黒皮のジャンパーを着たラフな男達というありがたくないイメージは消え去り，ゆかいなイメージ，幸福なイメージ……つ

---

162 本田技研工業株式会社前掲『社史』42頁から再引用。
163 本田技研工業株式会社前掲『ホンダの歩み』50頁。

174　第**2**部　インクリメンタル・イノベーションの時代

いに多くのアメリカ人が受け入れることのできるイメージ……になったのです。つまりホンダの製品はオートバイに乗ること自体に社会的品位を与えたのです。今日では，ホンダは真にアメリカ市場を魅惑しました」[164]。

このようにアメホンの"ナイセスト・ピープル・オン・ホンダ"キャンペーンは，アメリカにおけるオートバイのイメージを一変させるほどの，衝撃的な効果をもたらした。「黒皮のジャンパーを着たラフな男達の乗り物」という従来のイメージを，「生活上手な人々のための便利な乗り物」という新しいイメージへ置き換えることに成功した本田技研は，巨大市場のアメリカで，「親しみやすいオートバイ」という事実上の新商品を生み出した[165]。そして，それとともに，ホンダのブランド名も，アメリカ市場で一挙に浸透した。ソニーに続いて本田技研は，1962年に，自社株式をADRとして，アメリカで一般公募するにいたったのである。

❖**1963～64年の既成大市場への参入**

第4の同時性と共通性は，両社とも，1963～64年に，それまでの事業分野の周辺に存在する既成の大規模市場に参入したことである。1963年の本田技研の自動車市場参入と，1964年のソニーのテレビ市場本格参入が，それである。

二輪車メーカーとして確固たる地位を築いていた本田技研が，自動車の製造に携わるようになった直接の契機は，1962年に特定産業振興臨時措置法案が準備されたことであった。この法案が可決されれば，新規参入が規制され，半永久的に自動車の製造ができなくなるおそれがあると判断した本田技研は，あわてて四輪車への進出を決めた。そして，1963年の8月と10月に，軽トラックT360と小型スポーツカーS500をそれぞれ発売して，自動車市場への参入をはたした。つづいて本田技研は，1967年3月には，同社にとって最初の本格的な四輪車と言える，軽乗用車N360の販売を開始した。

ホンダN360は，ライバル・メーカーの同種車スバル360やマツダキャロルに比べて低価格で，しかもスペース・ユーティリティに優れた車種だったため，発売2カ月後の1967年5月に早くも軽自動車のトップセラーとなり，1969年5月には国内届出台数が30万台を突破するにいたった（ただし，1969年6月に

164　本田技研工業株式会社前掲『ホンダの歩み』41頁から再引用。
165　本田技研工業株式会社前掲『ホンダの歩み』41頁，および本田技研工業株式会社前掲『語り継ぎたいこと』121-125頁参照。

欠陥車問題が発生したため，同年秋以降，ホンダ N360 の売行きは頭打ちとなった）[166]。さらに，本田技研は，1969 年 5 月に 1300 セダンを発売し，小型乗用車の製造にも乗り出した。

四輪車参入と並行して本田技研は，1964 年から 1968 年にかけて，モーター・レースの最高峰である世界グランプリ・レース F1（Formula One）部門に出場した。F1 への参戦は，四輪車メーカーとしての本田技研の国際的声価を高める役割をはたした。また，F1 は本田技研にとって「走る実験室」[167]であり，本田宗一郎によれば，レースに出場するための条件は大衆車を作るための条件と同じであった[168]。本田技研は，1964 年 11 月に埼玉県狭山に四輪車の主力工場を新設するとともに，1967 年 10 月には既存の鈴鹿製作所でも四輪車の生産を開始した（二輪車との並行生産）。

量産体制を整えた本田技研は，四輪車販売システムの確立にも力を注いだ。四輪車の販売面で重要な意味をもったのは，藤沢武夫が考案し，1964 年 7 月に建設が始まった SF（サービス・ファクトリー）である。

トヨタ自動車，日産自動車などの既存大手メーカーがすでにディーラー網を完備していた当時の状況のもとでは，新たに同種の販売網を構築することは困難であった。そこで藤沢は，今度は自社の二輪車販売店に本田技研の四輪車を取り扱ってもらう方針をとった。ただし，二輪車販売店の店舗面積では自動車の修理工場を新たに設置するのは難しいので，何店舗かの販売店が共同で使用できる整備修理工場を，本田技研の費用負担で各地に建設した。これが，サービス・ファクトリーである。さらに，自動車の展示すらできない面積の小さな二輪車販売店には，カタログとポスターのみを置いてもらい，幾店舗かの販売店共同の展示場と商談室を，これもまた本田技研の負担で建設した。1973 年に SF 方式が発展的に解消されるまで，二輪車販売店を活用した四輪車販売が続けられたのである。

一方，ソニーは，1964 年 9 月にクロマトロン方式のカラーテレビを完成させることによって，テレビ市場に本格参入した。同社はすでにマイクロ・テレビなどを手がけていたが，それらは，テレビ市場の特殊な一分野にすぎなかっ

---

166 吉田匠ほか『HONDA 360 STORY：小さな巨人　1963〜1974』三樹書房，1991 年，112-113 頁参照。

167 本田技研工業株式会社前掲『ホンダの歩み』63 頁。

168 NHK 取材班『技術と格闘した男　本田宗一郎』日本放送出版協会，1992 年，45 頁参照。

176 第2部 インクリメンタル・イノベーションの時代

た。カラーテレビを製造するにあたってソニーが採用したクロマトロン方式は，ライバル・メーカーの多くが使っていたシャドーマスク方式に比べて画像が明るいという特性があった。その反面，クロマトロン方式には，シャドーマスク方式よりも作業性が悪いという難点も存在した。井深大たちは，「ソニーはイノベーターだ。人と同じことをやっても仕方がない」[169]という自負心をもって開発に取り組んだが，成果はなかなかあがらず，「クロマトロンと心中ということになりかねない」[170]ほどであった。ようやく1964年にクロマトロン方式カラーテレビを完成させたものの，ソニーは，結局，別の方式を導入せざるをえなくなった。トリニトロン方式がそれであるが，同方式の開発にあたっては，クロマトロン方式の研究経験が，大いに役立った。1968年10月に販売を開始した新しいトリニトロン方式のカラーテレビは好評を博し，ソニーは，日本のテレビ市場での販売シェアを急速に増大させた。

ソニーは，テレビ市場への本格参入にともない，盛田昭夫のリーダーシップのもとで，ソニー・ショップを中心とする国内での流通系列化に乗り出した。この点については，次のようなことが言われている

「1965年ごろまでには，ソニーの国内販売は軒先販売と台頭してきた量産店に依存しながら，その売上高を伸ばしてきた。しかしながら，国内でのトリニトロン・カラーテレビの爆発的な成功によって，ソニーは国内販売の転機を迎えることになり，自ら系列店舗を創設することになったのである」[171]。

❖ 革新的企業者活動の客観的条件

ここまでの記述からわかるように，1946年の会社創立から1960年代にかけてのソニーと本田技研の成長過程では，井深大，盛田昭夫，本田宗一郎，藤沢武夫の4人の企業家がきわめて重要な役割をはたしたことは間違いない。ただし，同時に注目すべき点は，異なる事業分野に携わったにもかかわらず，両社の成長のダイナミズムには驚くべきほどの同時性と共通性がみられたことである。この事実は，ソニーや本田技研のトップマネジメントが展開した革新的企業者活動の背景には，なんらかの歴史的で客観的な条件が存在したことを，強

---

169 ソニー株式会社前掲『ソニー創立40周年記念誌・源流』260頁，およびソニー株式会社前掲
　　『ソニー創立50周年記念誌「GENRYU 源流」』144頁。
170 ソニー株式会社前掲『ソニー創立40周年記念誌・源流』310頁。
171 川邉前掲「ソニーのマーケティング戦略（1945-79年）」157頁。

く示唆している。そして，それらの条件は，本ケースの初めの部分で紹介した，戦後復興期から高度経済成長期にかけての日本で生じた企業者活動の波に共通するものであった。本ケースの冒頭では二つの論点を提示したが，ここではまず，(1)の論点，つまり革新的企業者活動の客観的条件は何か，について考察を加えなければならない。

終戦直後から1960年代にかけての時期の日本に存在した革新的企業者活動にとっての客観的条件は，需要サイドの要因と供給サイドの要因とに分けてとらえることができる。

需要サイドの客観的条件としては，大衆の可処分所得が増大し，消費財に対するニーズが広がるとともに深まりをみせた点を挙げるのが，妥当であろう。「消費革命」「大衆消費社会の到来」などと言われたのが，それである。このような現象は，必ずしも日本に限られたものではなく，アメリカなどの西側世界で広範に発現した。

可処分所得の増大にともない消費者は，時間を有効に活用することや，体験空間を拡張することへの欲求を強めた。オートバイや乗用車は，このような新しい時間的・空間的欲求を充足させる商品であった。また，家庭生活の利便化へのニーズの高まりを受けて家電製品が急速に普及したが，そのなかには，「1家に1台」のファミリー・ユースを超えて，「1人に1台」のパーソナル・ユースにまで進むものもあった。1960年代末までに普及した家電製品についてみれば，テレビはファミリー・ユースの代表格であり，トランジスタ・ラジオはパーソナル・ユースの代表格であった。

当該期の日本において，革新的企業者活動の体現者となった企業の多くは，消費財の生産に携わっていた。このことは，大衆の可処分所得の増大による消費財市場の広がりと深まりが，企業者活動の歴史的・客観的条件となったことを，如実に物語っている。

次に，供給サイドの客観的条件としては，日本国内の競争条件の変化により，新興メーカーにチャンスが巡ってきた点を指摘すべきであろう。前述のように消費財市場が広がりと深まりをみせ，ビジネス・チャンスが拡大したのであれば，まず，既存の大メーカーがそのようなチャンスを活かすことに乗り出すと想定するのが，自然である。しかし，現実には，既存の大メーカーの多くは，新たにビジネス・チャンスが生じた分野に他律的な要因により進出できなかったり，選択的に進出しなかったりしたのである。

178　第2部　インクリメンタル・イノベーションの時代

　既存の大メーカーが他律的な要因により進出できなかったケースでは，財閥解体，独占禁止や労働攻勢などの戦後的な条件変化が，重要な意味をもった。本来ならば家電市場を制圧しうる潜在能力を有していた東芝が，戦後改革と労働攻勢の荒波にさらされて，戦後の立ち上りで大きく出遅れた[172]ことは，その端的な事例とみなすことができる。また，占領下でも燃料統制が継続されたことは，既存のオートバイ・メーカーの動きを鈍らせ，結果的に，創立当初の本田技研に有利に作用したということも可能であろう。

　一方，既存のメーカーが選択的に進出しなかったケースでは，消費財市場の拡張・深化のテンポが既存企業の成長のペースを上回った点が重要である。消費財へのニーズが深まるなかで，既存メーカーは，まず，すでに事業化している商品の増産や品質改善に取り組まなければならなかった。そのうえで，消費財市場の広がりも考慮に入れて，有望な新規分野には参入したが，おのずと，参入の範囲には限界があった。テレビ市場には早くから参入した東芝，日立製作所，三菱電機が，トランジスタの技術に関心を示しながら[173]も，トランジスタ・ラジオの開発に本腰を入れなかったのは，このためであった。燃料統制の解除後オートバイ市場に参入した諸企業についても，そのなかには，本田技研に重大な脅威を与えるような大メーカーは含まれていなかった，と言うことができる（1955年ごろ，オートバイ生産に乗り出したのは，川崎重工業そのものではなく，関係会社の川崎明発工業であった。川崎重工業は，のちに川崎明発工業の事業を継承することになるが，1955年当時はオートバイ事業を重視していなかった[174]）。

❖ 革新的企業者活動の主体的条件

　ただし，前述のような客観的条件が存在したからといって，終戦直後から1960年代にかけて日本で活動した新興メーカーやそのトップマネジメントのすべてが，革新的企業者活動の体現者になりえたわけではないことは，言うまでもない。むしろ，そうなりえたのは，ごく一部の例外的な企業やトップマネジメントにすぎなかった。井深大や盛田昭夫，本田宗一郎や藤沢武夫が偉大だったのは，ソニーや本田技研をそのような例外的な企業に育て上げたからであ

172　中村清司前掲「家電量産販体制の形成」120，132-133頁参照。

173　ソニー株式会社前掲『ソニー創立40周年記念誌・源流』103-104頁，およびソニー株式会社前掲『ソニー創立50周年記念誌「GENRYU 源流」』674頁参照。

174　以上の点については，富塚前掲『オートバイの歴史』182-184頁参照。

ったが，彼らの行動は，他の一般的なトップマネジメントのそれと，どこがどう違っていたのだろうか。ここでは，本ケースの冒頭で提起した(2)の論点，つまり革新的企業者活動の主体的条件は何か，についての考察へと進まなければならない。

　結論を先取りすれば，革新的企業者活動の主体的条件としては，次の5点を指摘することができる。

　第1は，新市場の開拓と製品の差別化により，競争優位を確保したことである。

　第2は，早い時期から海外に目を向けたことである。

　第3は，自前のブランドと販路を確立したことである。

　第4は，リスク・テイキングな差別化投資を行ったことである。

　第5は，資金的支援者が存在したことである。

　第1の条件が大きな意味をもったことは，東通工の設立趣意書でそのことが強調された点からも明らかである。新市場開拓や製品差別化をきわめて貪欲に追求したことは，ソニーの製品開発戦略の重要な特徴であった。実は，東通工は，トランジスタ自体の量産化という面では，神戸工業に一歩出遅れた。両社はトランジスタの量産化に際して通産省の鉱工業試験研究補助金を受けたが，その受領年度は，神戸工業が1954年，東通工が1956年であった。しかし，東通工は，トランジスタの実用化という面では，神戸工業に先行した。そして，東通工は，トランジスタ・ラジオという新用途を創造し，新しい市場を開拓することによって，神戸工業を完全に凌駕した[175]。

　一方，本田技研の場合も，製品差別化と市場開拓には，とくに力を入れた。ドリーム号E型に，他社に先がけてOHVを採用した4サイクル・エンジンを導入したのは，排気煙が出ない，排気音がソフトであるなどの，乗り心地の良さを重視したからであった。また，軽自動車N360は，他社の同種車に比べて，低価格なうえスペース・ユーティリティに優れていたため，市場で好評を博した。本田技研が市場開拓の面で最も劇的な成果をあげたのは，スーパーカブの発売に際して，アメリカで"ナイセスト・ピープル・オン・ホンダ"キャンペーンを展開したときのことであった。このキャンペーンによって本田技研は，

---

175 以上の東通工と神戸工業との競争に関する記述は，松井好「エレクトロニクス産業——先駆者たち」中川・森川・由井編前掲『近代日本経営史の基礎知識［増補版］』403頁による。

180 第2部 インクリメンタル・イノベーションの時代

同社の会社史の表現を借りれば，アメリカという「眠れる市場」を「噴火」させることに成功したのである[176]。

第2の条件の重要性は，会社創立からわずか6年後の1952年に東通工・本田技研両社のトップマネジメントが相次いで海外へ出張し，それらがいずれも決定的な差別化投資につながった点に端的に示されている。その後も早期の海外展開という面で両社のあいだに同時性と共通性が存在したことは，①1957～58年にそれぞれトランジスタ・ラジオ TR-63 とスーパーカブを発売して本格的な輸出を開始した点，②1959～60年に相次いでアメリカに現地法人を設立した点，③1961～62年に日本企業の先陣を切って各々 ADR を発行した点，などから明らかであり，ソニーと本田技研は，会社創立から十年余にして早くも日本を代表する国際企業となったのである。

第3の条件については，すでに紹介した二つの象徴的なエピソードが，その重要性を雄弁に物語っている。それは，①東通工の盛田昭夫が，アメリカのブローバー社から寄せられたトランジスタ・ラジオ TR-52 に対する10万台の引合いを，ソニーのブランド名を使えないとの理由で断ったこと，②本田技研の藤沢武夫が，オートバイを売る際には自転車販売店を使い，自動車を売る際にはオートバイ販売店を使うというやり方で，自社製品の販売網を形成したことの，二つである。そもそも，井深大や本田宗一郎という技術面で優れたトップだけではなく，盛田昭夫や藤沢武夫という販売面で有能なトップをも擁していたことが，ソニーと本田技研の成長にとって，不可欠の前提条件になったと言うべきであろう。

本田技研がオートバイ販売網を確立したことは，早期の量産体制の構築とともに，ライバル・メーカーを打ち破るうえでの大きな要因となった。1955年の浅間高原レース（二輪耐久レース）でドリーム号に勝ったライラック号を擁し，一時は本田技研に迫る勢いをみせた丸正自動車（オートバイ・メーカー）が最終的には1961年に倒産したのは，本田技研のような販売網をもてなかったからだと，丸正自動車元社長の伊藤正は証言している[177]。

もちろん，ソニーの流通系列が松下電器産業のそれより脆弱であり，本田技研の自動車販売網がトヨタ自動車や日産自動車のそれより非力であったことは，

---

[176] 本田技研工業株式会社前掲『ホンダの歩み』40頁参照。
[177] 1992年3月5日放送の NHK 総合テレビの番組「浜松ボンボン物語」による。

ケース **16**：井深大・盛田昭夫・本田宗一郎・藤沢武夫　　181

否定できまい。しかし，ここでは，家電業界と自動車業界の後発メーカーであるソニーと本田技研が，先発メーカーによるプレッシャーが存在する状況のもとで，ともかくも自前の販売網を構築したことが，重要である。これらの販売網を通じて収集される市場情報が，両社の製品開発にとって有用であったことは，言うまでもない。

　第4の主体的条件であるリスク・テイキングな差別化投資に該当するのは，本田技研による新鋭工作機械の購入やスーパーカブ，N360などの量産工場の建設，ソニー（ないし東通工）によるトランジスタ特許の購入やクロマトロン方式カラーテレビの研究開発などである。これらの投資は，実施当時の両社の資本規模を考え合わせれば，大きなリスクをともなうものであり，現実に，その一部は失敗に帰した。本田技研のカブ用工作機械の購入（神戸製鋼へ売却），ソニーのクロマトロン方式の開発（トリニトロン方式への転換）などは，結果的にみて，失敗の事例だったとみなすことができる。しかし，全体的に言うならば，これらの大規模投資の実施は，両社がライバルたちに差をつけ，それらを打ち負かしていくうえでの，決定的な分岐点となった[178]。なお，ソニーと本田技研がリスク・テイキングな差別化投資を行いえた背景には，良好な労使関係[179]とメインバンクの協力とがあったことも，忘れてはならない。

　第5の主体的条件は，そのメインバンクの協力と，深く関わり合っている。1953年のトランジスタ特許購入時における東通工への三井銀行の融資や，1954年の経営危機時における本田技研への三菱銀行の救済融資は，「世界のソニーとホンダ」が育つうえで，不可欠の条件となった。ただし，ここで見落とすことができない点は，これらの融資が実現するプロセスで，取引先の支店の銀行マンが東通工や本田技研の将来性を高く評価し，彼らがそれぞれの上司を説得したことが重要な意味をもったという事実である。つまり，井深大・盛田昭夫や本田宗一郎・藤沢武夫の活発な企業者活動それ自体が銀行融資を喚起したのであり，その意味で，資金的支援者の存在は，革新的企業者活動の主体的

---

[178]　J. C. アベグレンとG. ストークは，本田技研がライバルの東京発動機に打ち勝ったのは「先手必勝のサイクル」を作用させたからだと述べている（J. C. アベグレン゠G. ストーク，植山周一郎訳『カイシャ』講談社，1986年，78-81頁参照）が，この「先手必勝のサイクル」とは，ここで指摘した差別化投資と，実質的に同一の内容である。

[179]　1954年の経営危機の克服に際して，本田技研では労働組合の協力がみられたことは，すでに述べたとおりである。ソニーの場合も，1960～61年に一時的な対立が生じたものの，労使関係は総じて良好であった。

182　第**2**部　インクリメンタル・イノベーションの時代

条件の一つだとみなすことができる。

　ここでは，井深・盛田や本田・藤沢の革新的企業者活動について，五つの主体的条件を指摘した。終戦直後から 1960 年代にかけて革新的企業者活動を展開した他の企業家も，これら 5 点の全部ないし一部を共有していたように思われる。

ケース **17**：土光敏夫／「財界名医」「ミスター行革」が抱いた危機感

※「タービンの土光」の基礎づくり

　第一次世界大戦から 1980 年代までの「成長の時代」の最後に登場するのは，土光敏夫である[180]。土光は，危機に陥った企業を次々と再生させて「財界の名医」と呼ばれたが，晩年は経団連会長や「ミスター行革」として，日本経済全体・日本社会全体の再生にも力を尽くした。そして，バブル景気に浮かれる日本人に向けて，「成長の時代」の終わりに備えるよう警鐘を鳴らして，この世を去った。

　土光敏夫は，1896（明治 29）年に，岡山県御津郡大野村（現在の岡山市）で，農業を営む父・菊次郎と母・登美の次男として生まれた。土光家は代々，熱心な日蓮宗信者であり，敏夫は，幼少時代，教育熱心で日蓮宗に深く帰依していた母・登美の厳しいしつけのもとで育った。登美は，わが子の教育に熱心であっただけでなく，「母親がしっかりしていないと国が滅びる」という信念にもとづいて，女子教育全般にも力を注いだ。1942（昭和 17）年に登美が，第二次世界大戦下の困難な状況であったにもかかわらず，横浜市で女学校・橘 学苑を創立したのは，その表れであった。

　1911 年に私立の関西中学校（現在の関西高等学校）に進んだ土光敏夫は，そこで，山内佐太郎校長と出会った。厳しさとやさしさを兼ね備えた人格者である山内の「思うことを思う存分やり抜け。人間は他人に強いられてやるのでな

---

[180]　土光敏夫について詳しくは，橘川武郎『日本の企業家3　土光敏夫』PHP 研究所，2017 年，および伊丹敬之『難題が飛び込む男　土光敏夫』日本経済新聞出版社，2017 年，参照。

く，自分が価値あると思うことをやり抜け」[181]という教えは，少年・土光敏夫の胸に深く刻み込まれたのである。

関西中学を卒業した土光敏夫は，1917（大正6）年，東京高等工業学校機械科に入学した。東京高等工業で土光は，大学昇格運動のリーダーとなり，デモ隊を率いるなど活躍した。この運動はその後も引き継がれ，東京高等工業は，1929（昭和4）年，東京工業大学に昇格して，今日にいたっている。

土光敏夫は，東京高等工業に在学中，神田の古本屋街で，『スティーム・タービン』と題する1冊の古書と出会った。それ以降，彼は，英語やドイツ語で書かれたタービンに関する専門書を，むさぼるようにして読みあさった。語学の壁は厚かったが，土光は東京で働いているイギリス人やドイツ人をつかまえ，英語・ドイツ語と日本語との「交換教師」をお互いに行うことによって，その壁を乗り越えた。このような努力が身を結び，いつのまにか土光は，教師・学生を問わず，東京高等工業でタービンについて最も詳しい人物になっていた。のちの「タービンの土光」の基礎は，このとき，形作られたのである。

※国産1号タービンの納入

1920年，東京高等工業機械科を卒業した土光敏夫は，石川島造船所に就職した。同窓生のなかには，もっと給料の良い会社に入社した者が多かったが，土光は，あえて石川島造船所で働く道を選んだ。それは，当時，石川島造船所はタービンの研究開発に力を入れており，その方針が，タービン国産化に貢献することを強く望んでいた土光の意向に合致したからであった。

石川島造船所で土光敏夫がタービンの研究開発の第一線に立つ機会は，すぐに訪れた。第一次世界大戦後の造船不況と1921年のワシントン海軍軍縮条約の影響で，石川島造船所は，タービン開発の重点を船舶用から陸上用へ移し，陸上用タービンのトップ・メーカーであったスイスのエッシャー・ウィス社へ研究員を派遣することにした。その派遣研究員に，土光が選ばれたのである。土光は，1922年にスイスに旅立った。エッシャー・ウィス社での土光の勤勉な研究ぶりは，世界から集まった研究員たちを驚かせた。それは，関西中学の山内佐太郎校長から学んだ「思うことを思う存分やり抜け」という精神を実行に移したものであり，土光の生涯を貫く姿勢となった「貫徹精進」「徹底精通」

---

181 松沢光雄『土光敏夫の生い立ちと素顔』山手書房新社，1992年，19頁。

184　第2部　インクリメンタル・イノベーションの時代

を地で行くものであった。スイスで土光は，わずかな余暇の時間をスキーに費
やしたが，それが唯一の息抜きであった。

　土光敏夫は，1923年10月に帰国した。土光がエッシャー・ウィス社から持
ち帰ったさまざまな知見は，石川島造船所の陸上用タービン事業に飛躍をもた
らした。それを象徴したのは，1929（昭和4）年に石川島造船所が，国産第1
号となる大型発電機用スチーム・タービンを秩父セメントに納入したことであ
る。このとき，土光は，国産タービンの採用を躊躇する秩父セメントの買付け
担当者に対して，「石川島は，技術には絶対の自信があります。使ってもみな
いで，国産が外国製に劣るなどといわないでください。国産技術奨励のために
も，日本の将来のためにも，純国産化は必要なことなのです。ぜひ，石川島の
タービンを使ってほしい」[182]と説得した。国産1号タービンの納入実現によっ
て，「タービンの土光」の名は，業界内に知れ渡った。

❖ 石川島東芝タービンの立て直し

　陸上用タービン事業の飛躍によって順調に業容を拡大した石川島造船所であ
ったが，同社もやはり，昭和恐慌時には大きな痛手を蒙った。そのため，
1931年には，550人の人員整理を余儀なくされた。これは，土光敏夫にとって，
生涯忘れることのできない痛恨の出来事となった。当時の土光の社内的地位で
はこの人員整理をとめることはできなかったが，彼は，2度とこのようなこと
を繰り返してはならないと心に誓った。戦後，土光は，石川島重工業や東芝の
社長として，傾いた会社の再建に取り組むことになるが，そのときには，「一
人も首切りしない」という方針を貫いた。雇用確保は企業の社会的責任である
という土光の信念は，昭和恐慌時のつらい体験をふまえたものだったと言うこ
とができる。

　日本経済が昭和恐慌から脱却してしばらく経った1936年，土光敏夫は，新
設された石川島芝浦タービン株式会社へ籍を移した。石川島芝浦タービンは，
石川島造船所と芝浦製作所が共同出資で設立した会社で，両社のタービン部門
を分離独立させたものであった。石川島芝浦タービンでも，「タービンの土光」
の活躍は続いた。石川島芝浦タービン時代のことを土光は，次のように振り返
っている。

---

182 堀江義人『信念の人　土光敏夫』三心堂出版社，1999年，99頁。

「私は，新会社へ転出した直後，上松工場長ら数人とアメリカの GE 本社に特派され，勉強，見学の機会を与えられた。向こうの技術者と忌憚なく意見交換，大いに益するところがあった。

翌年二月に帰国，それから五カ月たって，取締役に任ぜられた。四十一歳であった。

技術部長になり，役員になっても，やることに変わりはない。少しでも優秀なタービンを作るために，みんなで議論をし合い，現場で一緒になって働いた。また，組み立てや修理のため日本全国各地も回った。文字どおり，席の温まる暇はないというのが，この時代のことで，まるで食前食後にタービンというほど，技術屋として超多忙の時であった」[183]。

石川島芝浦タービンで終戦の日を迎えた土光敏夫は，戦後処理の一環としてトップ追放が行われた影響もあって，翌 1946 年 4 月に同社の社長に就任した。石川島芝浦タービンは，横浜・鶴見の本社工場のほかに，長野県の松本・辰野・木曾・伊那に四つの工場をもっていたが，土光社長は，これらの工場のあいだを精力的に往き来して，軍需から民需への転換を進め，会社の立て直しを図った。土光は，当時を振り返って，「まず，ナベ，カマの類を作って，一応，従業員の生活を確保し，あとは本格的な再建のため，鶴見と松本をピストン往復する生活が続いた。利用する汽車はたいてい夜行。超スシ詰めの混雑のなか，立ったまま眠った夜も何度かあった」[184]と述べている。

石川島芝浦タービンの社長となった土光を支えたのは，「従業員とその家族は一人たりとも飢えさせてはならない」[185]という強い意志であった。土光は，賃金に充てる資金を確保するため，銀行と徹夜覚悟で交渉することもあった。土光社長の率先垂範の努力もあって，石川島芝浦タービンは，親会社の石川島重工業よりも早く，戦後の苦境を乗り越えることができた。

❖石川島重工業の経営再建

石川島造船所は，終戦直前の 1945 年 6 月に，社名を石川島重工業に改めていた。その石川島重工業は，戦後の苦境からなかなか脱却することができず，1950 年には，1 億 5000 万円もの赤字を計上した。そこで，子会社の石川島芝

---

183 堀江前掲『信念の人 土光敏夫』104-105 頁。
184 土光敏夫『土光敏夫「私の履歴書」』日本図書センター，2012 年，83 頁。
185 松沢前掲『土光敏夫の生い立ちと素顔』109 頁。

186 第2部 インクリメンタル・イノベーションの時代

浦タービンの立て直しに成功した土光敏夫を親会社である石川島重工業に呼び
戻そうという声が高まり，結局，土光は石川島芝浦タービンの社長を辞して，
1950年6月，石川島重工業の社長に就任することになった。1920年に土光が
石川島造船所に入社してから，ちょうど30年の歳月が流れていた。

　石川島重工業の社長に就任した土光敏夫は，まず労働組合に対して，「私は
従業員のクビを切らない」[186]と通知した。そして，着任後初めて迎えた1951
年の正月に土光社長は，自ら作成した社内報『石川島』の第1号を，会社の入
口に立って，出社してくる社員の一人ひとりに手渡した。その社内報には，①
各工場別採算の確立，②健全経営の確立，③受注の計画化，製品機種の統一，
④組織の活用と事務効率の向上，⑤社風・社紀の高揚，などの具体的な会社再
建方針が明記されていた。土光社長の経営姿勢は徐々に石川島重工業のなかに
浸透し，労働組合も，対決色を後退させて，経営再建に協力するようになった。
土光社長は，人員整理なしに，石川島重工業の再建を成し遂げたのである。

　土光敏夫が石川島重工業の経営再建に奮闘中だった1954年，政府の利子補
給政策にからむリベートが政界に流れ，いわゆる「造船疑獄」が発生して，政
官財の関係者から100人以上の逮捕者が出た。検察当局の調査は石川島重工
業にも及び，疑獄とは無関係であったにもかかわらず，土光も巻き添えをくう
形で，20日間拘留されることになった。

　この件について，土光は，次のように振り返っている。

　「私は造船会社社長の一人として逮捕され，拘置生活二十日間のうき目に
　あった。朝，六時過ぎ，いつものように自宅前のバス停でバスを待っていた
　時，東京地検の検事が来て，『ちょっとお宅まで戻って下さい』と言われ，
　二時間ほどの家宅捜査を受けたのち，任意出頭を命じられた。東京地検の主
　任検事は，河井信太郎氏であったが，私の担当は，寺島検事であったかと思
　う。

　　担当検事はのちに，私の家のボロ屋と電車通勤している姿をみて，『あっ，
　この人は違うなと直感した』と，記者団に語ったそうだ。

　　しかし，私は二十日間の牢獄のなかで改めて教訓を得た。『人生には予期
　せぬ落とし穴がついて回る。公私を峻別して，つねに身ぎれいにし，しっか

───────────────

186 松沢前掲『土光敏夫の生い立ちと素顔』116頁。

りした行き方をしておかねばならない』ということである」[187]。

　結局，土光は「造船疑獄」と無関係であることが確認され，不起訴となって釈放された。それにしても，担当検事が，横浜・鶴見の土光の自宅が質素なつくりであること，また，土光が社用車を使わずにバス・電車を乗り継いで通勤していることを知って，土光の「清廉潔白」ぶりに感銘を受けたというくだりには，さすがと言うほかはない。しかも，土光は，この不運な経験を教訓化し，「清廉潔白」ぶりにいっそう磨きをかけたのである。

　土光敏夫社長のもとで，石川島重工業の経営再建は進んだ。石川島重工業の経営が成長軌道に乗るうえで，大きな意味をもったのは，技術開発と技術導入であった。土光は言う。

　「そのような躍進のうらで，石川島がつみ重ねた努力としては，第一は技術開発，第二は外国からの技術導入である。

　まず二十六年（昭和26年＝1951年──引用者注），エトナ・ジャパンと製鉄機械で技術提携し，二十七年，米のフォスターウイラー社と陸舶用ボイラーで提携，高温高圧ボイラーへの道を開き，また米のコーリング社と合弁事業をおこし，建設機械技術を導入して『石川島コーリング』を設立した。さらに米のジョイ社から空圧機の技術を吸収した。

　三十一年には，ＧＥと航空機用ガスタービン，続いて舶用タービン，陸上タービン補機の導入も図った。このころの，技術導入件数は約八十件にものぼった。私は，これら提携契約，調印のため，何度，欧米へ往復したか。

　しかし，これらの技術導入に積極的，意欲的であったのは，戦後の技術格差の解消が主な目的ではあったが，それを支えるものとして，日本の技術陣の優秀さがある（中略）彼らの技術水準に信頼を置いていたからこそ，導入が可能だったのである」[188]。

　この言葉が示すように，土光は，けっして技術を一方的に導入しただけではなく，それを自社の技術開発と結びつけ，技術革新を実現することをめざしていた。戦前の若き日に，エッシャー・ウィス社の技術を学ぶことから出発して，大型タービンの国産化に成功した自らの体験を再現させようとしたのである。技術革新をエンジンにして，石川島重工業の経営は，成長軌道に乗った。

187　土光前掲『土光敏夫「私の履歴書」』98-99頁。
188　土光前掲『土光敏夫「私の履歴書」』97頁。

第2部　インクリメンタル・イノベーションの時代

石川島重工業と播磨造船所の合併をはたした当時の土光敏夫（1960年）
（朝日新聞社／時事通信フォト提供）

それを象徴したのは，同社のブラジル進出であった。1958年1月，土光社長はブラジル政府とのあいだに議定書を調印し，同年末には，石川島ブラジル造船所（通称「イシブラス」）が誕生した。石川島重工業のメインバンクであった第一銀行の幹部はブラジル進出に反対したが，土光は，日本の造船業が成長を続けるには海外進出しかないと考え，イシブラスの設立を決断した。ただし，土光は，ブラジル進出にあたって，きわめて周到な準備を行った。交通事情が今日よりはるかに悪い時代であったにもかかわらず，土光のブラジル訪問は十数回に及んだ。戦後早い時期にブラジル進出を決断したことに感謝の意を込めて，ブラジル政府は，1960年に南十字星大勲章を土光に授与した。この勲章を日本人が受けるのは，初めてのことであった。

1960年12月に石川島重工業と播磨造船所は合併し，新たに石川島播磨重工業が発足した。これは，陸上部門が強く造船部門が弱い石川島重工業と，造船部門が強く陸上部門が弱い播磨造船所とが相互補完的な意味合いで合併したものであり，大きな成功をおさめた。播磨造船所の六岡周三社長とともに合併の記者会見に臨んだ石川島重工業の土光敏夫社長は，席上，「これは陸と海の合併です。相互に足りないものを補い合うので一と一を足して二とする合併ではなく，一たす一を三とも四ともする大エネルギーを起こす核融合です」[189]と，わかりやすく説明した。IHIという略称で国民に親しまれるようになった石川島播磨重工業は，この説明どおり，順調な成長をとげた。土光は，IHI発足とともに同社の社長に就任し，六岡は会長を務めることになった。

---

[189] 松沢前掲『土光敏夫の生い立ちと素顔』147頁。

❖ 東芝の経営再建

　土光敏夫は，1964 年，IHI の会長に就任した。その翌年，日本経済は，「戦後最大の不況」と呼ばれた 1965 年不況に遭遇した。この不況下では，日本を代表する総合電機メーカーである東京芝浦電気（東芝）も苦戦を強いられ，経営危機に陥った。東芝は，かつて石川島造船所とともに石川島芝浦タービンの親会社であった芝浦製作所が東京電気と合併して，1939 年に誕生した会社であった。苦境に立った東芝の会長・石坂泰三は，土光敏夫に白羽の矢を立て，彼を東芝社長に起用することによって，同社の再建を図ろうとした。1956 年に第 2 代経済団体連合会（経団連）会長となり「財界総理」と呼ばれていた石坂を，土光は，かねてから深く尊敬していた。また，石川島芝浦タービンの社長を務めたことのある土光にとって，東芝の経営危機は，けっして他人事ではなかった。こうして，土光は，1965 年 5 月に東芝の社長に就任することになった。

　東芝社長になった土光敏夫は，まず，労働組合へあいさつに出かけた。組合側は，そのような土光の姿勢をみて，今までの社長にもっていたような不信感を，土光社長に対しては抱くことがなかった。「いまはこういう事情で，よそのようには給料を出せない。諸君に頑張って働いてもらって，利益が出るようになったら，よそに負けないようにする。儲かったからといって，おれのポケットに入れるわけじゃないから，公平に分配するよ」[190] という土光社長の考えは，徐々に労働組合員にも浸透していった。

　土光社長の「東芝革命」では，何よりも意識改革が重視された。土光は，「一般社員は，これまで三倍頭を使え，重役は十倍働く，私はそれ以上に働く」[191] と繰り返し発言し，この言葉を率先垂範して実行した。自ら，日曜日を含めて電車で早朝出勤を続けるとともに，専用の浴室・トイレ・調理場を擁していた社長室を簡素なものに改造した。そして，各事業部長に権限を大胆に委譲する[192] とともに，「社長セールス」と称して営業活動の先頭にも立った。

190　堀江前掲『信念の人　土光敏夫』197 頁。

191　土光前掲『土光敏夫「私の履歴書」』118 頁。

192　この事業部長への権限委譲は，けっして社長の責任をあいまいにするものではなかった。この点について，榊原博行『評伝　土光敏夫』(国際商業出版，1976 年) は，「社長と役員が，あらゆる権限を事業部長に委譲しても，最終責任だけは社長に残る。このため土光は，常務会，経営幹部会，事業部長月例報告会などを設け，経営幹部とミドルの議論の場をつくった。幹部からミドルへの働きかけを，土光はチャレンジ（挑戦）と名づけた。反対に，ミドルの意見具申を，レス

190　第2部　インクリメンタル・イノベーションの時代

　土光敏夫東芝社長は，不況が深刻化した1965年，同年度と翌1966年度の2年間を対象にした中期経営計画を策定し，企業体質の抜本的強化に取り込んだ。この計画は，重点施策として，①資産の効率化，②生産体制の確立，③経営管理体制の整備，④技術開発の強化，⑤販売体制の拡充，の5項目を挙げていた。

　このうち技術力の強化について東芝は，売上増加と利益確保に寄与する新製品・新技術・新分野の開発に力点を置いた。ここで注目すべきは，東芝が，「研究開発の推進のため，さらには会社永遠の発展のために研究開発費は，景気低迷による業績不振のこの時期にあっても売上高の3〜4％を確保し，技術開発力の飛躍的発展を期した」ことである。そして，「全社的技術開発力強化のため，総合的技術管理をいっそう充実する必要があったところから，41年（昭和41年＝1966年──引用者注）7月社長直属の組織として技術本部を設けた」[193]。経営危機に際して短期的な対症療法にとどまることなく，長期的発展を可能にする根治策を講じることにこそ，土光敏夫の経営再建策の真骨頂があったのである。

　土光社長のもとで東芝は，不死鳥のごとく復活をとげた。社長として，石川島芝浦タービン，石川島重工業，東芝の経営再建を次々と成功させた土光敏夫は，いつしか「財界名医」と呼ばれるようになっていた。「財界名医」として土光が活躍することができたのは，
　(1)　合理化の徹底，
　(2)　長期ビジョンの提示，
　(3)　バイタリティの発揮，
の3要素で構成される経営思想を貫徹したからにほかならない。

❖ 経団連会長から「ミスター行革」へ

　土光敏夫は，1972年，東芝の会長に就任した。それから2年後，1974年5月に土光は，第4代経団連会長に選任された。「財界名医」は，ついに，個別企業の名医から財界全体の名医へと姿を変えたのである。

　ポンスと呼んだ。チャレンジ・アンド・レスポンスの用語は，石播会長時代に愛読したトインビーの著書から拝借したものだそうだ」（98-99頁）と説明している。なお，文中の「石播」とは石川島播磨重工業のことであり，「トインビー」とはイギリスの歴史学者Arnold J. Toynbeeのことである。
193　以上の点については，東京芝浦電気株式会社『東芝百年史』1977年，119頁。

土光が経団連会長に就任したのは，第1次石油危機がもたらした物価上昇が深刻な時期であった。また，ロッキード事件が表面化し，金銭面での政財間癒着に対する社会的批判が高まった時期でもあった。当時を振り返って，土光は，次のように述べている。

　「石油ショックの不況は，各企業の努力によってなんとかのりきったが，その他にもまだまだ並行して，問題は次々にやってきた。

　まずはじめは，四十九年（昭和49年＝1974年──引用者注）八月，『経団連は，政治献金の金集めの代理業はやらない。そもそも献金は個人レベルでやるべきである』との私の発言をめぐって事態が紛糾した。『土光は，財界の金をバックに自民党を恐喝している』『あいつは政治オンチだ』などときめつけられたりした。私は，保守党が正道を歩んでもらいたいがために，正論を吐いたつもりで，いささかも私心はない。この問題は，結局，いろいろもん着はあったが，窓口の再編成によって決着した」[194]。

「清廉潔白」な土光の会長就任は，経団連が国民からの信頼を回復するうえで，大きな役割をはたした。

　土光敏夫は，経団連の会長を3期6年務めたあと，1981年3月から臨時行政調査会（臨調）の会長として，1983年7月から臨時行政改革推進審議会（行革審）の会長として，それぞれ活躍した。臨調は，内閣総理大臣直属の諮問機関であり，国民負担の軽減，行政事務の簡素化，国の機構・制度・政策の見直し，今後の行政改革の進め方などについて，精力的にいくつもの答申を発表し続けた。なお，臨調は，1961年に一度設置されたことがあり（第一次臨時行政調査会），土光が会長に就任したのは，正確には，第二次臨時行政調査会（第二臨調）であった。一方，行革審は，臨調答申が実行されているかを監視するために，総理府に設置された臨時の機関であった。

　個々の企業の再建や経団連の改革を通じて，「無私の人」「信念の人」と評されるようになった土光敏夫は，高齢ではあったが，臨調会長や行革審会長として，余人をもって代えがたい適任者であったと言える。最晩年の人生のすべてをかけて行政改革に取り組む土光の姿をみて，いつしか日本国民は，畏敬の念を込めて，土光敏夫を「ミスター行革」と呼ぶようになった。

　土光敏夫に関して，よく知られたエピソードが起きたのは，第二臨調の第三

194　土光前掲『土光敏夫「私の履歴書」』137-138頁。

192　第2部　インクリメンタル・イノベーションの時代

次答申が発表される1週間前のことである。1982年7月23日，「NHK特集
85歳の執念　行革の顔土光敏夫」がテレビ放映され，大きな社会的反響を呼
んだのである。

　テレビに映し出された土光夫妻の夕食のメニューは，メザシと菜っ葉，味噌
汁と玄米ご飯だけだった。財界のトップに立った人物の質素な生活ぶりに，多
くの国民は驚き，倹約の重要性を改めて思い知らされた。そして，無駄の除去
をめざす行政改革にかける土光の姿勢の一貫性，真剣さに，深い感動をおぼえ
た。この放送を機に，「メザシの土光さん」というイメージが一挙に広まった
が，それは，人生の最晩年においても土光が，「貫徹精進」および「率先垂範」
を貫いたことの証でもあった。

※土光が抱いた危機感

　土光敏夫が行政改革へ強い意欲をもつきっかけとなったのは，『文藝春秋』
1975年2月号に掲載された“グループ一九八四年”による共同執筆論文「日
本の自殺」だった。古代ギリシャやローマ帝国の崩壊過程と日本の状況が酷似
していると警告を発したこの論文の内容について，土光は，次のように要約し
ている。

　「ローマ，ギリシャの話を一字一句そのまま日本という国に置き換えても
なんら矛盾はなく，また，日本という字をローマ，ギリシャに当てはめても
そのまま通用するほど酷似している。

　研究グループ（執筆した“グループ一九八四年”のこと──引用者注）として
も，この結果は予想をこえていたらしく，『こうした歴史的資料の断片を通
じて，ギリシャ・ローマの没落過程の世界に足を踏み入れていけばいくほど，
われわれは日本の政治的，経済的，社会的，文化的没落の危機の大きさをい
まさらのように痛感させられたのであった』という。

　そうして，『……日本が将来没落するようなことになった場合，未来の歴
史家たちは，ローマになぞらえて日本を“第二のローマ帝国”と呼ぶように
なるかも知れない』とし，最後にキプリアヌス（カルタゴの司教──引用者
注）の言葉を引用して警告を発している。

　『あなた方は，時代がいまや老衰していることに気づくべきである。時代
はいまでは，かつてそれを真直ぐ立たせていた体力を持たないし，またかつ
てそれを強くしていた活力と頑丈さを持たない。たとえわれわれが沈黙を守

るとしても，この真実は……世界自体によって宣明されている。世界は数多くの具体的な衰弱作用の証拠を与えることによって，みずからの衰退を証明しているのである』」[195]。

土光は，この「日本の自殺」という論文を，「できるだけ大勢の人に読んでもらわねばと思い，出版社の了解を得て，何万部もコピーして企業関係者に配った」[196]。それは，日本の行く末についての強い危機感を，"グループ一九八四年"と共有したからにほかならなかった。

土光敏夫は，世の中がバブル景気に浮かれている真っ最中の 1988 年 8 月に死去した。残念ながら，彼が晩年に抱いた危機感は現実のものとなった。日本社会と日本経済は，元号が昭和から平成に変わった 1989 年をピークにして，暗転した。1990 年代は「失われた 10 年」と呼ばれたが，日本経済の低迷はその後も長期化した。危機的状況からなかなか脱却できないでいる今日の日本にとって，土光の考え，土光の行動様式は，今でも「導きの星」になりうる[197]。

---

195 土光前掲『土光敏夫「私の履歴書」』14-15 頁。
196 土光前掲『土光敏夫「私の履歴書」』15 頁。
197 この点については，橘川前掲『日本の企業家 3 土光敏夫』参照。

論点3：なぜ長期にわたり成長できたか／キャッチアップと内需主導

❖ 末廣昭『キャッチアップ型工業化論』の検討

　第一次世界大戦期から 1980 年代にかけての日本経済の長期にわたる相対的高成長は，ひとまず欧米諸国に追いつき追い越すことをめざしたキャッチアップ型工業化の帰結だったとみなすことができる。日本の場合，その過程で，第二次世界大戦の敗北を経験したから，キャッチアップの道のりは長く，険しいものとなった。

　キャッチアップ型工業化を体系的に分析した研究としては，末廣昭の『キャッチアップ型工業化論』(名古屋大学出版会，2000 年) がある。同書は，直接的には日本を分析対象としたものではないが，そこで展開された議論を日本にあてはめることによって，日本の経済成長の特徴を理解することが可能となる。

　末廣は，「キャッチアップ型工業化」を「輸出主導型の工業化」と特徴づけている[198]。末廣によれば，「キャッチアップ型工業化」には NICs（Newly Industrializing Countries，新興工業諸国）型や NAIC（Newly Agro-Industrializing Countries，ナイク）型などのタイプの違いはあるものの，それらは輸出主導の工業化という点で共通している[199]。末廣がアジア地域におけるテレビの生産・輸出・海外生産について論述した際にも，販路として想定されたのは各国（日本を含む）の内需向け販売ではなく，アメリカ向けを中心とする輸出向け販売であった[200]。

　ここで問題となるのは，末廣が，「『キャッチアップ型工業化』のもっとも典型的な例が日本であったとの理解に立っている」[201]ことである。しかし，末廣自身もある程度認めている[202]ように，第二次世界大戦後の日本の経済成長は内

198　末廣昭『キャッチアップ型工業化論』名古屋大学出版会，2000 年，94 頁参照。

199　同前 137-143 頁参照。

200　同前 52-55 頁参照。

201　同前 13 頁。

202　末廣は，「日本の場合，輸出が名目 GDP にしめる比率は，60 年が 9%，80 年が 12%，99 年が 10%であった。したがって，日本はもはや輸出立国とはいえない」（末廣前掲『キャッチアップ工業化論』306 頁）と述べている。

需主導で達成されたのであり，輸出主導で達成されたわけではない。内需主導の経済成長をとげた戦後の日本を想定しつつ，輸出主導の「キャッチアップ型工業化」の最典型国が日本であったと主張するのは，やや無理がある。しかしながら，戦後日本の経済成長に関しては「追いつき，追い越せ」という国民的コンセンサスが重要な原動力になったことがよく知られており，「キャッチアップ型工業化論」を戦後の日本とは無縁の議論だと簡単にかたづけてしまうわけにもゆかない。

　この問題を解決するには，二つの方法がありうる。一つは，日本が輸出主導の「キャッチアップ型工業化」の最典型国であったのは戦前のことであり，戦後のことではないとの立場をとることである。いま一つは，「キャッチアップ型工業化」の特徴づけを修正して，工業化のプロセスにおける内需の役割をある程度織り込むことである。

　これらのうち前者は，必ずしも適切な方法ではない。たしかに，日本経済の輸出依存度は戦後に比べて戦前の方が総じて高かったが，それでも，戦前の日本が輸出主導の経済発展をとげたという見方に対しては，ぬぐいがたい違和感が残る。戦前の日本では，輸出および海外から所得が名目国内総支出に占める比率は，5％（1885年），6％（1890年），10％（1895年），11％（1900年）13％（1905年），15％（1910年），20％（1915年），19％（1920年），20％（1925年），17％（1930年），23％（1935年），20％（1940年）と推移した[203]。つまり，前者の方法（日本が輸出主導の「キャッチアップ型工業化」の最典型国であったのは戦前のことであるとみなす方法）は十分な妥当性をもつとは言えず，掘り下げてみる価値があるのは，輸出だけでなく内需の役割も視野に入れる後者の方法だということになる。

　じつは，末廣の『キャッチアップ型工業化論』のなかにも，アジア諸国の経済発展における内需の役割に言及した部分が点在する。たとえば，NICs の発展形態として，「輸出だけではなく内需を取り込んで成長を遂げた段階を『アジア NIEs』」(NIEs は Newly Industrializing Economies) と措定する平川均の所説を，末廣は批判的コメントをつけずに紹介している[204]。また，タイの経験をふまえて，「新興農産物の拡大やアグロインダストリーの成長は，農村や地方の商

203　安藤編前掲『近代日本経済史便覧［第2版］』7頁参照。
204　末廣前掲『キャッチアップ型工業化論』19頁参照。

196 第2部 インクリメンタル・イノベーションの時代

人・上層農民の所得向上を通じて，拡大する国内市場を輸入代替産業に提供した」と述べ，そのことが，同国における NAIC 型工業化を促進する一要因になったと評価している[205]。さらに，末廣は，終章で，アジア諸国における「キャッチアップ型工業化」が今後も継続するであろうと見通しを立て，その一つの論拠として「成長イデオロギー」の強固な存続を挙げて，「人々の『ゆたかさ』への志向は強まりこそすれ，決して弱まることはない」と言明している[206]。末廣は，「キャッチアップ型工業化」の道を歩んできたアジア諸国には，すでに「ゆたかさ」への志向がある程度定着しているとの認識に立っているのである。末廣の「キャッチアップ型工業化論」は，内需の役割を織り込む余地を十分に残していると言えよう。

❖ 世界銀行『東アジアの奇跡』の検討

1993 年に刊行された世界銀行の *The East Asian Miracle*[207] は，高成長をとげたアジアのエコノミー（High-Performing Asian Economies, HPAEs）として，日本，韓国，台湾，香港，シンガポール，タイ，マレーシア，インドネシアという八つのエコノミーを取り上げ，それらの高成長と公共政策との関連について論じている[208]。そこでも，各々の政府が「輸出基準」を適用し，コンテスト・ベースの競争を促進したとする，末廣昭の『キャッチアップ型工業化論』に通じる議論が展開されている。

日本を含む HPAEs において輸出基準が採用されたとする世界銀行の *The East Asian Miracle* の見方は，はたして妥当なものであろうか。日本に関する限り，この問いに対する答えは，否定的なものにならざるをえない[209]。

表 論点3-1 は，東アジア 6 カ国の輸出依存度の推移を，1975 年以降 5 年ごとにみたものである。この表から，日本の輸出依存度は，シンガポール，マレーシア，タイ，韓国，インドネシアのそれに比べて，相当に低かったことがわ

---

205 同前 141-142 頁参照。
206 同前 308-309 頁参照。
207 The World Bank, *The East Asian Miracle*, Oxford University Press, 1993.
208 世界銀行（白鳥正喜監訳・海外経済協力基金開発問題研究会訳）『東アジアの奇跡』東洋経済新報社，1994 年，参照。
209 世界銀行の *The East Asian Miracle* の見方と日本の現実との齟齬については，橘川武郎「経済開発政策と企業」東京大学社会科学研究所編『20 世紀システム 4　開発主義』東京大学出版会，1998 年，参照。

論点3：なぜ長期にわたり成長できたか　197

▶表 論点3-1　東アジア6カ国の輸出依存度の推移（1975〜90年）

（単位：%）

国	1975年	1980年	1985年	1990年
日　本	11.2	12.5	13.0	9.7
韓　国	24.4	28.6	33.7	26.8
シンガポール	95.6	177.8	124.4	148.7
タ　イ	15.1	19.8	19.4	29.1
マレーシア	42.7	56.3	52.8	72.6
インドネシア	24.4*	31.6*	22.2	25.3

（注）　国民総生産（GNP）に対する輸出額（f.o.b.［本船渡し］価格，
ただし＊は c.i.f［運賃・保険料込み］価格）の比率。
（出所）　総務庁統計局編『国際統計要覧（1985年版）』（1985年），
同編『世界の統計（1994年）』（1994年）。

かる。

　日本の輸出依存度は，高度経済成長期には，10％を下回る水準で推移した。具体的に言えば，1960年には9.6％，1965年には9.6％，1970年には9.8％であった[210]。高度成長を牽引したのは，個人消費支出や民間設備投資などの内需であり，輸出ではなかった。

　1980年代にはいると，日本の貿易収支の黒字額は大幅に拡大した。これは，世界銀行の *The East Asian Miracle* が言うような輸出振興をめざした産業政策の成果ではなく，厳しい国内市場での競争で鍛えられた日本企業の組織能力の高まりによるものであった。

※ インクリメンタル・イノベーションの帰結としての長期成長

　本書冒頭の「はじめに」で提示した日本経営史全体にかかわる三つの問いのうちの二つ目は，「成長軌道に乗った日本経済は，どうして長期にわたり世界史にもまれな高成長をとげることができたのか」という問いであった。明治末期から1980年代にかけての時期に目を向けた第2部を閉じるにあたって，イノベーションの観点から，この問いに答えを導くことにしよう。それは，「インクリメンタル・イノベーションの帰結として，内需主導の長期にわたる相対

---

[210]　国民総生産（GNP）に対する輸出額（f.o.b. 価格）の比率。総理府統計局編『国際統計要覧（1975年版）』（1975年），総務庁統計局編『国際統計要覧（1985年版）』（1985年），同編『世界の統計（1994年）』（1994年）による。

198 第2部 インクリメンタル・イノベーションの時代

的高成長が実現した」という答えになる。

日本経済の長期にわたる相対的高成長を可能にした必要条件は，継続的に国内市場が拡大したことであった。第一次世界大戦を契機に始まった大衆消費社会化は，第二次世界大戦時において一時的に停滞したものの，戦後になると，さらに急速に進行した。欧米においても大衆消費社会化は進行したが，日本の場合には，国民の可処分所得の拡大だけでなく，生活の洋風化も同時に進行したから，消費革命は，より大きくより深い形で進展した。さらに，1930年代および戦後の高度成長期には，民間設備投資の活発化が内需の拡大を加速させた。この民間設備投資の増大こそ，日本の経済成長率を欧米先進諸国のそれよりも一段高いものにした，最大の要因だとも言える。こうして，日本経済は，1910年代から1980年代にかけて，東アジアの他の諸国・諸地域の場合とは異なり，内需主導型の相対的高成長をとげたのである。

内需の拡大が相対的高成長の必要条件だったとすれば，その十分条件は，革新的な企業家活動に導かれた「日本企業の組織能力の高まり」に求めることができる。内需の拡大を経済の成長に結びつけるためには，「創って作って売る」という企業活動の基本を包括的に深化させることが必要であった。そのためには，企業内の開発部門と製造部門と営業部門が情報を共有し，緊密に連携して「改善」を積み重ねてゆくことが求められた。「改善」という言葉に象徴されるインクリメンタル・イノベーションこそ，日本経済の長期にわたる相対的高成長を可能にした十分条件だったのである。

もちろん，1910〜80年代の時期にも，池田菊苗による味の素の発明や，豊田佐吉・喜一郎父子による自動織機の発明など，ブレークスルー・イノベーションも生じた。しかし，例外的なブレークスルー・イノベーションを事業化した二代鈴木三郎助に導かれた味の素（株）のその後の総合食品メーカーとしての発展は，インクリメンタル・イノベーションの積み重ねだったと言えるし，豊田喜一郎が実質的に創業したトヨタ自動車の国際競争力を決定的に高めたのは，「改善」という言葉に適合するインクリメンタル・イノベーションの象徴であるトヨタ生産方式の構築・進化であった。総じてみれば，この時期には，ブレークスルー・イノベーションは部分的現象にとどまり，インクリメンタル・イノベーションが支配的だったのである。

インクリメンタル・イノベーションの多くは，顧客のニーズに積極的に対応することからスタートする。顧客重視の姿勢は，都市化や電化の旗手となった

小林一三や松永安左エ門から，「消費革命」の仕掛け人となった松下幸之助まで，この第2部で取り上げたすべての企業家に共通していた。その姿勢こそが，内需の深耕を可能にしたとみなすことができる。

　一方で，第2部で取り上げた企業家たちは，新たなビジネス・チャンスをみいだすと，積極果敢に投資を遂行する点でも共通していた。多大なリスクを承知したうえで，戦前，大陸へ積極的に進出した野口遵や鮎川義介，出光佐三にその姿をみることができるし，西山弥太郎も，大型民間設備投資の先鞭をつけたという意味で，戦後の高度経済成長の牽引者となった。

　しかし，この革新的企業家による積極果敢な投資の遂行という日本経済の長期成長を導いた要因は，やがて衰退してゆく。1980年代の末に死去した土光敏夫が抱いた危機感が，次にみる第3部の時期には，現実のものとなってゆくのである。

第3部

二つのイノベーションに挟撃された時代

概観 4：1990 年代以降

ケース 18：稲盛和夫

ケース 19：鈴木敏文

ケース 20：柳井正・孫正義

論点 4：なぜ失速したか

202　第3部　二つのイノベーションに挟撃された時代

概観4：1990年代以降

❖日本経済の暗転

　第3部では，1990年代以降今日までの時期に活躍する3ケース4人の革新的企業家を取り上げる。ただし，この時期に日本経済と日本企業は，ICT（情報通信技術）を背景にした先進国発のブレークスルー・イノベーションと，急速なキャッチアップを実現した後発国発の「破壊的イノベーション」とに挟み撃ちされて，長期にわたる低迷を余儀なくされた。

　20世紀最後の10年間であった1990年代は，日本経済や日本企業にとっての「失われた10年」だったと言われる。本書でここまでみてきたように，日本経済は，1910年代から4分の3世紀あまりにわたって，第二次世界大戦敗北直後の一時期を除きほぼ一貫して，資本主義諸国のなかで相対的高成長をとげてきた。しかし，1990年代にはいると，経済成長に関して，サミット参加諸国中の「優等生」から一挙に「落第生」に転落した。

　1997〜98（平成9〜10）年に北海道拓殖銀行・山一證券・日本長期信用銀行・日本債権信用銀行の経営破綻という形で現出した「平成金融恐慌」は，70年前の1927（昭和2）年に起きた「昭和金融恐慌」に比肩するものとみなされた。また，1990年代末の日本では，敗戦直後の1949年にドッジラインによって生じて以来，50年ぶりに本格的なデフレーション（物価の持続的な低落）が発生した。

　日本経済の低迷に追い打ちをかけたのは，いわゆる「リーマン・ショック」である。2008年9月にアメリカで大手投資銀行リーマン・ブラザーズが破綻し，それを契機にして，瞬く間に世界全体が同時不況の波にのみ込まれた。そして，この世界同時不況は，日本経済にも深刻な打撃を与えた。

　リーマン・ショックに端を発した世界同時不況とは別に，日本では，固有の大きな悲劇，大きな問題が生じることになった。東日本大震災と東京電力・福島第一原子力発電所事故が，それである。

　2011年3月11日午後2時46分，マグニチュード9.0に達する巨大地震，東北地方太平洋沖大地震が発生した。この地震とそれが引き起こした大津波は，

第二次世界大戦後の日本で最大規模となる自然災害である東日本大震災を引き起こし，震災による死者および行方不明者は2万人近くに及んだ。

東日本大震災は，福島第一原発事故をともなった点でも，特筆すべき歴史的出来事であった。福島第一原発事故は，原子力施設の事故・故障等の事象を評価する国際原子力事象評価尺度（INES）で，史上最悪と言われる1986年のチェルノブイリ原子力発電所事故（旧ソ連）と並ぶレベル7（「深刻な事故」）と評価されるにいたり，現在でも多くの住民が避難を余儀なくされている。

1990年代以降の日本経済と日本企業の低迷は，従来にない深刻な事情を背景に有していた。それは，日本が2005年に人口減少社会へ転換したことであった。

2005年12月，厚生労働省は，同年の「人口動態統計」（年間推計）を発表した。それによれば，出生数は前年比4万4000人減の106万7000人，死亡数は前年比4万8000人増の107万7000人となり，差し引きで1万人の「自然減」となった。出生数が死亡数に達しない自然減は，同種の統計調査が始まった1899年以来，初めてのことであった。

人口減少社会には，メリットとデメリットの両面がある。メリットとしては，エネルギー・水・その他資源の消費量が減ること，食糧の消費量も減少すること，地球温暖化をもたらす二酸化炭素（CO_2）排出量が削減されること，土地取得の可能性が上昇すること，などが挙げられる。一方，デメリットとしては，市場規模が縮小するとともに，投資機会・意欲も減退するため，経済成長が抑制される点が重大である。そのほか，社会や文化の継承者の減少，国際社会での地位低下など，深刻な問題も引き起こす。総じて言えば，人口減少社会には，メリットよりもデメリットが大きいと言わざるをえない。

❖ 日本的経営の機能不全

1980年代半ばには，日本経済の好調なパフォーマンスを反映して，国際的にも，日本の企業システムを肯定的に評価する見方が支配的であった。しかし，バブル景気が崩壊し，「失われた10年」が始まると，日本の企業システムに対する批判が勢いを強めた。

その際，主として批判の矛先が向けられたのは，日本的経営のあり方に対してであった。

1990年代初頭にバブル景気が崩壊したのち，日本的経営は機能不全を起こ

すにいたった。日本的経営が活力を失うきっかけとなったのは，1980年代まで日本的経営の中心的な担い手であった経営者企業である大企業が，すっかり自信を失い，「株主重視の経営」を前面に押し出すようになったことである。

　誤解を避けるために言えば，1990年代以降の日本で，経営者企業である大企業が株主重視の姿勢をとること自体は，間違っていない。1980年代後半から急速に進展した日本の資本市場の拡大と金融面でのグローバライゼーションよって，事業会社には資本市場から資金を調達することが求められており，そのためには，株主重視の姿勢をとることが必要だったからである。問題は，株主重視と短期的利益の追求とを同一視し，経営者企業タイプの大企業の多くが，日本的経営のメリットである長期的視野をもつことを忘れてしまったことにある。

❖「投資抑制メカニズム」

　ややもすると，株主重視と短期的利益の追求とは，同一視されがちである。現実に，1960～80年代の時期には，アメリカ企業も，株主重視と短期的利益の追求を同一視したため，必要な投資を怠り，その結果，いくつかの分野では「日米逆転」が生じて，日本企業に遅れをとることになった。しかし，1990年代にはいると，アメリカ企業は，株主重視の姿勢を維持しながらも，長期的視野に立って投資を積極的に行うようになり，「日米再逆転」を実現させた。

　バブル景気崩壊後，経営者企業タイプの日本の大企業では，ROA（Return on Assets, 総資産利益率）やROE（Return on Equity, 株主資本利益率）を重視するアメリカ型企業経営への移行が盛んに追求されるようになった。1990年代に「ニュー・エコノミー」を謳歌したアメリカでは，企業が積極的に投資を行い，A（Assets, 資産）やE（Equity, 株主資本）を増やしながら，それを上回る勢いでR（Return, 利益）を増大させて，ROAやROEの上昇を実現する戦略をとった。これとは対照的に，日本では，多くの経営者企業タイプの大企業が投資を抑制し，AやEを削減して，ROAやROEの上昇を図ろうとした。

　厳密に言えば，バブル景気崩壊後の日本で，膨脹した資産（Assets）を縮小しようとする行為自体は，間違ったものとは言えない。資産縮小を行ったうえで競争力を強化することにつながる投資を行うならば，ビジネスを再生させることができるからである。問題は，資産縮小により企業体質を強くしたにもかかわらず，成長戦略に見合うきちんとした投資を行わない日本企業が多かった

ことにある。

ROA や ROE の上昇という同じ目標をめざしながらも，総じて言えば日米両国の企業は投資に対して正反対の姿勢をとったのであり，バブル景気崩壊後の日本では，「投資抑制メカニズム」とでも呼ぶべきものが，きわめて深刻に作用した。経営者企業タイプの日本企業では，企業本来の職務である投資を十分に行うことができない萎縮した経営者の姿と，投資抑制による企業の生き残りに対して積極的に協力する正社員従業員の姿とが，観察されるようになった。長期的な視野をもち必要な投資を的確に行うという日本的経営のメリットは，影をひそめてしまったのである。

この第3部では，稲盛和夫・鈴木敏文・柳井 正・孫正義の4人に光を当てる。彼らはいずれも，1990年代以降の厳しい時代にも，例外的に革新を貫いた経営者であった。

ケース **18**：稲盛和夫／ ベンチャー経営者によるマネジメント革新

❖ベンチャー経営者として京セラを創業

　稲盛和夫を 1990 年代以降の時期を対象とする第 3 部で取り上げることには，異論が生じるかもしれない。稲盛が京都セラミックを設立したのは 1959（昭和 34）年のことであり，彼の活躍は日本経済の高度成長と符節を合わせて始まったからである。しかし，稲盛を第 2 部にではなく，あえて第 3 部にラインアップしたのには理由がある。ベンチャー経営者として出発する際に示したリスクへの果敢な挑戦，現状維持ではなく学習による成長を前提とした将来志向の市場開拓・技術開発，シンプルでユニークな組織活性化策による進化の継続など，稲盛の企業家活動を特徴づけるそれらの要素のいずれもが，1990 年代以降の失速の時代に日本の経営者が失ってしまったもの，そして日本経済の再生のためには何よりも必要とされているものばかりだからである。そのことを実証するように稲盛和夫は，1990 年代以降の時期にも，第二電電の経営を軌道に乗せ，経営破綻した日本航空を再建するなど，活躍を続けている。

　稲盛和夫は，1932 年に鹿児島市薬師町で生まれた。中学受験，大学受験，就職活動とも第一志望へ進むことができず，鹿児島中学校，鹿児島大学（工学部）を経て，京都の松風工業に入社した。松風工業は，電力系統で使う絶縁体の碍子を製造・販売していたが，日本碍子等との競争におされがちであり，労使対立も深刻で，経営状況は芳しくなかった。

　松風工業での稲盛和夫の活動について，加護野忠男は，次のように述べている[1]。

　「松風工業で稲盛が最初に取り組んだ仕事は，松下電子工業から依頼のあったブラウン管用の特殊磁器部品，U 字ケルシマであった」。

　「研究員として，U 字ケルシマの製造技術開発に取り組んだ。開発プロセスは容易なものではなかった。世界中でフィリップス社しかつくることがで

---

[1] 加護野忠男「ベンチャー経営者　稲盛和夫（京セラ）」伊丹敬之・加護野忠男・宮本又郎・米倉誠一郎編『ケースブック日本企業の経営行動 4』有斐閣，1998 年，359–360 頁参照。

きない，難しい部品であった」。

「フォルステライトという新しいセラミック材料の開発に成功し，U字ケルシマの量産にもめどがついた。当時は，テレビ・ブームが始まったばかりで，ブラウン管の部品であるU字ケルシマは，大きな需要が見込まれた。量産に移行することになり，本人も特磁課に移り，U字ケルシマの製造の開発に取りかかった。

特磁課では，『ニュー・セラミックでこの会社を立て直す』という意気込みで仕事を進めた。余剰人員が出ていた碍子部門からの人の異動を拒否し，自分自身でやる気のある人間を集めていった。苦労をしたが，製品の量産化にも成功した。

特磁課の主任として，ファルステライトをベースに日立製作所から依頼のあったセラミック真空管の開発に取り組むが，なかなか満足するものができなかった。そのころ，社外からやってきた技術部長と対立する。『君の技術と経歴ではそこまで。あとはわれわれがやる。君はこれから手を引いてくれ』という部長の一言で，退社を決意する」。

U字ケルシマの量産が始まった1957年，松風工業では，2カ月にわたるストライキが起こった。その最中も，稲盛らの特磁課だけはストライキに参加せず，需要家の要請に応えて，U字ケルシマの生産を続けた。労働組合の妨害で困難だった製品の搬出も，協力してくれる女子従業員がこっそり持ち出すという形で，なんとか行うことができた。このときの女子従業員が，のちに稲盛和夫の妻となった。

このような苦労を重ねてきたにもかかわらず，新参者の技術部長は，稲盛和夫の技術力や経歴を侮辱する発言をした。稲盛が退社を決意したのも，当然のなりゆきであった。

松風工業を退社した稲盛和夫は，京都セラミックを設立した。ベンチャー企業の立ち上げには，経営資源や顧客の確保が必要不可欠となるが，島本実によれば，京都セラミックの場合には，「経営資源の連鎖的動員」のメカニズムが働いたという[2]。

経営資源はヒト，カネ，モノなどからなるが，ヒトについては，松風工業時

---

2 以下の点については，島本実「京セラ」米倉誠一郎編『ケースブック　日本のスタートアップ企業』有斐閣，2005年，108-115頁参照。

代の有力な部下たちがこぞって京都セラミックに移籍したことが，大きな意味をもった。それだけでなく，松風工業時代に稲盛にほれ込んだ上司である青山政次が行動をともにしたことも，重要であった。青山は，自分の大学時代の友人であった宮木電機の幹部たちを稲盛に引き会わせた。青山と稲盛の粘り強い説得の結果，宮木男也社長をはじめとする宮木電機の幹部たちは，京都セラミックに創業資金を提供することになった。そのうえ，京都セラミックは，宮木電機から社屋や工場なども借り受けた。カネだけでなくモノの面でも，宮木電機は，エンジェル役をはたしたことになる。まさに，「経営資源の連鎖的動員」のメカニズムが作動したわけである。

　顧客の確保は，どうだったのか。この点について島本実は，以下のように記している。

　　「当初稲盛には，松下電子がこの部品（U字ケルシマ——引用者注）を新しく京セラに発注してくれるかどうか不安もあったが，結局，期待通り松下電子はこれまで松風工業に発注していた40万本のうち，20万本を京セラに回してくれた。これには2社に並行発注することで納品数の増加や変動に備えるというリスクヘッジの意味もあったが，何よりも松下電子が生まれたばかりのこの小企業を信じた理由は，ストライキのときにまで納品を優先した稲盛の行動に信頼を寄せてのことであった」[3]。

　こうして稲盛和夫は，京都セラミックのスタートアップに成功したのである。

❖ 将来志向の市場開拓・技術開発

　U字ケルシマの開発によってスタートアップをはたした京都セラミックは，それに続く成長戦略を貪欲に模索した。その際，大きな意味をもったのは，稲盛和夫が，現状維持ではなく学習による成長を前提とした将来志向の市場開拓・技術開発を追求したことであった。

　この点について島本実は，次のように記している。

　　「U字ケルシマの受注がこのまま永遠に続くはずもなく，京セラの将来的な成長のためには製品レパートリーの拡大は避けられぬ方向であった。稲盛は，U字ケルシマを持参して，当時，電子管を研究開発していた日立や東芝，三菱電機，ソニーなどに営業活動を行い，フォルステライトやアルミナなど

3　同前115頁。

を用いたセラミックス製電子部品のニーズを尋ねて歩いた。（中略）この時代には高度経済成長に伴う家電製品の普及が始まっていたため，高価な外国製部品の国産化は電機メーカーにとって重要な課題であった。そのため各電機メーカーは，営業にやってきた稲盛に対して，次第に，こういうセラミック製電子部品が作れるか，というような提案をしてくるようになった。

　そうしたときに稲盛は，驚くべきことに，その部品が自社の現在の技術力で完成できるかどうかわからなくても，即座に『できます』と答え，ともかく注文に応じていった。京セラではまず注文を取ってから，その後にその製品を製造するための新しい技術開発を行い，何とか間に合わせる形で受注した製品を辛うじて作っていったのである。こうした一見無謀にも見えるやり方にも，その背景には外国でできるものは自分の会社でもできるという強い信念と，現在ではまだ完成していない技術でも，未来には自社でできるようになるはずだという技術観があった。受注の意思決定を現時点での技術力にもとづいて行うのではなく，未来の時点までの進歩を前提にして行ったのである」[4]。

稲盛和夫の「未来の時点までの進歩を前提に」した市場開拓・技術開発が大きく花開いたのは，半導体集積回路用のセラミック積層パッケージの開発過程においてである。京都セラミックは，「一九六九年の春に，アメリカのフェアチャイルド社から，高密度パッケージの引合いを受けた。縦横二五ミリ，厚さ〇・六ミリの電子回路が印刷されたセラミック板を二枚重ね合わせ，その二枚の電子回路基板間が九二個の〇・二五ミリの穴を通じて電気的に接続されており，さらに三六本のピンが周囲に引き出されているというものであった。これを三カ月で開発してほしいという要請であった」[5]。

　京都セラミックにとって，この注文に応えることはきわめて困難であった。加護野忠男は，その困難を克服することによって，京都セラミックのなかに独特の信念が生まれたと説く。加護野は，まず，次のような稲盛和夫自身の言葉を引用することから始める。

　「開発陣は，二ヶ月ほどまさに不眠不休，放っておけば食事さえ忘れるくらい，全身全霊を傾けて取り組んだ。ようやくわずか一個であるが，何とか

4　同前 116-117 頁。
5　加護野前掲「ベンチャー経営者　稲盛和夫（京セラ）」368 頁。

製品をつくり上げたときの喜びは何にも代え難いものであった。

　この間，開発に携わった技術者の頭の中には，いっさいの邪念はなかった。一個の良品をつくる過程で，次々と立ちふさがる障害を克服するため，寝ても覚めても解決方法を考え続けた。決して困難な状況から逃げることはなく，真正面から真摯に開発に取り組んでいった。

　そうすると，困難と思われた技術問題が次第に解けていった。それは，必死に取り組んでいる姿を神が見ていて，そのあまりにいじらしい姿に感動して，手を差し伸べてくれたのではないかとも思えたほどであった。

　苦しんで苦しんで切羽詰まった状況で，今まで見過ごしていた現象を見つけ，一挙に問題解決が進む場合がある。神のささやく啓示とも呼ぶべきこの瞬間こそ，真の創造に至る道であろう」[6]。

　この稲盛の言葉をふまえて加護野は，「積層パッケージの生産が始まったのは，翌一九七〇年である。このような仕事を通じて，京セラの中には独特の信念が生み出されていく。潜在意識にまで浸透した願望が，物事を成就するうえで決定的な意味をもつという思想である」[7]と議論を展開するのである。

　セラミック積層パッケージの開発は，京都セラミック（株）の事業展開に飛躍をもたらすことになった。同社は，1982（昭和57）年には社名を京セラ（株）に改め，グローバル企業としての発展をとげるにいたった。

❖時間当たり採算と「アメーバ経営」

　セラミック積層パッケージの成功は，稲盛和夫に市場開拓や技術開発の面での自信を与えただけではなかった。「このころに，時間当たり採算という（中略）アメーバ経営の原型がつくられ」[8]たのである。

　これらについての島本実の説明を聞こう。

　「時間あたり採算制度とは生産高から原料などの経費を引き，それを総労働時間で割ることによって，工程ごとの時間あたりの付加価値を算定するというものである。このことによって従業員は付加価値がはっきりとわかり，どのようにしてこれを高めるかを容易に理解できるようになった。一方，ア

6　稲盛和夫『敬天愛人』PHP研究所，1997年，84-86頁。この言葉は，加護野前掲「ベンチャー経営者　稲盛和夫（京セラ）」368-369頁に引用されている。

7　加護野前掲「ベンチャー経営者　稲盛和夫（京セラ）」370頁。

8　同前367頁。

メーバ経営とは，大規模化しつつあった組織を，一つひとつが独立採算の中小企業であるかのように分割して管理するというものである。アメーバの数は 65 年に 2，66 年に 8，67 年に 14，68 年に 17 と年々増加していった（京セラ 40 周年社史編纂委員会編纂［2000］[9]，63 頁）。各アメーバの収支は先の時間あたり採算制度で測定され，またこれは必要に応じて分裂し，その小単位ごとに効率を上げることを互いに競いあった。まさにこれは組織の効率維持と経営環境への適応力維持を同時達成しようとする仕組みであった」[10]。

「組織の効率維持と経営環境への適応力維持を同時達成しようとする仕組み」である時間当たり採算制度とアメーバ経営は，その後，京都セラミック（京セラ）の経営に深く定着し，組織を継続的に活性化させる機能をはたした。これらのシンプルでユニークな組織活性化策は，のちに稲盛和夫が請け負った日本航空の再建の際にも活かされたのである。

◈ 経営理念提示型企業家

稲盛和夫は，明確な経営理念を掲げる経営者としても知られる。田中一弘は，稲盛を，渋沢栄一や松下幸之助とともに経営理念提示型の企業家とみなしている[11]。そして，「稲盛和夫が打ち出した京セラの理念的目的は，『全従業員の物心両面の幸福を追求すると同時に，人類，社会の進歩発展に貢献すること』である。その遂行にあたっては，たとえば『敬天愛人』『原理原則を基準とする』『人間として正しいことをする』といったことが拠るべき規範になる」[12]と指摘する。

田中によれば，経営理念提示型企業家に関しては，

(1) 経営理念が自らの切実な経験から生み出されたものであること，

(2) 経営理念に揺るぎない信頼を置いていること，

(3) 「経営のあり方」を「人間のあり方」と密接不可分に結びつけていること，

---

9 京セラ 40 周年社史編纂委員会編纂『果てしない未来への挑戦　京セラ心の経営 40 年』，2000年。

10 島本前掲「京セラ」118 頁。

11 田中一弘「経営理念提示型　渋沢栄一，松下幸之助，稲盛和夫」宮本又郎・加護野忠男・企業家研究フォーラム編『企業家学のすすめ』有斐閣，2014 年，406-417 頁参照。

12 同前 408 頁。

の3点に注目すべきだという[13]。

まず(1)の点については，稲盛和夫の場合，以下のような事情が存在したと，田中一弘は言う。

「もともとは『自分の技術を世に問いたい』という動機で昭和三四年（1959年——引用者注）に京セラを設立した稲盛であったが，ほどなくして一部の若手社員たちから将来の待遇保証を求める連判状をつきつけられ，大きな衝撃を受ける。稲盛は三日三晩かけて彼らを説得しその要求を拒んだものの，そこで初めて気づいたという。『企業を経営するということは，「自分の夢を実現するということではなく，現在はもちろん，将来にわたっても従業員やその家族を守っていくということである」』と（稲盛，2012[14]，四〇頁）」[15]。

次に(2)の点について田中一弘は，「稲盛和夫は，『人間として正しいことを正しいままに貫いていく』という『原理原則』を経営の判断基準とし，これを堅持してきた。これに反すれば決してうまくいくはずはなく，これに則れば少なくとも大きな間違いを犯すことはないと信じてのことである」[16]と述べる。そして最後に(3)の点については，稲盛の「私は人間のあるべき姿を追求することにより，経営の拠って立つべき座標軸も明らかになると信じている」[17]という言葉を引いて，彼は「『よく生きる』ことを『よく経営する』ことへ推し及ぼそうとした企業家である」[18]と評価している。

稲盛和夫の経営理念は，京都セラミック（京セラ）の社内で，「京セラフィロソフィ」として定式化された。稲盛は，1984（昭和59）年に200億円の私財を投じて，稲盛財団を創設し，国際的な表彰事業である「京都賞」の授与などを始めた。京セラフィロソフィは，世界に向けて発信されるにいたったのである。

❖ 第二電電の創業

稲盛和夫の企業家活動は，バブル景気が崩壊し，日本経済が失速するようになってからも衰えを知らなかった。『週刊エコノミスト』は，2003（平成15）

13　同前407頁参照。
14　稲盛和夫『新版・敬天愛人』PHP研究所，2012年。
15　田中前掲「経営理念提示型」409-410頁。
16　同前412頁。
17　稲盛前掲『新版・敬天愛人』21頁。
18　田中前掲「経営理念提示型」414頁。

KDDI 発足時の稲盛和夫 (右から二人目, 2000 年) (毎日新聞社提供)

年から 2004 年にかけて,「失われた 10 年」と呼ばれた 1990 年代にも例外的な活躍をとげた経営者を対象にして,「現代産業史の証言」と題するインタビュー記事を連載した。稲盛は, その対象者の一人として登場し, 第二電電の創業とその後の KDDI への発展について語った[19]。

1985 年に電電公社の民営化と通信の自由化が実施され, 新電電 (NCC) の通信事業への参入が始まった。その先陣を切ったのは, 稲盛和夫がリーダーシップを発揮して, その前年の 1984 年に設立した第二電電企画であり, 同社は, 1985 年に第二電電 (DDI) と改称した。第二電電の創業にあたって稲盛は, 通信自由化論者で電電公社を退社した千本倖生と手を組み, 同じく規制緩和論者であるウシオ電機の牛尾治朗, ソニーの盛田昭夫, セコムの飯田亮らの支援を得た。

DDI は, 2000 年には, 国際電信電話の事業を継承したケイディディと, 日本高速通信やトヨタ自動車が大株主であった日本移動通信とを合併して, (株)ディーディーアイとなった。同社は, 2001 年に KDDI と社名変更して, 今日

---

19 「現代産業史の証言⑨ 稲盛和夫・京セラ名誉会長 通信自由化 (上) 先陣を切って, 新電電を旗揚げ」『週刊エコノミスト』2003 年 12 月 2 日号, 68-71 頁,「現代産業史の証言⑩稲盛和夫・京セラ名誉会長 通信自由化 (下) KDDI 誕生 合併秘話を明かす」『週刊エコノミスト』2003 年 12 月 9 日号, 48-52 頁参照。

214　第3部　二つのイノベーションに挟撃された時代

にいたっている。

　『週刊エコノミスト』に掲載された稲盛和夫のインタビューの聞き手を務め
たのは，筆者であった。その関係で，同誌にインタビューの感想を寄せたこと
がある[20]。ここで，その内容を紹介しておこう。

・　　　・　　　・

　稲盛和夫氏のインタビューを通じて，二つの場面がとくに印象的であった。
一つは，「コロンブスの卵」として第二電電（DDI）を設立し，果敢に電電公社
に挑むくだりであり，いま一つは，第二電電が設立されて以降，厳しい競争に
さらされながら，KDDIの発足にたどり着くくだりである。

　一番目の点に関しては，第二電電の登場自体が「予想外」の出来事だった点
を見落してはならない。と言うのは，電電公社が民営化され通信事業が自由化
されることになった時点で，通信回線を敷設するのに適した資産を持つ国鉄，
道路公団，電力会社がまず，通信事業に参入すると考えるのが，「常識」だか
らである。しかし，この常識は，通用しなかった。国鉄，道路公団，電力会社
は手をあげず，受けて立つ側の電電公社の真藤恒総裁でさえ，競争相手が現れ
ないため電電公社の民営化が頓挫するのではないか，と懸念するほどの閉塞状
況が現出した。それを突き破ったのが，京セラの総帥である稲盛和夫氏が打ち
出した，第二電電設立構想であった。第二電電は「コロンブスの卵」となり，
国鉄，道路公団，電力会社は，ようやく重い腰をあげて通信事業に参入した。
「百年に一度の事業」である日本の通信事業自由化は，稲盛氏というパイオニ
アが存在することによって，初めて実現をみたのである。

　稲盛和夫氏による第二電電設立の背景には，特筆すべきいくつかの事情があ
った。千本倖生氏との出会い，牛尾治朗氏・盛田昭夫氏・飯田亮氏らの支援，
信用の源泉となった京セラの資金力，などがそれである。しかし，インタビュ
ーの際に強く感じた点は，稲盛氏自身のパイオニア精神こそが，第二電電を誕
生させた最も本質的な要因だということである。第二電電設立は，通信事業の
規制緩和のみならず，日本経済全体の規制緩和を進めるうえでの一大エポック
となった。歴史の扉は，しばしば，「常識」によってではなく，一人のパイオ
ニアの「予想外」の英断によって開かれるのである。

20　橘川武郎「パイオニアの英断が開いた歴史の扉」『週刊エコノミスト』2003年12月9日号，
　　50-51頁。

ケース **18**：稲盛和夫　215

　二番目の点に関しては，インタビューを通して，第二電電の「奮闘」ぶりがよく理解できた。ただし，それは，受けた印象としては，「奮闘」というよりも「苦闘」に近いものであった。設立直後にマイクロウェーブの回線敷設について真藤電電公社総裁の協力を得たこと，国鉄のようなバイイングパワーを行使できないため最初に手がけた専用回線ビジネスで惨敗したこと，外部から招聘した経営者のなかには必ずしも十分な力を発揮できないケースもあったこと，自動車電話の事業化に関しては社内の反対があったこと，PHS[21]の事業化をめぐって稲盛・千本両氏のあいだで意見の齟齬があったこと，自動車電話事業の地域割りに関してトヨタ自動車に譲歩したこと，そのトヨタ自動車に気を配りつつあくまで「第二電電主導」でKDDIの発足を実現したこと，……これら一連の興味深い事実を，稲盛氏は，淡々と語った。

　日本の通信事業が自由化されてから，二十年近い歳月が過ぎた。近年の通信事業では，携帯電話を中心とする移動体通信がウエートを急速に高めている。その移動体通信をめぐって，日本市場では，KDDI，NTT ドコモ，Vodafone の三社が，激烈な企業間競争を展開している。もし，KDDI が存在しなかったならば，日本の移動体通信事業は，電電公社の後身である NTT グループのメンバー企業と，外資系企業とに，「占拠」されていたことになる。もし，そうなっていれば，通信事業自由化の意味自体が根本的に問い直されかねなかったことであろう。しかし，現実には，KDDI が存在し，同社の携帯電話のブランドである au は，最近でも，月別新規契約者数でトップシェアをしばしば記録している。稲盛和夫氏は，第二電電発足に際して集まった社員たちを鼓舞して，同社の理念は，通信事業で本格的な企業間競争を喚起し，サービス向上と料金低下を競い合うことによって，消費者の便益を向上させる点にあると，力説したという。この理念は，現在も，脈々と生き続けているのである。

◆　　　◆　　　◆

　最後の「この理念は，現在も，脈々と生き続けている」という叙述は，この感想を書いてから 15 年以上経った今日（執筆している 2019 年 5 月時点）でも，そのまま有効である。

21　Personal Handyphone System の略で，簡易型デジタル電話システムのこと。

216 第3部 二つのイノベーションに挟撃された時代

❖ 日本航空の再建

2010 年代にはいっても，経営者としての稲盛昭夫に対する声価を一段と高める出来事があった。経営破綻した日本航空の再建を，短い期間で成し遂げたのである。

日本航空は，完全に民営化しているにもかかわらず政府や運輸族議員に依存する取締役会の機能不全，多数の労働組合の併存と深刻な労使対立，「ナショナル・フラッグはつぶれることがない」という思い込みなどがたたって，2010（平成 22）年 1 月に経営破綻した。同社の再建のため，同年 2 月に取締役会長に就任した稲盛は，鮮やかな手綱さばきで，経営再建をやりとげた。日本航空が東京証券取引所第 1 部に再上場をはたしたのは，破綻による上場廃止からわずか 2 年 7 カ月後の 2012 年 9 月のことであった。

経営再建にあたって稲盛和夫日本航空会長がまず行ったのは，京セラフィロソフィの内容を盛り込んだリーダー研修を徹底的に行うことであった。初めは抵抗感が強かった日本航空の社内にも，次第に京セラフィロソフィをふまえた「JAL フィロソフィ」が定着していった。とくに，職場単位の収入と費用を「見える化」し，業績の改善を促すアメーバ経営方式は，大きな力を発揮した。飛行機 1 機ごとに収支を管理するなどのやり方が，浸透したのである [22]。

「『組織の効率維持と経営環境への適応力維持を同時達成しようとする仕組み』である時間当たり採算制度とアメーバ経営」の有効性は，けっして京セラの社内だけに限定されるわけではないことが実証された。稲盛和夫の経営哲学と経営手法の汎用性が，誰の目にも明らかになったのである。

---

22 以上の点については，「JAL "予想外" の成功で注目，稲盛氏の右腕　森田 JAL 特別顧問が明かすアメーバ経営の実際」『東洋経済 ONLINE』2012 年 9 月 18 日，今井祐「日本航空（JAL）の再建に見る『経営者　稲盛和夫の経営哲学』」『日本経営倫理学会誌』第 22 号，2015 年，など参照。

ケース**19**：鈴木敏文／
日本発世界へのコンビニエンス・ストア革新

◇日本小売業発展のダイナミズム

　多くの日本経営史のテキストにおいてあまり力点をおいて叙述されてこなかったものに，流通業がある。流通業に関しては，小売の零細性・過多性・生業性や卸売の多段階性によって特徴づけられる日本の流通構造が，「日本資本主義の後進性」や「日本の経済発展の低位性」の所産として問題視されたのである[23]。

　大企業・中小企業間の規模別格差の場合と違って，この特徴的な流通構造は，高度経済成長期を経ても，基本的には維持された。そのことは，日本の零細小売店の店舗数が，1980年代初めまで増加し続けたことに，端的に示されている。

　ただし，戦前以来の伝統的な流通構造が高度経済成長期にも維持されたということは，戦後復興期から高度成長期にかけての時期に，日本の流通業をめぐって，重大な変化が生じなかったことを意味するものでは，けっしてない。最近の研究成果は，大きな変化がみられたにもかかわらず，結果として流通構造が変わらなかった事情を明らかにしている[24]。

　この時期に生じた流通業をめぐる重大な変化とは，日本の消費構造が大きく変容し，それに対応する新しい小売業態が登場，成長したことである。消費構造の変容は，生活水準の向上という量的側面と，生活様式の洋風化という質的側面との，両面にわたって進行した。

　消費構造の変容に対応して，急速に成長した最初の新しい小売業態としては，百貨店を挙げることができる。三越が日本最初の百貨店の形態を整えたのは1914（大正3）年の新店舗完成によってであったが，百貨店業全体が本格的な発展をとげるようになったのは，呉服需要が高まった1920年代後半〜30年代

23　この点については，田村正紀『日本型流通システム』千倉書房，1986年，参照。

24　以下の記述について詳しくは，高岡美佳「戦後復興期の日本の百貨店と委託仕入」『経営史学』第32巻第1号，1997年，橘川武郎・高岡美佳「戦後日本の生活様式の変化と流通へのインパクト」東京大学『社会科学研究』第48巻第5号，1997年，高岡美佳「高度成長期スーパーマーケットの資源補完メカニズム」『社会経済史学』第65巻第1号，1999年，参照。

218　第3部　二つのイノベーションに挟撃された時代

のことであった[25]。その後，第二次世界大戦後の1950年代前半に，日本の百貨店は，今度は，衣料の洋風化（洋服化と既製服化）の波に乗って，再度の急成長を示した。第一次百貨店法が1937（昭和12）年に，第二次百貨店法が1956年に，それぞれ制定されたのは，2度にわたって業容を拡大した百貨店を，事後的に規制しようとしたものであった。

　百貨店に続いて発展をとげた新しい小売業態は，高度経済成長期に登場したスーパーマーケットである。日本のスーパーは，食生活の洋風化に対応して急成長し，1957年に大阪で1号店を開店した中内㓛のダイエーは，15年後の1972年には売上高で三越を凌駕し，日本最大の小売企業となった。1973年に制定され，1978年に改正強化された大規模小売店舗法（大店法）は，高度経済成長期に業容を拡大したスーパーを規制しようとしたものであった。

　スーパーの急成長を背景にして，1960年代初頭の日本では，「流通革命」論が，一世を風靡した。「流通革命」論は，①スーパーの発展にともない零細小売店は減少する，②生産段階での量産化と小売段階での量販化（スーパーの発展）とが同時進行することによって中間段階の卸売商は排除される（いわゆる「中抜き」が生じる），という2点を強く主張した[26]。しかし，既述のように，現実には，その後も零細小売店は増加し続けたし，卸売商の事業行動も活発なままであった。なぜ，「流通革命」論の見通しは，はずれたのだろうか。別言すれば，なぜ，百貨店やスーパーの成長がみられたにもかかわらず，日本の伝統的な流通構造は，維持されたのだろうか。理由は二つある。

　第1は，高度経済成長期以降も日本では，食生活の洋風化が進展する一方で，生鮮食料品消費のウエートが高い水準を維持したことである。高度成長期までの日本のスーパーは，生鮮食料品のプリ・パッケージ・システムを開発することができず，店頭でのセルフサービス方式による生鮮食料品販売に成功しなかった。このため，零細小売店のなかで大きな比重を占めた零細食料品小売店（青果店，鮮魚店，精肉店など）にとっては，引き続き店舗数を増大させる余地が残されたのである。

　第2は，日本の百貨店もスーパーも，成長プロセスで必要とされた経営資源の不足分を，卸売商との関係によって補完したことである。戦後復興期の百貨

---

[25]　この点については，鈴木安昭『昭和初期の小売商問題』日本経済新聞社，1980年，参照。
[26]　林周二『流通革命』中央公論社，1962年，参照。

店は，新しい商品である洋服，それも既製服を適切に品揃えし，販売する人的資源を，十分には保有していなかった。百貨店の売場に派遣店員を送り込むなどして，その不足分を補完したのは，樫山純三の樫山（株）(現在のオンワード樫山）に代表される新興洋服問屋であった。また，高度成長期のスーパーは，チェーン・オペレーション[27]（それは，低廉な加工食品販売を実現するためには，不可欠の要件である）に必要な資金の不足に，悩まされていた。この不足分を補完するうえで大きな意味をもったのは，食品問屋等の卸売商がスーパーに事実上融通する形になった回転差資金[28]であり，高度成長期日本のスーパーは，「流通革命」論の見通しに反して，卸売商を排除するという方針はとらなかった。高度経済成長期を経過しても卸売商の事業行動が活発なままであった背景には，このように，新しい小売業態の旗手である百貨店やスーパーが，卸売商をむしろ積極的に活用する戦略をとったという事情が存在したのである。

　石油危機後の安定成長期の日本では，百貨店やスーパーとは異なる，新しい小売業態が出現した。短期間に急成長をとげることになったコンビニエンス・ストア（コンビニ）が，それである。日本で最初のコンビニが開店したのは1969年のことであるが，2002年には，全国のコンビニの店舗総数は4万1770店に達した[29]。

　日本のコンビニエンス・ストア事業は，アメリカをモデルとして出発したが，まもなく独自のシステム革新を実現し，やがてアメリカからモデルとされるようになった[30]。独自のシステム革新の内容は，多品種少量在庫販売・年中無休長時間営業等の小売業務面，短リード小ロット・生産販売統合・商品共同開発等の商品供給面，情報ネットワーク・戦略的提携・フランチャイズ制等の組織構造面など，きわめて多岐にわたった。日本のコンビニエンス・ストア企業の成長がとくに著しかったのは，情報網構築や物流に関して規模の経済を実現す

---

27 チェーン・オペレーションとは，営業活動を機能的に分離し効率化することによって，規模の経済の実現をめざす多店舗経営のことである。

28 回転差資金とは，商品の仕入代金を卸売商に支払うまでの期間が，その商品を消費者に現金販売するまでの期間より長いことからスーパーの手元に生じる，余裕資金のことである。

29 経済産業省経済産業政策局調査統計部『2005 我が国の商業』2005年，参照。

30 日本におけるコンビニエンス・ストアの発展については，川邉信雄『セブン-イレブンの経営史』有斐閣，1994年，矢作敏行『コンビニエンス・ストア・システムの革新性』日本経済新聞社，1994年，高岡美佳「安定成長期日本におけるコンビニエンス・ストアの成長過程における資源補完メカニズム」『経営史学』第34巻第2号，1999年，など参照。以下の記述は，とくにことわらない限り，これらの文献による。

るため，互いに競い合いながら地域集中型の多店舗展開戦略（いわゆるドミナント戦略）をとったからであった。それらの企業は，ドミナント戦略を自前で遂行するのに必要な「立地」資源や資金を保有しておらず，不足資源を補完するため，フランチャイズ制を積極的に活用した。

日本のコンビニエンス・ストア業界のトップ・カンパニーで，一連のシステム革新を主導した，鈴木敏文率いるセブン-イレブン・ジャパンは，1990 年に経営危機に陥ったアメリカの親会社サウスランド社の救済に乗り出すとともに，1993 年には経常利益で日本の親会社イトーヨーカ堂を凌駕した。セブン-イレブン・ジャパンは，「二重の逆転」を実現したのである。

❖ 鈴木敏文の略歴

革新的なコンビニエンス・ストア・システムを構築する先頭に立ったのは，鈴木敏文であった。鈴木は，大学卒で内部昇進をとげた専門経営者であり，稲盛和夫や孫正義のようなベンチャー経営者や柳井正のようなオーナー経営者ではなかったが，彼らと同様に，世界的な成功をおさめるビジネスモデルを作り上げた。

鈴木敏文は，1932（昭和 7）年，長野県埴科郡坂城町に生まれた。中央大学経済学部を卒業後，東京出版販売（現在のトーハン）での勤務を経て，1963 年にイトーヨーカ堂に入社。1971 年には，イトーヨーカ堂の取締役となった。

1973 年に，コンビニエンス・ストア業態のセブン-イレブンを展開していたアメリカのサウスランド社と提携し，（株）ヨークセブンを設立。鈴木敏文は，ヨークセブンの専務取締役に就任した。

翌 1974 年には，日本国内でのセブン-イレブン 1 号店を，東京都江東区に出店。1975 年には，セブン-イレブンの 24 時間営業が，福島県郡山市でスタートした。

1978 年にヨークセブンは（株）セブン-イレブン・ジャパンと改称し，鈴木敏文が社長に就任した。セブン-イレブン・ジャパンは，1991 年にはアメリカのサウスランド社の経営権を取得した。

鈴木敏文は，1992 年にイトーヨーカ堂の社長にも就任した。2003 年にはイトーヨーカ堂会長・最高経営責任者（CEO），セブン-イレブン・ジャパン最高経営責任者（CEO）となり，2005 年にセブン＆アイ・ホールディングスが発足すると，同社の会長・最高経営責任者（CEO）に就任した。

ケース **19**：鈴木敏文　221

　2016 年，自らが提案したセブン-イレブン・ジャパンの社長交代案がセブン＆アイ・ホールディングスの取締役会で不採択になると，それを機に，鈴木敏文は，現役引退を表明。セブン＆アイ・ホールディングスの名誉顧問となった。

◈コンビニエンス・ストアの店舗展開戦略

　鈴木敏文は，革新的なコンビニエンス・ストア・システムの構築によって，「小売の神様」と呼ばれた。日本最初のコンビニと言われる「マイショップ豊中店」が大阪府で開店したのは，1969（昭和 42）年のことである。その後，コンビニは急速な発展をとげ，日本人の生活に欠かせない小売業態となった。そして，百貨店，スーパーマーケット（スーパー）に代わって，戦後の日本における「小売業態の第 3 の主役」を演じるにいたったのである。

　高岡美佳は，その理由について，次のように説明する。

　「コンビニエンスストアが急成長した背景には，既存の小売業者が十分に対応することができなかった『消費の即時化』（矢作，1994[31]，58–63 ページ）と呼ばれる消費行動の変化がある。『近く』（立地）で，『いつでも』（時間），『日常生活に必要なものが揃う』（品揃え），という 3 つの要素からなる利便性を徹底的に追求することによって，コンビニエンスストアは，安定成長期の新たな消費ニーズを的確に捉えたのである」[32]。

　このように説明したうえで高岡は，日本のコンビニエンス・ストアの店舗展開には，以下のような二つの特徴があったという。

　「第 1 は，コンビニエンスストアの店舗展開のスピードが極めて速かったことである。1993 年の時点で 223 店を擁し，当時，日本最大のスーパー・チェーンであったダイエーの場合は，1973 年（同年の店舗数は 108 店）からの 20 年間に，店舗数を 2.06 倍にした。これに対して，1997 年の時点で7001 店を有し，日本最大のコンビニエンスストア企業であったセブン-イレブン・ジャパンの場合は，1977 年（同年の店舗数は 375 店）からの 20 年間に，店舗数をじつに 18.67 倍にした。この 2 社の比較から明らかなように，コンビニエンスストアの店舗展開は，スーパーのそれに比べて，非常にスピードが速かったと言うことができる。

31　矢作前掲『コンビニエンス・ストア・システムの革新性』。
32　高岡美佳「現代の流通企業と企業間関係」亀川雅人・高岡美佳・山中伸彦『入門　現代企業論』新世社，2004 年，309 頁。

222 第3部 二つのイノベーションに挟撃された時代

　第2は，コンビニエンスストアの店舗展開の場合には，特定の地域への集中性が著しかったことである。このような店舗展開の方法を，『ドミナント戦略』という。この点についても，ダイエーとセブン-イレブン・ジャパンとを比較すると，ダイエーの1993年時点における店舗所在都道府県数は35であったのに対し，セブン-イレブン・ジャパンの1997年時点におけるそれは25にとどまったことがわかる」[33]。

　セブン-イレブン・ジャパンがドミナント戦略にこだわった理由について，2003年時点で，同社会長であった鈴木敏文は，次のように述べている。

　「なぜドミナントかというと，商品をデリバリー（配送）する場合，出店地域に店が集中していれば輸送効率が高くなります。それだけではなくてスピーディーに配送できるので鮮度のいい商品を送り込めます。それに，たとえば，一つの食品工場で，たくさんの店に配送できるから工場の生産性も高まるんです。商品を店に送り込む供給サイドから考えるとドミナントは有利なんです。今お弁当を1日に3回，店に配送していますが，これもドミナントのお陰で店と店との距離が近く，デリバリーコストも安く済むため3回配送が可能なんですよ。

　お客さんのサイドからしても，セブン-イレブンが右を向いても左を向いてもあるということが，文字通りコンビニ（便利）ですから，利用しやすい。そういう意味で，ドミナントは小売業には絶対に必要なわけです」[34]。

❖ フランチャイズ制の導入

　鈴木敏文が構築した革新的なコンビニエンス・ストア・システムは，フランチャイズ制を積極的に導入した点にも，大きな特徴があった。フランチャイズ制とは，「フランチャイザー（特権を提供する企業＝本部）がフランチャイジー（特権を受ける企業＝加盟小売店）に対して，一定の報酬の見返りとして，商号・商標等を使用して事業活動を行う権利，免許を与え，さらに組織づくり，教育訓練，マーチャンダイジング，経営管理などに関する助成活動を行う継続的関係」[35]のことである。

33　同前310-311頁。
34　「現代産業史の証言②　コンビニ登場（中）　鈴木敏文セブン-イレブン・ジャパン会長インタビュー」『週刊エコノミスト』2003年10月14日号，41-42頁。
35　流通経済研究所編・通商産業省企業局中小企業庁監修『コンビニエンス・ストア・マニュア

コンビニエンス・ストア発祥の地であるアメリカでは直営店が支配的であるにもかかわらず，日本ではコンビニでフランチャイズ制が広く普及した理由について，高岡美佳は，次のように解説する。

「日本のコンビニエンス企業がフランチャイズ・システムを採用したのは，(a)ドミナント戦略を展開するためには一定地域内に多数の店舗を開設する必要があり，それを実現する経営資源（主として，店舗の土地や建物を購入する資金）を，コンビニエンスストア企業が持ち合わせていなかったからである。また，(b)フランチャイズ・システムの場合，フランチャイジーが『自分の店舗』という意識をもつため，事業に対するインセンティブが高まり，自社社員が店舗を運営した場合に比べて消費者へ提供するサービスの水準が上昇する点も，重要であった。（中略）(a)は『資源制約説』に合致し，(b)は『インセンティブ説』に合致する」[36]。

この解説をふまえれば，日本のコンビニエンス企業（フランチャイザー）が十分な経営資源を有していなかった発展初期には，(a)の資源制約説が当てはまる状況が現出した。しかし，コンビニエンス・ストア企業が成長をとげ，資源制約から解放されたのちにもフランチャイズ制が定着し続けたのは，(b)のインセンティブ説が強調するような状況が継続したからだということができよう。

❖ 単品管理と「仮説検証型発注」

鈴木敏文が推進した流通革新は，コンビニエンス・ストアのセブン−イレブンだけでなく，スーパーのイトーヨーカ堂をも対象にして遂行された。その流通革新の一つは，単品管理における「仮説検証型発注」の実践があった。

世界最大手の小売事業者であるアメリカのウォルマートと日本のセブン−イレブン・ジャパンは，いずれも 1980 年代前半に POS（Point of Sale，販売時点情報管理）システムを導入した点で，共通している。そして，情報化戦略と物流戦略，商品調達戦略を一体化させて他事業者よりも早く差別化された SCM（サプライ・チェーン・マネジメント）を遂行し，競争優位を形成した点でも，両者は同じである。しかし，そのやり方には，対照的とも言えるほどの違いがあっ

ル』1972 年，17 頁。

36 高岡前掲「現代の流通企業と企業間関係」313 頁。

224 第3部 二つのイノベーションに挟撃された時代

た。

　この点について高岡美佳と李美花は，業態が近い「ウォルマートの販売管理費比率の低さとイトーヨーカ堂の粗利益率の高さ」[37]に注目して，以下のように述べている。

　　「日本の場合には，パートも含めて人件費が相対的に高い，バブル崩壊後地価が低下したとはいえ地代・家賃が割高であるという特殊な事情があり，それが，イトーヨーカ堂の販売管理費比率を高止まりさせていることは，間違いない。しかし，それだけでは，ウォルマートの販売管理費比率の低位を説明することはできない。基本的にはこの低位は，ウォルマートのSCMが諸費用の削減に重点をおいたものであることを反映しているとみなすべきであろう。

　　一方，イトーヨーカ堂が粗利益率を高位に保てる（換言すれば，販売価格を比較的高く設定できる）のは，セブン-イレブン・ジャパンの場合と同様に，店頭での単品管理をきちんと行い，顧客のニーズに対応する品揃えを行っているからである。品揃えを行うにあたって，イトーヨーカ堂とセブン-イレブン・ジャパンは，『自動発注』とは異なる『仮説検証型発注』を重視したが，そのことが高位の粗利益率を生む要因となったのである」[38]。

　つまり，POSシステム等で得た情報を活かしてウォルマートがSCMにおいて販売管理費を抑制することを重視したのに対して，イトーヨーカ堂とセブン-イレブン・ジャパンは，それを自動発注とは異なる仮説検証型発注と結びつけて高位の粗利益率を実現した，と言うのである。

　小川進は，セブン-イレブン・ジャパンが自動発注ではなく，仮説検証型発注を選択した理由について，次のように説明している。

　　「単品管理といっても，単品ごとに販売情報をとるだけでは意味がない。そこで得た単品情報を発注に活かして初めて単品管理が達成される。実は，コンビニ業界では発注履歴や販売情報をデジタル化し，それを発注に活かす方法が二つある。一つが自動発注と呼ばれるもの，そしてもう一つが仮説検証型発注と呼ばれるものである。

　　自動発注では，デジタル販売情報を本部が事前に決定したある計算式を使

---

37 高岡美佳・李美花「サプライ・チェーン経営の進化における共通性と対照性」塩見治人・橘川武郎編『日米企業のグローバル競争戦略』名古屋大学出版会，2008年，258頁。

38 同前258-259頁。

ってコンピュータで計算し，その結果を店舗に供給する。店に提供されるのは，店が発注すべき発注量である。（中略）この自動発注のメリットは発注担当者に発注に関するスキルがあまり要求されないという点である。（中略）パートやアルバイトを主な労働力とするコンビニにおいてこのメリットは大きい。

　しかし，セブン-イレブンは自動発注を採用しなかった。セブン-イレブンは次のように考えたという。自動発注では発注量は基本的には本部が推奨することになる。（中略）このようなやり方をすると，店舗の発注担当者は店舗の商品需要について何も考えなくなるのではないか。（中略）店員達は，どの商品が売れているかに関心がなくなり，その結果，市場の変化に鈍感になってしまうのではないか──（中略）

　そこで考え出されたのが仮説検証型発注であった。仮説検証型の店舗発注は発注履歴や販売実績をデジタル情報として保存し，その情報を発注に活かすという点では自動発注と同じである。しかし，本部（コンピュータ）ではなく，店舗の発注担当者がそのデータを分析し，発注量を決定するという点で自動発注とは決定的に異なる」[39]。

セブン-イレブン・ジャパンは，自動発注ではなく仮説検証型発注を採用した点で，アメリカのウォルマートと異なっていただけでなく，日本のコンビニエンス業界の他社とも違っていたのである。

　ここまで述べてきたように，鈴木敏文は，数々のユニーク流通革新を実現し，「小売の神様」と呼ばれた。コンビニエンス・ストアという業態はもともとアメリカで生まれたが，鈴木の手によって革新的なコンビニエンス・ストア・システムとして磨きあげられ，日本から世界に広がっていった。彼にとって2016年の現役引退は不本意であっただろうが，その業績自体は今後とも燦然と輝き続けるであろう。

39　小川進『ディマンド・チェーン経営』日本経済新聞社，2000年，80-82頁。

ケース**20**：柳井正・孫正義／ 二人のリスク・テーカーの例外的な挑戦

❖ 2003 年以前の柳井正

柳井正と孫正義は，バブル景気崩壊後の日本で最も成功をとげた企業家である。2 人は盟友関係にあり，2019 年 5 月時点で，柳井は孫が創業したソフトバンクの社外取締役を務めている。

柳井正は，1949（昭和 24）年に山口県宇部市に生まれた[40]。早稲田大学政治経済学部を出て，1972 年に父・柳井等が 9 年前の 1963 年に設立していた小郡商事（株）に入社。1984 年，父に代わって小郡商事の社長に就任した柳井正は，「ユニークな衣料（clothes）」という意味を込めて「ユニクロ」の店舗を展開。1 号店は，1984 年に広島市内に出店した[41]。1985 年に下関市内で出店した初のロードサイド店[42]は，のちのユニクロ店舗の原形になった。

柳井正の事業が成長軌道に乗るようになったのは，1991 年に社名を小郡商事からファーストリテイリングに改めたころからである。ファーストリテイリングは，1994 年には広島証券取引所に，1997 年には東京証券取引所第二部に，それぞれ株式上場をはたし，1998 年には 1900 円の「ユニクロのフリース」が大ヒットした。同じ 1998 年に首都圏初の都心型店舗であるユニクロ原宿店（東京都渋谷区）が出現，翌 1999 年にはファーストリテイリングが東京証券取引所市場第一部銘柄に指定された。

柳井正は，1999 年に，中国での生産管理業務の充実を図るため，ファーストリテイリングの上海事務所を開設。2002 年には上海にユニクロを出店し，生産だけでなく，中国における営業も開始した。ユニクロの海外進出は，その前年の 2001 年にイギリスのロンドンに出店したのが最初であった。2003 年には，ユニクロのカシミヤ・キャンペーンが，社会的に注目を集めた。

---

[40] 以下の柳井正とファーストリテイリングに関する記述は，主として，ファーストリテイリング・ホームページ「会社情報」による。

[41] ユニクロ袋町店。同店は，1991 年に閉鎖された。

[42] ユニクロ山の田店。同店は，1991 年に閉鎖された。

❖ メイド・イン・チャイナの時代を開く

フリースの大ヒットを機に柳井正の事業は飛躍をとげることになったが、それを可能にした最大の要因は、中国での生産体制の整備であった。そのプロセスで大きな役割をはたしたのは、1994 年に東レインターナショナル（株）を退社し、（株）パーソナルケアシステムズを設立して社長となっていた長谷川靖彦であった。

長谷川は、2016 年のインタビューで、1994 年当時、ファーストリテイリングの柳井正と中国の生産工場との橋渡しをした状況を振り返って、次のように述べている。

「日本の商慣行においてはあくまでも会社対会社です。いくら東レにいた人間であったとしても、一個人となった私の話を聞こうというところはほとんどありませんでした。そうした中でたった 1 人、『面白いからやりましょう』と言ってくれたのが、ユニクロの柳井正さんだったのです」[43]。

インタビュー記事は、この長谷川の言葉に続けて、以下のように記している。

「長谷川はさっそく日本向けの生産に前向きであった工場と交渉。アメリカの一流アパレルブランド向けに服を生産している縫製工場や生地メーカーが、"ユニクロ価格" の代わりに長期継続を条件に生産に応じてくれたのだ。（中略）

ユニクロは翌 1995 年から、香港企業の、小規模ながらすでに欧米向けに稼働している中国工場で、ユニクロ向けの生産を開始し、快進撃がスタートする。（中略）その後、長谷川は "ユニクロプリーチャー"（伝道師）を自任し、中国の生産工場を開拓していった。『私への報酬はいらないから、ぜひユニクロと付き合ってみてくれ、柳井というのは信用できる男だからと言って話をつけていきました。一方、柳井さんには、紹介する企業は、香港で長期にわたり欧米向けカジュアルウェアを主導してきた企業群で、ファッションに対する造詣も深く、特にアメリカンカジュアルの生産は品質や着心地など世界最高水準であるというプレゼンテーションを通して、提携を実現させてほしいとお願いしました』と長谷川は言う。こうしてユニクロは長谷川が耕した一流の工場群との提携により、高品質でかつ圧倒的にコストパフォーマン

---

43 「ユニクロの中国生産体制をコーディネートし、躍進を支えた。その経験を活かし、グローバル人材を育成　株式会社パーソナルケアシステムズ代表取締役社長・長谷川靖彦」『HQ』（一橋大学ウェブマガジン）2016 年夏号 vol. 51、www.hit-u.ac.jp/hq-mag/people/71_20180501/。

228 第3部 二つのイノベーションに挟撃された時代

スの高い生産基盤を手に入れることができたのである。100万ドルほどから
のスタートであったが，1999年にはフリースをリリースして一大ブームを
巻き起こすなど，規模を拡大していった。

　1999年，ユニクロは初の海外拠点として生産管理業務を担う上海事務所
を開設。本格的な生産体制を整えた」[44]。

　そのうえで，このインタビュー記事は，長谷川靖彦の次の言葉で，コーナー
を締めくくっている。

　「知り合った当時のユニクロは年商250億円ほどの企業でしたが，みるみ
る1000億円，2000億円と成長していきました。柳井さんは，日々ベストを
尽くすということを本当に毎日毎日限りなく続けている人です。だからこそ，
一代でここまで来られた。柳井さんを紹介した中国の方々は皆，柳井さんに
心酔していますよ」[45]。

　ところで，『週刊エコノミスト』が2003年から2004年にかけて連載した
「現代産業史の証言」には，稲盛和夫や鈴木敏文だけでなく，柳井正も登場し
た[46]。筆者は，柳井のインタビューの聞き手の1人であった。同誌に筆者が寄
せたインタビューの感想[47]を，ここで紹介することにしよう。

◆　　◆　　◆

　最近の日本市場における中国製品の氾濫は，日本の産業を空洞化させる「脅
威」として語られることが多い。たしかに，日本・中国間の貿易は，ここのと
ころ，日本側からみて，大幅な輸入超過が続いている。しかし，日本の大幅輸
出超過が継続する日本・香港間の貿易収支も計算対象に含めて日本・中国間の
真の貿易収支を算出しなおすと，最近になっても，2001年度を除いて，日本
側からの輸出超過が続いていることがわかる。日本から高付加価値部品を香港
経由で中国に輸出し，中国でそれを組み立てて完成品を日本に輸入するという，
日本・香港・中国間の「三角貿易」が進展していることが，最近における日中

---

44 同前。

45 同前。

46 「現代産業史の証言⑳　柳井正・ファーストリテイリング会長　メード・イン・チャイナの衝撃
（上）『僕の商売の先生は香港の人』」『週刊エコノミスト』2004年2月24日特大号，50-53頁，
「現代産業史の証言㉑　柳井正・ファーストリテイリング会長　メード・イン・チャイナの衝撃
（下）中国で生産管理に成功した理由を語る」『週刊エコノミスト』2004年3月2日号，42-46頁
参照。

47 橘川武郎「国際分業の深化を象徴するユニクロ製品」『週刊エコノミスト』2004年3月2日号，
44-45頁。

貿易の実情なのである。

　つまり，日本市場における中国製品の氾濫は，産業の空洞化というよりは，国際分業の深化を反映したものである。日中間の国際分業の進展によって，日本の消費者は利益を得ているのであり，メイド・イン・チャイナの時代は，基本的には歓迎すべき時代だと言える。

　日本市場でメイド・イン・チャイナの時代の扉を開けたのは，柳井正氏率いるファースト・リテイリング社のユニクロ・ブランドの衣料製品である。ユニクロ（以下では，ファースト・リテイリング社のことをユニクロと呼ぶ）は，中国製品に対する「安かろう，悪かろう」のイメージを払拭し，「安くて良いもの」という信頼感を消費者に植えつけた。柳井氏へのインタビューを通じて鮮明に浮かび上がったのは，メイド・イン・チャイナの時代を開いたユニクロのビジネスモデルの先進性である。

　ユニクロは，自社のビジネスモデルについて，「商品企画・生産・物流・販売までの自社一貫コントロールにより，高品質・低価格のカジュアルブランドを提供する製造小売業」と説明している。一読すると，他の企業による SPA（製造小売業）のビジネスモデルと違いが無いようにみえるが，ユニクロの場合は，中国での生産工程に積極的に関与し，品質管理を徹底して，生産における「自社一貫コントロール」を文字通り実現した点に，大きな特徴がある。意識的に中国人の学生を採用し優秀な人材として育成したのち生産管理面で活用したこと，中国で台頭しつつあった郷鎮企業の若き経営者たちと直接面談し発注先を選定したこと，選定にあたっては工場の規模・設備だけでなく品質管理・契約履行に対する経営者の意識も重要な判断基準としたこと，いったん 140 工場ほどに発注したあと実績にもとづいて取引を継続する工場を絞り込んだこと，急な発注にも即応してもらうため取引においてユニクロがメインカスタマーとなることに力を注いだこと，絞り込んだ発注先の工場に対しては一度の失敗で取引を停止するような短兵急な姿勢はとらず学習効果の作用を期待したこと……これらの企業努力によって，ユニクロは生産における「自社一貫コントロール」を実現し，日本人の中国製品へのイメージを一変させる成果をあげたのである。

　1999 年に発売したフリースがもたらした嵐のようなブームが去ったあと，ユニクロに対しては，厳しい論評が続いた時期がある。しかし，フリースブームを特別なものとして度外視し，ユニクロの発展過程を長期的な見地からなが

230 第3部 二つのイノベーションに挟撃された時代

めれば，売上高の面でも，利益の面でも，同社は順調な成長をとげてきたし，とげていることがわかる。それを可能にした最大の要因は，ユニクロを率いる柳井氏が「失敗に強い経営者」である点に求められるのではなかろうか。柳井氏の最近著のタイトルは『一勝九敗』[48]であるし，インタビューでも，氏は，気楽に失敗することが良い意味でのベンチャー精神につながることを強調した。失敗にきちんと対処できる経営者を擁しているからこそ，ユニクロは，ベンチャー精神を失わず，長期的な成長を実現したと言うことができる。

・　　　・　　　・

柳井正が「失敗に強い」ことは，別言すれば「撤退がうまい」ことを意味する。たとえば，ファーストリテイリングは，2002 年に「SKIP」というブランド名で食品事業を開始したが，2 年後の 2004 年にはそれから撤退した。撤退がうまければ，思い切って攻め込むこともできる。柳井正のリスク・テイクの巧みさは，「失敗に強い」ことに起因しているように思われる。

◈ 2004 年以降の柳井正

2004 年以降も柳井正は，必要であれば迅速な撤退も行いながら，事業を急速に拡張していった。その概要を振り返っておこう。

第 1 に，海外展開を加速した。まず 2004 年に，アメリカで UNIQLO Design Studio, New York, Inc. を設立した。のちの R&D センターである。また同じ年に，韓国におけるユニクロ事業のため，韓国ロッテショッピング社との合弁会社として，エフアールエルコリアを設立した。翌 2005 年には，イタリアで展開する ASPESI（アスペジ）ブランドの日本における販売子会社，アスペジ・ジャパン（株）を子会社化した。ただし，同事業からは，2008 年に撤退した。

ユニクロ店舗の海外出店も相次いだ。2005 年には韓国初の店舗をソウルに，アメリカ初の店舗をニュージャージー州に（2006 年に閉店），2006 年には初のグローバル旗艦店をニューヨークのソーホーに，2007 年にはグローバル旗艦店をロンドンのオックスフォード・ストリートに，韓国初の大型店舗をソウルの明洞に，フランス初の店舗をパリ郊外ラ・デファンスに，2009 年にはシンガポール初の店舗をタンパニーズ・ワンに，グローバル旗艦店をパリのオペラに，2010 年にはロシア初の店舗をモスクワに，グローバル旗艦店を上海の南

---

48 柳井正『一勝九敗』新潮社，2003 年。

京西路に，台湾初の店舗を台北に，マレーシア初の店舗をクアラルンプールに，2011年にはタイ初の店舗をバンコクに，グローバル旗艦店を台北の明曜百貨店，ニューヨークの5番街，ソウルの明洞中央に，2012年にはフィリピン初の店舗をマニラに，アメリカ西海岸初の店舗をサンフランシスコに，2013年にはインドネシア初の店舗をジャカルタに，グラミンユニクロ初の店舗としてバングラデシュのダッカ市内に2店舗同時に，グローバル旗艦店を上海に，2014年にはオーストラリア初の店舗をメルボルンに，ドイツ初の店舗をベルリンに（グローバル旗艦店を兼ねる），2015年にはベルギー初の店舗をアントワープに，グローバル旗艦店をシカゴのミシガン・アベニューに，2016年にはグローバル旗艦店をシンガポールのオーチャード・セントラルに，カナダ初の店舗をトロントに，2017年にはスペイン初の店舗をバルセロナに，2018年にはスウェーデン初の店舗をストックホルムに，オランダ初の店舗をアムステルダムに，グローバル旗艦店をマニラに，2019年にはデンマーク初の店舗をコペンハーゲンに，それぞれ出店した。

　第2に，国内での事業拡大も著しかった。ファーストリテイリングは，まず大型店として，2004年に心斎橋店（2010年に閉店），2005年に銀座店，2007年に神戸ハーバーランド店，2011年に池袋東武店を出店した。また，日本国内でもグローバル旗艦店を開設した。2010年出店の心斎橋店（大阪）や2012年出店の銀座店，2013年出店のリー・シアター店（東京・吉祥寺），2014年出店の「UNIQLO OSAKA」が，それである。そのほか，グローバル繁盛店として，2012年にはビックロ新宿東口店，2014年には池袋サンシャイン60通り店，御徒町店，吉祥寺店を出店した。

　第3に，業容を多様化した。2005年には，ウィメンズ・インナー専門店を銀座に出店（2009年に閉店）するとともに，キッズ・ベビー専門店ユニクロキッズを開設した（2009年に閉店）。また2007年には，Tシャツ専門店UT STORE HARAJUKU. を原宿に出店した。その後2017年には，国内ユニクロのオンライン・ストアをリニューアル・オープンした。

　ファーストリテイリングは，2006年，低価格カジュアル・ブランド店ジーユー（g.u.）を展開する（株）ジーユーを設立した。ジーユーは，2010年に初の旗艦店として，心斎橋店を出店した（2012年には銀座店も出店）。ジーユーは，海外へも進出した。2013年には上海，2014年には台湾，2017年には香港，2018年には韓国へ進出をはたした。

232　第3部　二つのイノベーションに挟撃された時代

　2006 年にファーストリテイリングは,「戦略的パートナーシップ」の構築を
めざして, 東レと業務提携した。そして, 2007 年からヒートテック・キャン
ペーンに取り組み, 大きな成功をおさめた。

　このように, ファーストリテイリングの事業は発展を続けている。その最大
の要因が柳井正の巧みなリスク・テイクと成長投資にあることは, 言うまでも
ない。

❖ 2006 年以前の孫正義

　孫正義の企業家活動を分析した経営史家による代表的な業績としては,
2007 年に発表された山崎広明の論稿[49]がある。本ケースでは, 同稿に拠りつつ,
孫の 2006 年までの足跡を振り返る。

　孫正義は, 1957 (昭和 32) 年に, 佐賀県鳥栖市で在日朝鮮人の家庭の次男と
して生まれた。地元で有数の進学校である久留米大学附設高校へ入学したが,
高校 1 年生の夏休みに語学留学で行ったアメリカ西海岸の雰囲気に魅せられ
て, 同校を中退。大学入学資格検定試験合格, カレッジ 2 年の課程を経て,
1977 年にカリフォルニア大学バークレー校経済学部に編入学した。

　カリフォルニア大学在学中から, 音声付き電子翻訳機の開発やインベーダ
ー・ゲーム機の大学周辺での設置などの事業に取り組み収益をあげた孫は, 大
学を卒業し帰国した翌年の 1981 年に, 福岡県大野城市でパソコン・ソフト
の卸売業を営む資本金 1000 万円の日本ソフトバンク (株) を設立した。山崎
広明は, それから 2006 年にいたる孫正義の事業活動を,

　(1)　日本ソフトバンク設立から 1993 年度までの創業期,

　(2)　1994～99 年度の M&A の積極的展開期,

　(3)　「インターネット財閥から総合通信事業者へ」シフトした時期 (2000～
　　　06 年度),

という三つの時期に分けて論じている[50]。

　まず, (1)の時期について。

　会社設立後まもなく東京に移転した日本ソフトバンクは, 日本最大のパソコ

49　山崎広明「報告 3　孫正義 (ソフトバンク) の企業者活動」『企業家研究』第 4 号 (2007 年),
　　「共通論題:『M&A, TOB 等のハイリスク分野で活躍した企業家群像の実像と虚像　岡部廣, 島
　　徳蔵から孫正義まで』」96-108 頁。

50　同前 97-107 頁参照。

ケース **20**：柳井正・孫正義　233

ン専門店などを営む上新電機，およびソフトハウス最大手のハドソンと，それ
ぞれ独占契約を結んだ。「パソコンソフト流通の出口と入口でそれぞれのトッ
プ企業と独占取り引き契約を結ぶことによって，日本ソフトバンクはそこで圧
倒的に優位なポジションを占めることができた」[51]。

　この契約で資金難に陥った孫正義は，第一勧業銀行麹町支店からの融資によ
って，危機を乗り越えた。この融資を可能にしたのは，音声付き電子翻訳機の
開発を通じて孫が知己を得た，シャープ専務取締役・佐々木正の口利きであっ
た。

　1982（昭和57）年に日本ソフトバンクは，メーカー別にパソコンやソフトウ
ェアを紹介する専門誌を刊行する出版事業を開始した。「こうして，日本ソフ
トバンクの事業は，パソコンソフトの卸売と機種別パソコン雑誌の出版を2本
の柱として発展し始めた」[52]。

　1989（平成元）年に孫正義は，当時のアメリカにおいてネットワーク機器の
分野で急成長をとげていたビジネスランド社会長のノーマンと会い，日本ビジ
ネスランド（株）を設立した。翌1990年になると孫は，ノーマンの紹介で，
パソコンLAN[53]用OS[54]・ネットウエアを開発し同分野で全米65%のシェアを握
っていたノベル社のノーダ社長と会い，富士通，東芝，キヤノン，ソニー，
NECの協力を得て，日本でノベル（株）を設立した。「このように，ネットワ
ーク事業という新分野については，孫が日本の代表的パソコンメーカーの協力
を取り付けてアメリカの最有力ネットワーク事業者に日本進出を促し，このこ
とによって，日本ソフトバンクは一挙にこの分野で有利なポジションを確保す
ることに成功した」[55]。この成功をふまえて日本ソフトバンクは，グローバル展
開の意味を込め，1990年に社名をソフトバンク（株）に改めた。

　次に，(2)の時期について。

　1994年，ソフトバンクは，株式を店頭市場に上場した。巨額の資金を調達
した孫正義は，M&A戦略を積極的に展開した。1994年に全米トップのコンピ
ュータ雑誌出版社であるジフ・デイビス・パブリッシング社の展示会部門イン

51　同前97頁。
52　同前98頁。
53　Local Area Network。限定区域内のネットワーク。
54　Operation System。コンピュータの操作・運用・運転を司るシステム・ソフトウェア。
55　山崎前掲「報告3　孫正義（ソフトバンク）の企業家活動」98頁。

ターロップ，1995年に展示会部門トップのコムデックスとジフ・デイビス・パブリッシング社，1996年にコンピュータ・メモリーボードのトップ・メーカーであるキングストンテクノロジー社を相次いで買収したのが，それである。

「こうして，派手に繰り広げられた大型M＆Aであったが，そのいずれもが短期間で整理されることとなり，結果的にそれ自体は失敗といわざるを得ないが，まさにこの過程で，孫は『金の卵』，ヤフーを手に入れることができた」[56]。

ヤフー・インクは1995年にアメリカで設立されたインターネットの情報検索会社であったが，孫は，ジフ・デイビス・パブリッシング社のヒッポーの話を聞いて，ヤフー・インクへの出資を即決した。そして，1996年にヤフー・インクが日本に進出した際には，新設されたヤフー（株）の60％の株式を掌握した。

東京証券取引所第1部へ1998年に上場したソフトバンクは同年，全米証券業協会と折半出資で，ナスダック・ジャパン・プランニング（株）を設立した。「これは1998年度からのIT[57]関連株価の上昇と並行して進んでいたITベンチャーの叢生という流れに乗って，ベンチャービジネスを支援しようという試みであった。同社は大阪証券取引所と業務提携して，2000年6月にナスダック・ジャパン市場を開設した」[58]。しかし，東京証券取引所が1999年に開設した新興企業向け市場であるマザースとの競合もあり，市場自体は大阪証券取引所のヘラクレス市場に改組されて生き残ったものの，ナスダック・ジャパン社は2002年に解散した。

続いて，(3)の時期について。

1999年度中は急騰していたソフトバンクの株価は，2000年の初めから急落に転じた。この急落を機に孫正義は，経営方針の再構築＝明確化を迫られることになった。ソフトバンクの2000度版の有価証券報告書に新たに設けられた「ソフトバンクグループの経営方針と概況」は，「インターネットの分野に全経営資源を投入し，特にブロードバンド[59]関連事業への取り組みを積極化すること，インターネットビジネスのリーダーとしてベンチャービジネスインフラの

---

[56] 同前100頁。
[57] Information Technology。情報技術。
[58] 山崎前掲「報告3 孫正義（ソフトバンク）の企業家活動」102頁。
[59] 広い帯域で高速な通信を提供する回線やサービスのこと。

ケース **20**：柳井正・孫正義　　235

整備に努め，ベンチャーキャピタルを通した投資を慎重に行うこと，これらを効率的に行うために『純粋持株会社，分野に特化した事業統括会社，事業会社の3層からなるグループ体制』を導入することを強調」するものとなった[60]。

　孫正義は，この方針に沿って，ブロードバンド関連事業への取り組みを積極化し，総合通信事業者への道を突き進んだ。ソフトバンクは，2000年に不良債権処理のため一時国有化されていた日本債券信用銀行（のちのあおぞら銀行）の資本金795億円の48.9％を出資して筆頭株主となったが，2003年にはその株式をアメリカの投資ファンドであるサーベラスに1011億円で売却した。「この売却によって，ソフトバンクは500億円の差益を得，売却代金の大半を（中略）ブロードバンド事業へ投入した」[61]。2001年のブロードバンド総合サービス「ヤフーBB」の開始，2004年の光ファイバーを利用した新ブロードバンド総合サービス「Yahoo! BB 光」の開始などが，それである。

　2004年に日本テレコムを買収して固定通信事業に参入したソフトバンクは，2006年にはボーダフォン社を買収して移動通信事業への本格参入もはたした。「この買収によって，ソフトバンクはNTT東西，NTTドコモに次ぐ第三位の携帯電話事業者としての地位を一挙に点入れることができた」[62]。

　総合通信事業者としての道を突き進むことによって，ソフトバンクの企業規模は急拡大した[63]。2002年度末まで1兆円前後であったソフトバンクの総資産（連結ベース）は，2006年末には4兆1918億円に達したのである[64]。

　以上のように，2006年までの孫正義の事業活動をあとづけたうえで，山崎広明は，それについて以下のように概括している。

　「孫正義の企業家としての行動で最も印象的なのは，意思決定のスピードの速さと財界の大物との類まれな強い交渉力である。それは特に1994年度以降の相次ぐ大型M&Aにおいて遺憾なく発揮され」[65]た。

　「案件のほとんどは実を結ぶことなく，比較的短期間のうちに撤退・整理を余儀なくされた。そこから，彼の行動は短期のキャピタルゲイン狙いであ

60　山崎前掲「報告3　孫正義（ソフトバンク）の企業家活動」103頁参照。

61　同前 104頁。

62　同前 104-105頁。

63　ソフトバンクは，2004年にプロ野球球団の福岡ダイエーホークスを買収し，球団名を福岡ソフトバンクホークスに改めた。

64　この点については，山崎前掲「報告3　孫正義（ソフトバンク）の企業家活動」101頁参照。

65　同前 107頁。

り，その意味で彼は虚業家であるとの評価がしばしばなされた。

　しかし，日本ソフトバンク（株）創業以来の彼の行動の跡を冷静にたどってみると，IT インフラを自らの事業ドメインとし，そこにビジネスチャンスを見出してそれに果敢に挑戦するという姿勢はほとんど一貫していたと思われ，多くの大型 M & A が結果的に失敗したとしても，この意思決定のスピードと行動の果敢さがあったが故に，ヤフーという『金の卵』を見つけることができ，ADSL[66]（ブロードバンド・インフラ）事業の成功があったことは評価さるべきであろう。また，彼のこの行動が，日本における IT 革命の進展を促し，新興証券市場（東証マザーズ，大証ヘラクレス市場）の登場，ブロードバンド普及の促進，携帯電話事業における 2 社寡占体制の打破に見られるように，既成の固定した経済秩序に強い競争圧力をかけたことも事実である。孫正義は，IT インフラ事業の領域で，リスクを恐れずにビジネスチャンスに果敢に挑戦する強烈な経済秩序のイノベーターであったと評すべきであろう」[67]。

　このように山崎は，孫正義を「虚業家」とみなす一部の見方を排し，彼を「リスクを恐れずにビジネスチャンスに果敢に挑戦する強烈な経済秩序のイノベーター」と高く評価する。その際，山崎が注目するのは，追求した事業ドメインが一貫していたこと，「意思決定のスピードと行動の果敢さ」の点で秀でていたことなどの，孫の特徴である。

❖2007 年以降の孫正義

　「リスクを恐れずにビジネスチャンスに果敢に挑戦する」孫正義の企業家活動は，2007 年以降も衰えを知らなかった。ソフトバンクグループ（株）のホームページの記述[68]にもとづき，その概要を簡単に振り返ることにしよう。

　孫正義は第 1 に，世界的規模で企業買収や出資を展開した。2012〜13 年のアメリカ Sprint Nextel Corporation の子会社化，2016 年のイギリス ARM Holdings plc の買収は，そのハイライトと言えるものであった。このほかにもソフトバンクは，2013 年から 2019 年にかけて，フィンランド，アメリカ，イ

---

66 Asymmetoric Digital Subscriber Line。非対称デジタル加入回線。アナログの電話回線を使ってインターネットに接続する高速・大容量通信サービスのこと。

67 山崎前掲「報告 3　孫正義（ソフトバンク）の企業家活動」107 頁。

68 ソフトバンクグループ株式会社ホームページ「企業情報，沿革」参照。

ンドネシア，インド，シンガポール，中国，韓国，カナダ，スウェーデンなどで，会社買収や出資を行った。

第2に，国内事業も積極的に推進した。通信事業では，2007年に移動通信サービスの新料金プラン「ホワイトプラン」の提供を開始するなどして，NTTドコモやKDDIと激しい競争を繰り広げた。2013年には，PHSサービス企業の（株）ウィルコムを子会社化した。2014年には世界初の感情認識パーソナルロボット「Pepper」を発表し，2018年にはトヨタ自動車と共同出資で，次世代モビリティ・サービスに携わるMONET Technologies（株）を設立した。

第3に，再生可能エネルギーの普及に力を入れた。2011年に自然エネルギー普及・拡大を目的とするSBエナジー（株）を設立し，2013年にはクリーンで安定的な分散型電源による電力供給を行うBloom Energy Japan（株）を新設した。2015年にはインドで出力35万kWのメガソーラー発電事業を落札し，2016年には中国国家電網公司・韓国電力公社・ROSSETIとのあいだに，再生可能エネルギーの広域利用を可能にする国際連系電力網建設を推進するためのの調査・企画に関する覚書を締結した。

2015年7月，ソフトバンク（株）はソフトバンクグループ（株）に，ソフトバンクモバイル（株）はソフトバンク（株）に，それぞれ社名変更した。ソフトバンクグループの子会社となったソフトバンクは，2018年に東京証券取引所第1部に株式を上場した。

このように孫正義は，2007年以降も「リスクを恐れずにビジネスチャンスに果敢に挑戦する」姿勢を貫いた。孫正義もまた，柳井正と同様に，「投資抑制メカニズム」が蔓延する1990年代以降の日本のビジネス・ワールドでは，きわめて例外的な経営者だったのであり，現在もそうなのである。

238　第3部　二つのイノベーションに挟撃された時代

論点 **4**：なぜ失速したか／ ICT革命と「破壊的イノベーション」

◈ICT革命による「先発優位」の確立

　第3部の「論点」では，1990年代以降の日本経済と日本企業の低迷について，イノベーションという切り口から検証する。別の言い方をすれば，本書冒頭の「はじめに」で提起した三つ目の問い，つまり，「長期にわたって相対的高成長をとげてきた日本経済が1990年代以降失速したのはなぜか」という問いに，正対するわけである。この問いに対する答えは，日本企業が二つのイノベーションに挟み撃ちされるようになったからだと要約することができる。

　一つ目は，ICT（情報通信技術）革命にともなうブレークスルー・イノベーションである。日本的経営が有効に機能していたころの日本企業は，ブレークスルー・イノベーションとは対照的なインクリメンタル・イノベーション（累積的，連続的なイノベーション）を得意としていた。そのような状況は，日本的経営がフルに機能し出した第二次世界大戦後の高度経済成長期以降の時期に限定されることなく，第一次世界大戦前後から始まった日本経済の長期的高成長の時代全般に共通するものであった。

　インクリメンタル・イノベーションを進めるにあたって日本企業が採用したのは，先発企業が開発した製品に改善を加え，最終的にはより大きな市場シェアを確保する「後発優位」の戦略であった。「後発優位」の戦略が成り立ちえたのは，技術革新のスピードが相対的にゆっくりで，後発企業が先発企業にキャッチアップする時間的余裕が大きかったからである。

　しかし，1990年代以降ICT革命は，ブレークスルー・イノベーションを実現した先発企業が圧倒的な市場シェアを一挙に獲得してしまう，「先発優位」の時代を到来させた。画期的な技術革新に成功した先発企業が事実上の業界水準であるデファクト・スタンダードを確保してしまえば，そのスタンダードに参加しない他企業に対して競争優位を得ることができるネットワーク外部性が発生するようになった。その結果，デファクト・スタンダードを確保した先発企業が利益の大半を手にしてしまう「ウィナー・テイクス・オール（勝者がすべてを持ってゆく）」という状況が，広汎に現出したのである。

一方，インクリメンタル・イノベーションを得意とする日本企業は，ブレークスルー・イノベーションの担い手となった先発企業に対して，競争劣位に立たされることになった。「後発優位」戦略の有効性は，なくなったわけではなかったが，大幅に限定されるにいたった。

❖ クリステンセン『イノベーションのジレンマ』の「破壊的イノベーション」

二つ目は，クレイトン・クリステンセンが名著『イノベーションのジレンマ』）のなかで提唱した「破壊的イノベーション」である。ここで，念のため，本書冒頭の「はじめに」で行った説明を繰り返すことにしよう。

「破壊的イノベーション」とは，既存製品の持続的改善に努めるインクリメンタル・イノベーションに対して，既存製品の価値を破壊してまったく新しい価値を生み出すイノベーションのことである。インクリメンタル・イノベーションによって持続的な品質改善が進む既存製品の市場において，低価格な新商品が登場することが間々ある。それらの新製品は低価格ではあるが，あまりにも低品質であるため，当初は当該市場で見向きもされない。しかし，まれにそのような新商品の品質改善が進み，市場のボリューム・ゾーンが求める最低限のニーズに合致するレベルに到達することがある。その場合でも，既存製品の方が品質は高いが，価格も高い。それでも，新製品がボリューム・ゾーンの最低限のニーズにまで合致するようになると，価格競争力が威力を発揮して，新製品が急速に大きな市場シェアを獲得する。一方，既存製品は，逆に壊滅的な打撃を受ける。これが，クリステンセンの言う「破壊的イノベーション」のメカニズムである。「付加価値製品の急速なコモディティ化（価格破壊）」，「日本製品のガラパゴス化」などの最近よく耳にする現象は，この「破壊的イノベーション」と深く関わり合っている。

ここで取り上げたブレークスルー・イノベーションによる「先発優位」の発生源の多くは，シリコンバレーを含むアメリカ西海岸に位置する。一方，「破壊的イノベーション」の担い手は，韓国・台湾・中国等の企業であることが，しばしばである。日本企業は，先進国発のブレークスルー・イノベーションと後発国発の「破壊的イノベーション」との挟撃にあって苦戦を強いられているというのが，本書を執筆している 2019 年時点での実相なのである。

❖『イノベーションの解』と残る疑問への答え

ここで注目すべき点は，クリステンセンが，『イノベーションのジレンマ』の続編となるレイナーとの共著（C. M. クリステンセン ＝ M. E. レイナー著『イノベーションへの解』翔泳社，2003 年，玉田俊平太監修，櫻井祐子訳）のなかで，1960〜80 年代には，日本国内において「破壊的イノベーション」が活発に生じていたという見解を示していることである。『イノベーションへの解』は，「1960 年代，70 年代，80 年代における日本経済の奇跡の原動力が，破壊的イノベーションだったということ」を確認したうえで，次のような見解を提示している。

> 「日本の破壊者たち——ソニー，トヨタ，新日本製鐵，キヤノン，セイコー，ホンダなど——も他の破壊者と同様，ハイエンドにまで上り詰め，今やそれぞれの市場で世界最高品質の製品を製造している。そして日本の巨大企業も，自分たちが破壊した欧米企業と同様，いまや成長の余地がない，市場のハイエンドで行き詰まっているのだ。米国の大手企業がハイエンドに釘付けになっても，これまで米国経済が長期にわたって停滞したことがない理由は，人々が大手企業を辞めて，ベンチャー投資資金を得て下位市場へ移り，新たな破壊的成長の波を生み出すことができたからだ。それに引き換え日本経済は，これを可能にする労働市場の流動性やベンチャー・キャピタルの基盤を欠いている。そんなわけで，日本は破壊のゲームを一度行って莫大な利益を得たものの，今や行き詰まっているのである」(62 頁)。

『イノベーションへの解』によれば，「破壊的イノベーション」は，確立した市場のローエンドないしはまったく新しい市場に端を発して，既存の消費者にシンプルで使い勝手がよく安上がりな製品を供給したり，これまで消費者でなかった人々に手ごろな価格の使いやすい商品を提供して新たな購買層にしたりすることによって，場合によっては，業界の既存リーダー企業が有していた市場シェアを一挙に奪取する結果をもたらすこともある。そして，「業界の現リーダーが持続的イノベーションの戦いではほぼ必ず勝利を収める一方で，破壊的イノベーションでの勝算は新規参入企業が圧倒的に高い」(41 頁) のである。

『イノベーションへの解』の議論にもとづけば，日本では，「労働市場の流動性やベンチャー・キャピタルの基盤を欠いている」ため，アメリカでみられるような「破壊的イノベーションの」継続的発生によるリーダー企業の活発な入れ替わりが起きてない（言い換えれば，急成長し，トップ企業に躍り出るような新

規参入企業があまり登場しない），ということになる。このような指摘は，日本経済が抱える問題点の一端を鋭くついたものであり，大いに傾聴に値する。

ただし，『イノベーションへの解』の議論に対しては，一つの疑問が残ることも事実である。それは，日本でも1980年代までは「破壊的イノベーション」が活発に生じていたのであるならば，1990年代以降，それが停滞したのはなぜか，という疑問である。

この疑問を解き明かすうえで考慮すべき事実は，日本の場合には，1960～80年代に破壊的イノベーションの担い手となったのは，新規参入企業というよりは，既存のリーダー企業自身であったことである。したがって，「既存のリーダー企業は破壊的イノベーションを苦手とする」という単純な議論だけでは，先の疑問に答えることはできない。われわれは，かつて革新的であった日本のリーダー企業に，「失われた10年」と呼ばれた1990年代には何が起こったかを，解明しなければならないのである。

その答えは，この第3部冒頭の概観4で指摘した日本的経営の機能不全による「投資抑制メカニズム」の発生に求めることができる。日本企業が活気を取り戻し，国内でも次々と「破壊的イノベーション」が生じるような状況を再現するためには，そしてさらには，「先発優位」を獲得できるようなブレークスルー・イノベーションをも実現するためには，日本的経営の再生と「投資抑制メカニズム」の克服が何よりも必要なのである。第3部で取り上げた稲盛和夫，鈴木敏文，柳井正・孫正義の4人は，1990年代以降の時期にも例外的に「投資抑制メカニズム」に陥らず，的確な成長戦略をとり続けた革新的企業家だった。しかし，全体的にみれば，彼らはあくまで「例外的」存在にすぎなかったのである。

おわりに：イノベーションの再生／「2正面作戦」のための条件

❖ 本書のまとめ

本書のねらいは，イノベーションのあり方の変化に注目して，日本の経済発展の流れを明らかにすることにあった。その際，あらかじめ解くべき問いを三つ掲げ，第1〜3部のそれぞれで，問いの一つひとつに答えを導いてきた。

第1部で検討したのは，「日本経済はなぜ早期に離陸し成長軌道に乗ったのか」という問いである。日本経済の離陸は，欧米先進国以外の後発国・地域のなかでは最も早いものとなったが，それを可能にした要因は，ブレークスルー・イノベーションに求めることができる。

第1部の前半では，江戸時代に活躍した鴻池善右衛門，三井高利，中井源左衛門を取り上げた。当時，日本は鎖国によって海外と切り離されていたのであり，日本におけるイノベーションは「世界」におけるイノベーションと同義であった。その点を考慮に入れれば，彼らは，「世界初」のブレークスルー・イノベーションの担い手だったとみなしうる。

第1部の後半では，専門経営者の中上川彦次郎，資本家経営者の岩崎弥太郎・岩崎弥之助・安田善次郎・浅野総一郎，出資者経営者の渋沢栄一という，6人の革新的企業家に目を向けた。彼らが遂行した事業革新は，基本的にはインクリメンタル・イノベーションであったが，それらが組み合わされてできあがった専門経営者・資本家経営者・出資者経営者が相互促進的に連携するユニークなシステムは，欧米以外では最初の工業化を日本において実現する原動力となった。その意味では，第1部後半で取り上げた企業家たちは，全体としてみれば，「最初の後発国工業化」をもたらす世界史的な意味をもつブレークスルー・イノベーションの体現者だったとみなしうる。

江戸時代の個別的なブレークスルー・イノベーションを前提条件とし，幕末開港〜日露戦後期の総合的なブレークスルー・イノベーションを直接的な契機として，後発国で初めての工業化が日本で進行することになったのである。

第2部で検討したのは，「成長軌道に乗った日本経済は，どうして長期にわたり世界史にも稀な高成長をとげることができたのか」という問いである。こ

の問いに対しては,「インクリメンタル・イノベーションの帰結として,内需主導の長期にわたる相対的高成長が実現した」という答えを導いた。

日本経済は,1910 年代から 1980 年代にかけて,東アジアの他の諸国・諸地域の場合とは異なり,内需主導型の相対的高成長を続けた。内需の拡大は,洋風化をともなう消費革命の進行と活発な民間設備投資の推進によって引き起こされた。第 2 部で取り上げた小林一三,二代鈴木三郎助,豊田喜一郎,鮎川義介,出光佐三,松下幸之助,井深大・盛田昭夫,本田宗一郎・藤沢武夫の活動は消費革命の進行と,松永安左エ門,野口遵,西山弥太郎,土光敏夫の活動は民間設備投資の推進と,それぞれ密接に関連していた。

彼らは,総じて言えば,「改善」という言葉に象徴されるインクリメンタル・イノベーションを積み重ねた。一連の革新的企業家活動は,日本企業の組織能力を高め,日本経済の長期にわたる相対的高成長を可能にしたのである。

第 3 部で検討したのは,「日本経済の長期的にわたる相対的高成長が,1990 年代初頭のバブル景気の崩壊によって一挙に終息し,その後の日本経済の失速状態が今日まで続いているのはなぜか」という問いである。この問いに対する答えは,「日本企業が二つのイノベーションに挟み撃ちされるようになったからだ」と要約することができる。

一つ目は,ICT 革命にともなうブレークスルー・イノベーションの進展が,「先発優位」の時代を到来させたことである。日本企業が得意としていたインクリメンタル・イノベーションにもとづく「後発優位」の戦略は,デファクト・スタンダードを確保した先発企業が利益の大半を手にしてしまう「先発優位」の時代には,効力を失うことになった。

二つ目は,クレイトン・クリステンセンが『イノベーションのジレンマ』のなかで明らかにした「破壊的イノベーション」である。「付加価値製品の急速なコモディティ化(価格破壊)」,「日本製品のガラパゴス化」などの近年頻発する現象は,この「破壊的イノベーション」と深く関わり合っている。

日本企業は,先進国発のブレークスルー・イノベーションと,後発国発の「破壊的イノベーション」との挟撃にあって,苦戦を強いられている。第 3 部の問いに対する答えは,この点に求めることができる。

※ イノベーションを再生させる道

日本企業は,先進国発のブレークスルー・イノベーションに対しても,後発

国発の破壊的イノベーションに対しても，正面から対峙しなければならない。そして，的確な成長戦略を採用し，拡大するローエンド市場と収益性の高いハイエンド市場を同時に攻略する「2正面作戦」を展開することが求められる。

2正面作戦を展開するうえで，日本が東アジアの一角を占めることは，きわめて有利な条件となる。東アジアは，(a)ローエンド市場を中心とした市場規模の拡大，および(b)ハイエンド市場向け開発拠点・生産拠点としての存在感の増大，という両面から，日本企業の成長戦略に貢献しうる。日本・韓国・中国・台湾間の地理的距離が短いことは，人的資源など諸経営資源の移動コストを低下させ，各国・地域への最適立地に立脚したサプライチェーン全体の競争力強化を可能にする。この条件を的確に活用すれば，日本企業は，東アジア経済の浮揚力を活かして，再び成長軌道に乗ることができる。

今日においても，日本企業には二つのフロンティアが存在している。それは，①成長を続ける新興国市場と，②構造変化をとげつつある国内市場とである。したがって，新興国市場への浸透ないし内需の深耕（製造業とサービス業の結合，農商工連携，医療・福祉中心のまちづくりなど）という的確な戦略をとれば，企業は成長することができる。そして，それが実現すれば，日本国内での雇用創出にもつながる。

低迷する日本経済を再生させる鍵は，個々の企業が成長戦略を明確にし，中長期的に株主利害（株価上昇）と従業員利害（待遇改善）とを一致させることにある。的確な投資が行われ企業が成長すれば，株価上昇と待遇改善が同時に達成され，株主利害と従業員利害とが対立することはなくなる。人口減少に転じた日本では成長戦略をとることは困難だとの見方もあるが，目を世界に広げ事業をグローバル展開するか，国内における構造変化に対応して内需を深く掘り下げるかすれば，企業が成長戦略をみいだすことは大いに可能である。

中長期的に株主利害と従業員利害とを一致させることは，別の言い方をすれば，日本的経営を再構築することである。ただし，日本的経営の再構築は，もとの姿への単純な回帰であってはならない。働く人の安心感を確保するため従来からの長期雇用を維持する一方で，働く人のやる気を引き出すため年功制については根本的に見直し実力主義を導入するなど，改革を断行する必要がある。日本的経営は，長期雇用と年功制が並存した「旧型日本的経営」から，長期雇用に重点をおきつつ年功制には重きをおかない「新型日本的経営」へ，変身しなければならない。「新型日本的経営」をとる経営者企業が長期的観点から的

確な投資を行い，二つのフロンティアを開拓する成長戦略を展開するようになったとき，日本経済の再生は真に達成されるであろう。

そのためには，日本的経営の機能不全をもたらした「投資抑制メカニズム」を克服することが，喫緊の課題となる。日本企業が活気を取り戻し，国内でも次々と「破壊的イノベーション」が生じるような状況を再現するためには，そしてさらには，「先発優位」を獲得できるようなブレークスルー・イノベーションをも実現するためには，「新型日本的経営」の構築と「投資抑制メカニズム」の克服が何よりも必要なのである。第3部で取り上げた稲盛和夫・鈴木敏文・柳井正・孫正義の4人は，1990年代以降の時期にも例外的に「投資抑制メカニズム」に陥らず，的確な成長戦略を取り続けた革新的企業家だった。彼らのような存在が「例外的」でなくなったとき，日本におけるイノベーションの再生は達成される。

□ 引用・参照文献一覧

麻島昭一・大塩武，1997，『昭和電工成立史の研究』日本経済評論社。

浅野俊光，1978，「安田善次郎——異色の金融財閥形成者」安岡重明・長沢康昭・浅野俊
　　光・三島康雄・宮本又郎『日本の企業家（1）　明治篇』有斐閣。

味の素株式会社社史編纂室編纂，1971，『味の素株式会社社史』第1巻，味の素。

味の素株式会社社史編纂室編纂，2009，『味の素グループの百年——新価値創造と開拓者精
　　神』味の素。

安部悦生，1995，「革新の概念と経営史」明治大学『経営論集』第42巻第1号。

阿部留太，1931，『五大電力の優劣』ダイヤモンド社。

アベグレン，J. C.・ストーク，G., 1986，植山周一郎訳『カイシャ——次代を創るダイナミ
　　ズム』講談社。

安藤良雄編，1975，『近代日本経済史要覧』第2版，東京大学出版会。

石川悌次郎，1954，『鈴木三郎助伝　森蠢昶伝』日本財界人物伝全集，東洋書館。

伊丹敬之，2010，『本田宗一郎——やってみもせんで，何がわかる』ミネルヴァ日本評伝選，
　　ミネルヴァ書房。

伊丹敬之，2012，『人間の達人　本田宗一郎』PHP研究所。

伊丹敬之，2015，『高度成長を引きずり出した男　サラリーマン社長西山彌太郎の夢と決断』
　　PHP研究所。

伊丹敬之，2017，『難題が飛び込む男　土光敏夫』日本経済新聞出版社。

出光興産株式会社，1964，『出光略史』出光興産。

出光興産株式会社編，1970，『出光五十年史』出光興産。

出光興産株式会社人事部教育課編，2008，『出光略史』第11版，出光興産。

出光興産株式会社店主室編，1994，『積み重ねの七十年』。

出光佐三，1962，『人間尊重五十年』出光興産。

出光佐三，1972，『我が六十年間　第一巻——創業より～昭和三十四年』出光興産。

伊藤修，1988，「日本の産業組織と企業——戦前・戦後の比較分析」神奈川大学『商経論叢』
　　第24巻第1号。

稲盛和夫，1997，『敬天愛人——私の経営を支えたもの』PHP研究所。

稲盛和夫，2012，『新版・敬天愛人——ゼロからの挑戦』PHP研究所。

井深大，1991，『わが友本田宗一郎』ごま書房。

今井祐，2015，「日本航空（JAL）の再建に見る『経営者　稲盛和夫の経営哲学』」『日本経営
　　倫理学会誌』第22号。

上村雅洋，2009，「マーケティングと物流」宮本又郎・粕谷誠編著『講座・日本経営史　第
　　1巻　経営史・江戸の経験　1600～1882』ミネルヴァ書房。

宇田川勝，1979，「日産コンツェルンの展開——親族グループの経営活動の集大成」中川敬
　　一郎・森川英正・由井常彦編『近代日本経営史の基礎知識』増補版，有斐閣。

宇田川勝，1984，『新興財閥』（日本財閥経営史），日本経済新聞社。

宇田川勝，2017，『日産の創業者　鮎川義介』吉川弘文館。

江頭恒治，1965，『近江商人　中井家の研究』雄山閣。

NHK 取材班，1992，『技術と格闘した男　本田宗一郎』日本放送出版協会。

老川慶喜，2017，『日本の企業家 5　小林一三——都市型第三次産業の先駆的創造者』PHP
研究所。

大塩武，1989，『日窒コンツェルンの研究』日本経済評論社。

大野耐一，1978，『トヨタ生産方式——脱規模の経営をめざして』ダイヤモンド社。

大森弘，1980，「松下幸之助——家電王国を築き上げた内省的企業家」下川浩一・阪口昭・
松島春海・桂芳男・大森弘『日本の企業家（4）戦後篇』有斐閣。

岡崎哲二，1999，『持株会社の歴史——財閥と企業統治』筑摩書房。

小川進，2000，『ディマンド・チェーン経営——流通業の新ビジネスモデル』日本経済新聞
出版社。

加護野忠男，1998，「ベンチャー経営者　稲盛和夫（京セラ）」伊丹敬之・加護野忠男・宮
本又郎・米倉誠一郎編『ケースブック日本企業の経営行動 4——企業家の群像と時代の息
吹き』有斐閣。

カーズナー，I. M.，田島義博監訳・江田三喜男・小林逸太・佐々木實雄・野口智雄共訳，
1985，『競争と企業家精神——ベンチャーの経済理論』千倉書房。

粕谷誠，2002，『豪商の明治——三井家の家業再編過程の分析』名古屋大学出版会。

加納明弘，1982，『ソニー新時代——収穫期を迎えるミラー効果戦略』プレジデント社。

亀高徳平，1933，『人生化学』丁未出版社。

川邉信雄，1988，「ソニーのマーケティング戦略（1945〜79 年）」『広島大学総合科学部紀要
Ⅰ　地域文化研究』第 14 巻。

川邉信雄，1994，『セブン-イレブンの経営史——日米企業・経営力の逆転』有斐閣。

関東州満州出光史調査委員会・総務部出光史編纂室編，1958，『関東州満州出光史及日満政
治経済一般状況調査資料集録』。

橘川武郎，1995，「中間組織の変容と競争的寡占構造の形成」山崎広明・橘川武郎編『日本
経営史　第 4 巻「日本的」経営の連続と断絶』岩波書店。

橘川武郎，1996，『日本の企業集団——財閥との連続と断絶』有斐閣。

橘川武郎，1998a，「「消費革命」と「流通革命」」東京大学社会科学研究所編『20 世紀シス
テム 3　経済成長Ⅱ　受容と対抗』東京大学出版会。

橘川武郎，1998b，「経済開発政策と企業——戦後日本の経験」東京大学社会科学研究所編
『20 世紀システム 4　開発主義』東京大学出版会。

橘川武郎，2003，「パイオニアの英断が開いた歴史の扉」『週刊エコノミスト』2003 年 12 月
9 日号。

橘川武郎，2004a，『日本電力業発展のダイナミズム』名古屋大学出版会。

橘川武郎，2004b，『松永安左エ門——生きているうち鬼といわれても』ミネルヴァ書房。

橘川武郎，2004c，「国際分業の深化を象徴するユニクロ製品」『週刊エコノミスト』2004 年
3 月 2 日号。

橘川武郎，2007，「経済成長と日本型企業経営——高度成長から 21 世紀初頭までの企業経
営」宮本又郎・阿部武司・宇田川勝・沢井実・橘川武郎『日本経営史——江戸時代から
21 世紀へ』新版，有斐閣。

引用・参照文献一覧　249

橘川武郎, 2010,「書評－由井常彦著『安田善次郎』」『日本経済新聞』2010 年 12 月 19 日付。
橘川武郎, 2012a,「書評－由井常彦著『安田善次郎　果報は練って待て』」『経営史学』第 47
　　巻第 2 号。
橘川武郎, 2012b,『出光佐三──黄金の奴隷たるなかれ』ミネルヴァ書房。
橘川武郎, 2013,「渋沢栄一の人づくりに注目する理由──後発国工業化への示唆と資本主
　　義観の再構築」橘川武郎・島田昌和・田中一弘編『渋沢栄一と人づくり』有斐閣。
橘川武郎, 2015,「書評　山崎広明著『豊田家紡織事業の経営史　紡織から紡織機，そして
　　自動車へ』」『週刊エコノミスト』2015 年 9 月 29 日号。
橘川武郎, 2016,『産業経営史シリーズ 8　財閥と企業グループ』日本経営史研究所。
橘川武郎, 2017a,「書評　宇田川勝著『日産の創業者　鮎川義介』」『週刊エコノミスト』
　　2017 年 7 月 18 日号。
橘川武郎, 2017b,『日本の企業家 3　土光敏夫──ビジョンとバイタリティをあわせ持つ改
　　革者』PHP 研究所。
橘川武郎・島田昌和・田中一弘編, 2013,『渋沢栄一と人づくり』有斐閣。
橘川武郎・高岡美佳, 1997,「戦後日本の生活様式の変化と流通へのインパクト」東京大学
　　『社会科学研究』第 48 巻第 5 号。
橘川武郎・野中いずみ, 1995,「革新的企業者活動の継起──本田技研とソニーの事例」由
　　井常彦・橋本寿朗編『革新の経営史──戦前戦後における日本企業の革新行動』有斐閣。
橘川武郎＝パトリック・フリデンソン編著, 2014,『グローバル資本主義の中の渋沢栄一
　　──合本キャピタリズムとモラル』東洋経済新報社。
木村昌人, 2014,「グローバル社会における渋沢栄一の商業道徳観」橘川武郎＝パトリッ
　　ク・フリデンソン編著『グローバル資本主義の中の渋沢栄一──合本キャピタリズムとモ
　　ラル』東洋経済新報社。
京セラ 40 周年社史編纂委員会編纂, 2000,『果てしない未来への挑戦：京セラ心の経営 40
　　年』京セラ。
クリステンセン, C. M., 玉田俊平太監修・伊豆原弓訳, 2011,『イノベーションのジレンマ
　　──技術革新が巨大企業を滅ぼすとき』増補改訂版, 翔泳社。
クリステンセン, C. M./ M. E. レイナー, 玉田俊平太監修・櫻井祐子訳, 2003,『イノベーシ
　　ョンの解』翔泳社。
経済企画庁編, 1956,『昭和 31 年度経済白書』大蔵省印刷局。
経済企画庁編, 1964,『昭和 38 年度国民生活白書』大蔵省印刷局。
経済企画庁調整局民生雇用課, 1959,『戦後国民生活の構造的変化（国民生活白書昭和 34
　　年版）』大蔵省印刷局。
経済産業省経済産業政策局調査統計部, 2005,『2005 我が国の商業──新たな発展をめざし,
　　変わりゆく商業』経済産業省。
京阪神急行電鉄株式会社, 1959,『京阪神急行電鉄五十年史』京阪神急行電鉄。
見城悌治, 2008,『評伝日本の経済思想　渋沢栄一──「道徳」と経済のあいだ』日本経済
　　評論社。
河野重吉, 1956,「松下幸之助氏──良品廉価で成功」『ダイヤモンド』1956 年 10 月 2 日号。
小島直記, 1980,『松永安左ヱ門の生涯』「松永安左ヱ門伝」刊行会。

故鈴木三郎助君伝記編纂会，1932，『鈴木三郎助伝』。

小早川洋一，1986，「結城・森改革と安田財閥の再編成」由井常彦編『安田財閥』日本経済新聞社。

小林一三，1953，『逸翁自叙伝』産業経済新聞社。

小林正彬，1977，『日本の工業化と官業払下げ』東洋経済新報社。

斎藤修，2013，『プロト工業化の時代：西欧と日本の比較史』岩波書店。

斎藤憲，1987，『新興コンツェルン理研の研究——大河内正敏と理研産業団』時潮社。

榊原博行，1976，『評伝　土光敏夫』国際商業出版。

作道洋太郎，1978，「江戸期商人の系譜と特質」作道洋太郎・宮本又郎・畠山秀樹・瀬岡誠・水原正亨『江戸期商人の革新的行動——日本的経営のルーツ』有斐閣。

桜井則，1964，「電力産業と国家管理」栗原東洋編『現代日本産業発達史Ⅲ　電力』交詢社。

島田昌和，2007，『渋沢栄一の企業者活動の研究——戦前期企業システムの創出と出資者経営者の役割』日本経済評論社。

島田昌和，2011，『渋沢栄一——社会企業家の先駆者』岩波書店。

島本実，2005，「京セラ——経営資源の連鎖的動員」米倉誠一郎編『ケースブック　日本のスタートアップ企業』有斐閣。

下谷政弘，1993，『日本の系列と企業グループ——その歴史と理論』有斐閣。

上海油槽所史調査委員会・総務部出光史編纂室編，1959，『出光上海油槽所史並中華出光興産状況調査集録（原稿）』。

シュンペーター，J. A.，吉田昇三監修・金融経済研究所訳，1958，『景気循環論——資本主義過程の理論的・歴史的・統計的分析（Ⅰ）』有斐閣。

シュンペーター，J. A.，塩野谷祐一・中山伊知郎・東畑精一訳，1977，『経済発展の理論——企業者利潤・資本・信用・利子および景気の回転に関する一研究（上）』岩波書店。

シュンペーター，J. A.，中山伊知郎・東畑精一訳，1995，『資本主義・社会主義・民主主義』東洋経済新報社。

城山三郎，1972，『雄気堂々』新潮社（原題「寒灯」としての発表は 1971 年）。

須江國雄，2000，「満州事変——その勃発原因をさぐる　1920 年代における財閥資本の編成替えと重化学工業化」日本大学経済学部『経済科学研究所　紀要』第 29 号。

末廣昭，2000，『キャッチアップ型工業化論——アジア経済の軌跡と展望』名古屋大学出版会。

杉山和雄，1979，「個人銀行の創設——安田銀行の生成」中川敬一郎・森川英正・由井常彦編『近代日本経営史の基礎知識』増補版，有斐閣。

鈴木安昭，1980，『昭和初期の小売商問題——百貨店と中小商店の角逐』日本経済新聞社。

瀬岡誠，1978，「三井高利——『江戸商法』の創始者」作道洋太郎・宮本又郎・畠山秀樹・瀬岡誠・水原正亨『江戸期商人の革新的行動——日本的経営のルーツ』有斐閣。

世界銀行，白鳥正喜監訳・海外経済協力基金開発問題研究会訳，1994，『東アジアの奇跡——経済成長と政府の役割』東洋経済新報社。

総務庁統計局編，1985，『国際統計要覧（1985 年版）』。

総務庁統計局編，1994，『世界の統計（1994 年）』。

総理府統計局編，1975，『国際統計要覧（1975 年版）』。

ソニー株式会社，1986，『ソニー創立40周年記念誌・源流』ソニー。

ソニー株式会社広報センター編，1996，『ソニー創立50周年記念誌「GENRYU 源流」』ソニー広報センター。

高岡美佳，1997，「戦後復興期の日本の百貨店と委託仕入――日本的取引慣行の形成過程」『経営史学』第32巻第1号。

高岡美佳，1999，「高度成長期のスーパーマーケットの資源補完メカニズム――日本の『流通革命』の実像」『社会経済史学』第65巻第1号。

高岡美佳，1999，「日本のコンビニエンス・ストアの成長過程における資源補完メカニズム――フランチャイズ・システムの採用」『経営史学』第34巻第2号。

高岡美佳，2004，「現代の流通企業と企業間関係」亀川雅人・高岡美佳・山中伸彦『入門現代企業論』新世社。

高岡美佳・李美花，2008，「サプライ・チェーン経営の進化における共通性と対照性――小売業：ウォルマートとセブン＆アイ」塩見治人・橘川武郎編『日米企業のグローバル競争戦略――ニューエコノミーと「失われた十年」の再検証』名古屋大学出版会。

武田晴人，1992，「多角的事業部門の定着とコンツェルン組織の整備」法政大学産業情報センター・橋本寿朗・武田晴人編『日本経済の発展と企業集団』東京大学出版会。

田中一弘，2014，「経営理念提示型　渋沢栄一，松下幸之助，稲盛和夫」宮本又郎・加護野忠男・企業家研究フォーラム編『企業家学のすすめ』有斐閣。

田村正紀，1986，『日本型流通システム』千倉書房。

田付茉莉子，1995，「工業化と商社・海運・金融」宮本又郎・阿部武司編『日本経営史2　経営革新と工業化』岩波書店。

朝鮮出光史調査委員会・総務部出光史編纂室編，1959，『朝鮮出光史及朝鮮政治経済一般状況調査資料集録』。

寺谷武明，1979，「浅野総一郎と浅野財閥――産業財閥の形成」中川敬一郎・森川英正・由井常彦編『近代日本経営史の基礎知識』増補版，有斐閣。

東急不動産株式会社編，1973，『街づくり五十年』東急不動産。

東京芝浦電気株式会社編，1977，『東芝百年史』東京芝浦電気。

東京電力株式会社編纂，2002，『関東の電気事業と東京電力――電気事業の創始から東京電力50年への軌跡』東京電力。

東邦電力史編纂委員会編，1962，『東邦電力史』東邦電力史刊行会。

土光敏夫，2012，『土光敏夫「私の履歴書」』日本図書センター。

富塚清，1980，『オートバイの歴史――メカニズムの変遷と技術者達をめぐるドラマ』山海堂。

中川敬一郎，1967，「日本の工業化過程における『組織化された企業者活動』」『経営史学』第2巻第3号。

長沢康昭，1978，「岩崎弥之助――三菱近代化を担った二代目」安岡重明・長沢康昭・浅野俊光・三島康雄・宮本又郎『日本の企業家（1）　明治篇』有斐閣。

中村清司，1992，「家電量産量販体制の形成」森川英正編『ビジネスマンのための戦後経営史入門――財閥解体から国際化まで』日本経済新聞社。

中村清司，2001，「松下幸之助――内省と発言」佐々木聡編『日本の戦後企業家史――反骨

の系譜』有斐閣。

中村青志, 1978,「野口遵——巨大電力化学コンビナートの建設」森川英正・中村青志・前田利一・杉山和雄・石川健次郎『日本の企業家（3）昭和篇』有斐閣。

中村青志, 1999,「中上川彦次郎の三井改革」宇田川勝・中村青志編『マテリアル日本経営史』有斐閣。

南海道総合研究所編, 1985,『南海沿線百年誌』南海電気鉄道。

新飯田宏・三島万理, 1991,「流通系列化の展開——家庭電器」三輪芳朗・西村清彦編『日本の流通』東京大学出版会。

西川登, 2004,「商家の帳合法と財務管理」経営史学会編・山崎広明編集代表『日本経営史の基礎知識』有斐閣。

西田通弘, 1983,『語りつぐ経営　ホンダとともに 30 年』講談社。

日本経済新聞社編, 1988,『昭和の歩み 2　日本の産業』日本経済新聞社。

博多出光史調査委員会・総務部出光史編纂室編, 1959,『博多出光史並一部本店状況調査集録』。

橋本寿朗, 1984,『大恐慌期の日本資本主義』東京大学出版会。

橋本寿朗, 1991,『日本経済論——二十世紀システムと日本経済』ミネルヴァ書房。

林周二, 1962,『流通革命——製品・経路および消費者』中央公論社。

速水融・宮本又郎, 1988,「概説　17〜18 世紀」速水融・宮本又郎編『日本経済史 1　経済社会の成立——17-18 世紀』岩波書店。

阪神急行電鉄編, 1932,『阪神急行電鉄二十五年史』阪神急行電鉄。

ピケティ, トマ著, 山形浩生・守岡桜・森本正史訳, 2014,『21 世紀の資本』みすず書房。

福沢諭吉, 1959,「実業論」『福沢諭吉全集』第六巻, 岩波書店。

藤沢武夫, 1974,『松明は自分の手で——ホンダと共に 25 年』産業能率短期大学出版部。

法政大学産業情報センター・橋本寿朗・武田晴人編, 1992,『日本経済の発展と企業集団』東京大学出版会。

堀江義人, 1999,『信念の人　土光敏夫——発想の原点』三心堂出版社。

本田技研工業株式会社, 1955,『社史　創立七周年記念特集』本田技研工業。

本田技研工業株式会社, 1975,『ホンダの歩み　1948〜1975』本田技研工業。

本田技研工業株式会社, 1999,『語り継ぎたいこと　チャレンジの 50 年』本田技研工業。

前田和利, 1979,「海外マーケティングの発展——ソニーと本田技研の海外子会社」中川敬一郎・森川英正・由井常彦『近代日本経営史の基礎知識』増補版, 有斐閣。

松井好, 1979,「エレクトロニクス産業——先駆者たち」中川敬一郎・森川英正・由井常彦編『近代日本経営史の基礎知識』増補版, 有斐閣。

松沢光雄, 1992,『土光敏夫の生い立ちと素顔』山手書房新社。

松島春海, 1980,「松永安左衛門——民営事業ひとすじに生きた電力経営者」下川浩一・阪口昭・松島春海・桂芳男・大森弘『日本の企業家（4）戦後篇』有斐閣。

松下幸之助, 1956,「新年の夢」『ダイヤモンド』1956 年新年特大号。

松永安左エ門, 1927,「電気事業」『社会経済体系』第九巻, 日本評論社。

松永安左エ門, 1933,「電気事業統制に就て」『電気公論』第 17 巻第 10 号。

松永安左エ門, 1964,「私の履歴書 27」『日本経済新聞』1964 年 1 月 28 日付。

引用・参照文献一覧　　253

水原正亨，1978，「中井源左衛門——近江商人の多店舗経営」作道洋太郎・宮本又郎・畠山
　　秀樹・瀬岡誠・水原正亨『江戸期商人の革新的行動——日本的経営のルーツ』有斐閣。

三井文庫，1980，『三井事業史　本篇第1巻』三井文庫。

宮本又郎，1978，「鴻池善右衛門——『天下の台所』を支えた両替商」作道洋太郎・宮本又
　　郎・畠山秀樹・瀬岡誠・水原正亨『江戸期商人の革新的行動——日本的経営のルーツ』有
　　斐閣。

宮本又郎，2004，「鴻池善右衛門」経営史学会編・山崎広明編集代表『日本経営史の基礎知
　　識』有斐閣。

宮本又郎，2007，「日本型企業経営の起源」宮本又郎・阿部武司・宇田川勝・沢井実・橘川
　　武郎『日本経営史——江戸時代から21世紀へ』新版，有斐閣。

宮本又郎，2009，「市場と企業」宮本又郎・粕谷誠編著『講座・日本経営史　第1巻　経営
　　史・江戸の経験　1600〜1882』ミネルヴァ書房。

宮本又郎，2014，「『見える手』による資本主義——株式会社制度・財界人・渋沢栄一」橘
　　川武郎＝パトリック・フリデンソン編著『グローバル資本主義の中の渋沢栄一——合本キ
　　ャピタリズムとモラル』東洋経済新報社。

宮本又郎編著，2016，『日本の企業家1　渋沢栄一——日本の近代の扉を開いた財界リーダ
　　ー』PHP研究所。

三和良一，1993，『概説日本経済史　近現代』東京大学出版会。

三和良一，1979，「三菱の発生と岩崎弥太郎——三菱蒸汽船会社」中川敬一郎・森川英正・
　　由井常彦編『近代日本経営史の基礎知識』増補版，有斐閣。

森川英正，1973，『日本型経営の源流——経営ナショナリズムの企業理念』東洋経済新報社。

森川英正，1980，『財閥の経営史的研究』東洋経済新報社。

森川英正，1981，『日本経営史』日本経済新聞社。

森川英正，2001，「西山弥太郎（川崎製鉄）——官への反逆者による合理的構想力」佐々木
　　聡編『日本の戦後企業家史——反骨の系譜』有斐閣。

森川英正・湯沢威，1980，「第15回大会統一論題『大正期における中規模財閥の成長と限
　　界』討議報告」『経営史学』第15巻第1号。

安岡重明，1970，『財閥形成史の研究』ミネルヴァ書房。

安岡重明，1978，「中上川彦次郎——業なかばに倒れた理想主義的企業家」安岡重明・長沢
　　康昭・浅野俊光・三島康雄・宮本又郎『日本の企業家（1）　明治篇』有斐閣。

安岡重明，1979，「財閥の多角的工業化——中上川彦次郎と荘田平五郎」中川敬一郎・森川
　　英正・由井常彦編『近代日本経営史の基礎知識』増補版，有斐閣。

柳井正，2003，『一勝九敗』新潮社。

矢作敏行，1994，『コンビニエンス・ストア・システムの革新性』日本経済新聞社。

山極完治，1979，「戦後日本経済の『合理化』過程と開銀の役割」『中央大学大学院年報』第
　　8号。

山崎広明，1987，「日本商社史の論理」東京大学『社会科学研究』第39巻第4号。

山崎広明，2007，「報告3　孫正義（ソフトバンク）の企業家活動」『企業家研究』第4号，
　　「共通論題：『M&A，TOB等のハイリスク分野で活躍した企業家群像の実像と虚像　岡部
　　廣，島徳蔵から孫正義まで』」。

山崎広明，2015，『豊田家紡織事業の経営史――紡織から紡織機，そして自動車へ』文眞堂。

山田雄久，2017，「商人と商業組織」廣田誠・山田雄久・木山実・長廣利崇・藤岡里圭『日本商業史――商業・流通の発展プロセスをとらえる』有斐閣。

山名一郎，1992，『ソニー流商品企画術――「最小，最軽量，高性能，世界初」の製品はいかにして生まれるか』こう書房。

山本祐輔，1993，『藤沢武夫の研究――本田宗一郎を支えた名補佐役の秘密』かのう書房。

由井常彦，2008，「財閥の進化とサスティナビリティ――安田財閥の急成長と挫折」橘川武郎・島田昌和編『進化の経営史――人と組織のフレキシビリティ』有斐閣。

由井常彦，2010，『安田善次郎――果報は練って待て』ミネルヴァ日本評伝選，ミネルヴァ書房。

由井常彦編，1978，『憂楽五十年――芦原義重　回顧と展望』日本経営史研究所。

由井常彦編，1986，『安田財閥』（日本財閥経営史）日本経済新聞社。

吉田匠ほか，1991，『HONDA 360 STORY：小さな巨人　1963～1974』三樹書房。

米倉誠一郎，1998，「日本鉄鋼業の革新者――西山弥太郎（川崎製鉄）」伊丹敬之・加護野忠男・宮本又郎・米倉誠一郎編『ケースブック日本企業の経営行動4――企業家の群像と時代の息吹き』有斐閣。

米倉誠一郎，2018，『松下幸之助――きみならできる，必ずできる』ミネルヴァ書房。

流通経済研究所編・通商産業省企業局中小企業庁監修，1972，『コンビニエンス・ストア・マニュアル』中小企業庁。

和田一夫，2004，「豊田喜一郎」経営史学会編・山崎広明編集代表『日本経営史の基礎知識』有斐閣。

和田一夫・由井常彦，トヨタ自動車歴史文化部企画・編纂，2001，『豊田喜一郎伝』トヨタ自動車。

Christensen, Clayton M., 1997, *The Innovator's Dilemma: When New Technologies Cause Great Firms to Fail*, Boston, Harvard Business School Press.

Fridenson, Patrick and Takeo Kikkawa, eds., 2017, *Ethical Capitalism: Shibusawa Eiichi and Business Leadership in Global Perspective*, Toronto: University of Toronto Press.

Gerschenkron, Alexander, 1962, *Economic Backwardness in Historical Perspective*, Cambridge: Harvard University Press.

Kikkawa, Takeo, 2017, "Introduction", op. cit., Fridenson and Kikkawa, eds., *Ethical Capitalism: Shibusawa Eiichi and Business Leadership in Global Perspective*.

Sakiya, Tetsuo, 1982, *Honda Motor: The Men, The Management, The Machines*, Tokyo: Kodansha International.

Vogel, E. F., 1979, *Japan as Number One, Lesson for America*, Cambridge: Harvard University Press.

The World Bank, 1993, *The East Asian Miracle*, New York: Oxford University Press.

統計資料，新聞記事，雑誌

「都市生活の不安（二）　大阪市の住宅問題」『大阪時事新報』1919年1月21日付。

「都市生活の不安（四）　大阪市の住宅問題」『大阪時事新報』1919 年 1 月 23 日付。

「都市生活の不安（十六）　大阪市の住宅問題」『大阪時事新報』1919 年 2 月 3 日付。

「郊外電車から見た大阪（七）」『大阪毎日新聞』1915 年 12 月 21 日付。

「住宅難の大阪（一）〜（五）」『大阪毎日新聞』1918 年 10 月 30 日付〜11 月 5 日付。

「都市の膨張と郊外電鉄（一）〜（十）」『国民新聞』，1926 年 10 月 1〜13 日付。

「現代産業史の証言②　コンビニ登場（中）　鈴木敏文セブン–イレブン・ジャパン会長インタビュー」『週刊エコノミスト』2003 年 10 月 14 日号。

「現代産業史の証言⑨　稲盛和夫・京セラ名誉会長　通信自由化（上）先陣を切って，新電電を旗揚げ」『週刊エコノミスト』2003 年 12 月 2 日号。

「現代産業史の証言⑩稲盛和夫・京セラ名誉会長　通信自由化（下）KDDI 誕生　合併秘話を明かす」『週刊エコノミスト』2003 年 12 月 9 日号。

「現代産業史の証言⑳ 柳井正・ファーストリテイリング会長　メード・イン・チャイナの衝撃（上）『僕の商売の先生は香港の人』」『週刊エコノミスト』2004 年 2 月 24 日特大号。

「現代産業史の証言 柳井正・ファーストリテイリング会長　メード・イン・チャイナの衝撃（下）中国で生産管理に成功した理由を語る」『週刊エコノミスト』2004 年 3 月 2 日号。

「日産コンツェルンの動向」『ダイヤモンド』1935 年 2 月 11 日号。

「日窒コンツェルンの解剖」『ダイヤモンド』1938 年 7 月 1 日号。

「トヨタ自動車は業績好転」『ダイヤモンド』1951 年 3 月 11 日号。

「大阪の郊外電車（三）」『中央新聞』1913 年 9 月 17 日付。

「JAL" 予想外 " の成功で注目，稲盛氏の右腕　森田 JAL 特別顧問が明かすアメーバ経営の実際」『東洋経済 ONLINE』2012 年 9 月 18 日。

『HQ』（一橋大学ウェブマガジン）「PEOPLE 魅力ある卒業生　ユニクロの中国生産体制をコーディネートし，躍進を支えた。その経験を活かし，グローバル人材を育成　株式会社パーソナルケアシステムズ代表取締役社長・長谷川靖彦」2016 年夏号 vol.51,
http://www.hit-u.ac.jp/hq-mag/people/71_20180501/。

ファーストリテイリングホームページ，「会社情報」
https://www.fastretailing.com/jp/about/。

三井広報委員会，「松阪の地で育まれた三井の心」
https://www.mitsuipr.com/history/columns/003/。

三井広報委員会，「越後屋誕生と高利の新商法」
https://www.mitsuipr.com/history/edo/02/。

パナソニック株式会社ホームページ，「企業情報，歴史，社史」
http://www.panasonic.com/jp/corporate/history/chronicle.html。

渋沢栄一記念財団ホームページ，「渋沢栄一」
https://www.shibusawa.or.jp/eiichi/index.html。

ソフトバンクグループ株式会社ホームページ，「企業情報，沿革」
https://group.softbank/corp/about/history/。

□ 索引 （事項，人名，企業名・組織名等）

事　項

❖アルファベット

ADR（アメリカ預託証券）　172, 174, 180
G 型自動織機　113-115, 119
ICT（情報通信技術）　202
　　——革命　238
IT 革命　236
kaizen（改善）　119
SCM（サプライ・チェーン・マネジメント）
　223, 224
SPA（製造小売業）　229
The East Asian Miracle　196, 197

❖あ　行

『味の素株式会社社史 1』　102
熱海会談　160, 161
アメーバ経営　210, 211, 216
アメリカ預託証券　→ ADR
アーリーモダン　28, 29
家定記録覚　10
『石川島』　186
『逸翁自叙伝』　84, 86
『一勝九敗』　230
一丁ロンドン　46
『出光略史』　137, 140
『イノベーションのジレンマ』　239, 240, 244
『イノベーションへの解』　240, 241
インクリメンタル・イノベーション　2-4,
　30, 72, 76, 119, 130, 197, 198, 238, 239, 243,
　244
インセンティブ説　223
「失われた 30 年」　1, 4
「失われた 10 年」　1, 4, 143, 193, 202, 203,
　213, 241
「失われた 20 年」　1, 4
渦巻式集金法　89
江戸商法　16, 18

江戸店持ち京商人　16, 22
江戸積　9-11
近江商人　7, 21-23
大坂御金蔵銀御為替御用　16
『大阪毎日新聞』　83

❖か　行

外地重点主義　137, 139
外部効果　87
　　——の内部化　88
科学的経営　92, 94, 98
価格破壊　239
仮説検証型発注　223-225
合本主義　61, 66-68
ガラパゴス化　239
『川崎製鉄新聞』　149
官営製鉄所　33
企業勃興　32
規模の経済　124
キャッチアップ　238
キャッチアップ工業化　194-196
『キャッチアップ工業化論』　194-196
旧型日本的経営　245
9 電力体制　81, 97, 98
京セラフィロソフィ　212, 216
切　売　18, 19
金融財閥　35, 50, 55, 59, 71
グローバライゼーション　204
経営ナショナリズム　69
「経営の神様」　156, 161
結合（範囲）の利益　124
現銀（金）掛値なし　17
現金正札販売　18, 19
原始的蓄積　31, 32
鉱業財閥　35, 50
後発優位　238, 239, 244
「小売の神様」　221, 225

『国民生活白書』 152, 153
コモディティ化 239
コンツェルン 35, 120, 121, 126, 127, 130

❖さ 行

「財界総理」 188
「財界の名医」 182, 190
財界リーダー 60, 64, 65
「再生の 10 年」 144
財　閥 10, 15, 21, 34-37, 50, 68, 107, 109, 121, 122, 131, 159
財閥解体 177
サプライ・チェーン・マネジメント
　→ SCM
産業革命 1, 3, 32
産業財閥 50, 58, 59, 71
3 C 150, 155
三種の神器 150, 155
三大商家 7, 10, 20-22
産物廻し 23, 25-27
算用帳 9, 13, 14
資源制約説 223
仕立て売り 18
実力主義 245
自働化 118, 119
自動杼換装置 112, 113
資本家（オーナー）経営者 33, 36, 41, 50, 58, 59, 61-63, 70-72, 220, 243
社会企業家 60, 63, 64
ジャスト・イン・タイム 118
ジャパン・アズ・ナンバー・ワン 79
『週刊エコノミスト』 129, 212, 214, 228
10 電力体制 98
出資者経営者 33, 58-63, 70-72, 243
消費革命 152, 153, 160, 162, 177, 198, 199, 244
消費の即時化 221
昭和金融恐慌 202
士流学者 48
新型日本的経営 67, 68, 245, 246
人口減少社会 203
新興コンツェルン 120, 121, 125, 131

水火併用（方式） 92-95, 98, 121
水道哲学 157, 158, 161
『鈴木三郎助伝』 103-106, 109
『スティーム・タービン』 183
スピードの経済 124
生活水準の向上 217
生活様式の洋風化 217
製造業財閥 35, 50
製鉄工場国家管理 146
セルフサービス 218
先発優位 238, 239, 241, 244, 246
専門経営者 21, 33, 34, 36, 39-42, 47, 48, 50, 56, 59, 61-63, 70-72, 243
総合財閥 35, 50, 59
造船疑獄 186
創造的破壊 2
宗竺遺書 20
総　有 21
総有制 20, 36
組織された企業者活動 70

❖た 行

「第 2 の黒船の襲来」 79
「第 2 の敗戦」 143
大名貸 10, 12-14, 16
『ダイヤモンド』 117, 120, 156
「大陸の石油商」 132, 143
店前売 16-19
「タービンの土光」 183, 184
単品管理 223, 224
チェーン・オペレーション 219
中京三大財閥 111
長期雇用 245
朝鮮特需 117
「電気王」 95
電気事業再編成 94, 95, 97-99
電力国家管理 95-97, 99, 100
「電力戦」 94
『電力統制私見』 94, 95, 97
「電力の鬼」 81, 95, 99, 100
「投資が投資を呼ぶ」 151
東芝革命 189

投資抑制メカニズム　205, 241, 246
道徳経済合一説　60
『東邦電力史』　99
都市型第三次産業　81
ドッジライン　116, 202
ドミナント戦略　220, 222, 223
『豊田喜一郎伝』　111
『豊田家紡織事業の経営史』　110, 111
トヨタ生産方式　118, 119, 198
豊田争議　116
豊田・プラット協定　113

❖な 行

内部循環的生産拡大　78
中氏制要　24
2正面作戦　245
日米逆転　204
日米再逆転　204
『日産の創業者　鮎川義介』　129
日章丸事件　132, 142
日本的経営　67, 80, 203-205, 241, 245, 246
ニュー・エコノミー　204
ネットワーク外部性　238
年功制　67, 68, 245

❖は 行

破壊的イノベーション　3, 4, 202, 239-241, 244-246
幕藩制的商品流通機構　12
発送配電一貫経営　96-98
ハーバー・ボッシュ法　122
番　頭　21
東日本大震災　202, 203
フォード・システム　118
複式簿記　13, 14
福島第一原子力発電所事故　202, 203
フランチャイズ（制，システム）　220, 222, 223
プリ・パッケージ・システム　218

プリモダン　28, 29
ブレークスルー・イノベーション　2-4, 7, 8, 14, 19, 26, 30, 72, 73, 76, 80, 119, 130, 198, 202, 238, 239, 241, 243, 244, 246
プロト工業化　30
『文藝春秋』　192
平成金融恐慌　202
ベンチャー経営者　220
封建制　6

❖ま 行

松下商法　156
満州産業開発五ヶ年計画　128, 130
「ミスター行革」　182, 190, 191
見世物商い　17-19
水俣病　122
民営公益事業（方式）　91, 99, 100
民間外交家　60, 65
民間企業家　66
「民族系石油会社の雄」　132, 142, 143
メイド・イン・チャイナ　229
「メザシの土光さん」　192
持ち下り商い　22

❖や 行

屋敷売り　17-19
優等生機会均等主義　148, 150
4大財閥　51, 53, 120

❖ら 行

ラディカル・イノベーション　2
リーマン・ショック　202
流通革命　218, 219
『流通革命』　152
流通近代化　154
流通系列化　155, 176
流通財閥　35, 50
領国間市場　6, 12
領国内市場　6, 12

人　名

❖あ 行

鮎川義介　80, 120, 121, 125-129, 131, 143, 199, 244
青山政次　208
秋山太吉　105
浅田正文　49
浅野総一郎　33, 50, 53, 56-59, 61-63, 71, 72, 243
浅野俊光　55, 56
朝吹英二　48
浅輪三郎　149
芦原義重　89, 91, 98, 99
雨宮敬次郎　56, 58
飯田亮　213, 214
井植歳男　162
池尾芳蔵　90, 96
池田菊苗　101, 102, 105-109, 198
池田成彬　40
石川悌次郎　106
石坂泰三　188
石橋正二郎　162
磯野計　48
伊丹敬之　149, 151
一万田尚登　144
出弟二郎　96, 97, 99
出光佐三　80, 131-134, 136, 139, 141-145, 162, 199, 244
伊藤修　147
伊藤正　180
稲盛和夫　205-216, 220, 228, 241, 246
犬養毅　77, 78
井上馨　37, 125, 126
井上準之助　77
井深大　80, 162, 165, 168, 169, 176, 178, 180, 181, 244
岩崎久弥　47
岩崎弥次郎　42
岩崎弥太郎　33, 36, 41-48, 61, 62, 71, 72, 243

岩崎弥之助　33, 35, 36, 41, 42, 44-48, 50, 71, 72, 243
岩出惣兵衛　58
岩永省一　49
上村雅洋　18, 19
宇垣一成　124
牛尾治朗　213, 214
宇田川勝　125-127, 129
内池廉吉　133
内田耕作　49
瓜生震　49
江頭恒治　25
江口定条　49
越後屋八郎兵衛・三井二郎右衛門　16
大隈重信　31, 43
大倉喜八郎　58
大河内正敏　120
太田垣士郎　89-91
大野耐一　118
大森尚則　149
大森弘　161
小川進　224
小川鉏吉　49
奥三郎兵衛　58
奥田正香　65
奥村喜和男　97
織田信長　15
尾高惇忠　59

❖か 行

加護野忠男　206, 209, 210
ガーシェンクロン（Alexander Gerschenkron）　69, 70
樫山純三　219
カーズナー（Israel M. Kirzner）　2
粕谷誠　37, 38, 40
加藤高明　48
カーネギー（Andrew Carnegie）　125
河井信太郎　186

川崎八右衛門　55
木川田一隆　98, 99
木村久寿弥太　49
木村昌人　66
桐島像一　49
クリステンセン（Clayton M. Christensen）
　3, 239, 240, 244
ケインズ（John M. Keynes）　78
鴻池善右衛門　7, 9, 28, 72, 243
鴻池善右衛門正成　9, 11, 14
鴻池善右衛門宗利　9, 10, 12, 14
鴻池善右衛門幸富　14
鴻池喜右衛門之宗　9, 11, 12, 14
五代友厚　61, 65
児玉一造　112
近衛文麿　88
小林一三　40, 80-82, 84, 86-91, 199, 244
近藤廉平　49

❖さ　行

作道洋太郎　21
佐々木正　233
佐治敬三　162
重野安繹　44
幣原喜重郎　88
渋沢栄一　33, 44, 57-68, 71, 72, 211, 243
島田昌和　61, 63
島本実　207, 208, 210
シュンペーター（Joseph A. Schumpeter）　2,
　21, 130
荘清次郎　49
荘田平五郎　46, 48-50, 71
真藤恒　214, 215
末延道成　49
末廣昭　194-196
杉山和雄　55
鈴木梅四郎　40
鈴木三郎　103, 108, 109
鈴木忠治　103, 108-110
鈴木テル　105, 109
鈴木時太　171
鈴木敏文　205, 217, 220-223, 225, 228, 241,

246
鈴木ナカ　105, 109
瀬岡誠　16
千本倖生　213-215
孫正義　205, 220, 226, 232-237, 241, 246

❖た　行

高岡美佳　221, 223, 224
高橋是清　78
武市利美　49
田中市兵衛　65
田中一弘　211, 212
田中源太郎　65
田中新造　58
田中久重　41
津田興二　40
デーヨン（Pierre Deyon）　30
寺谷武明　58
土居通夫　65
徳川昭武　60
徳川（一橋）慶喜　59, 60
土光菊次郎　182
土光敏夫　80, 182-193, 199, 244
土光登美　182
ドッジ（Joseph M. Dodge）　116
豊川良平　49
豊田愛子　112, 113
豊田喜一郎　80, 110-119, 198, 244
豊田佐吉　101, 110-115, 119, 198
豊田利三郎　112-115, 118

❖な　行

中井市左衛門　27
中井源左衛門　7, 8, 21, 22, 24, 26, 28, 72, 243
中井源左衛門光武　23, 24, 27
中井源左衛門光忠　25
中井源左衛門光凞　24
中井源左衛門光昌　24, 27
中井源左衛門光基　24
中井源左衛門光康　25
中井源三郎　27
中井正治右衛門武成　27

中井ふみ　27
中井光儔　27
中井光治　23
中井りよ　27
中川敬一郎　70
長沢康昭　43, 44, 46, 47
長瀬富郎　105
中西功　218
中野友礼　120
中上川婉　37
中上川彦次郎　33-42, 50, 61, 62, 71, 72, 81,
　243
中村清司　153, 160, 161
中村青志　122, 123
南部球吾　49
西川登　13
西山弥太郎　80, 143-151, 199, 244
二代鈴木三郎助　80, 101, 103-109, 198, 244
野口遵　80, 107, 120-125, 130, 131, 143, 199,
　244

❖は　行

橋本寿朗　147
長谷川靖彦　227, 228
波多野承五郎　40
早川徳次　162
林周二　152
原田鎮治　49
ピケティ（Thomas Piketty）　111
日田重太郎　133
日比翁介　40
平賀敏　40
平川均　195
福沢百助　37
福沢桃介　91, 94, 95, 98, 99
福沢諭吉　37, 43, 48, 49, 91
藤沢武夫　80, 162, 164, 167, 170, 171, 175,
　176, 178, 180, 181, 244
藤田伝三郎　65
藤山雷太　40, 41
藤原銀次郎　40
古河市兵衛　63

ペリー（Matthew C. Perry）　30
堀　新　90
本田宗一郎　80, 155, 162-164, 167, 169-171,
　173, 175, 176, 178, 180, 181, 244

❖ま　行

益田孝　37
松方正義　31, 38
松下市郎左衛門　55
松下幸之助　80, 151, 155-162, 199, 211, 244
松永安左エ門　80, 81, 90-100, 121, 148, 199,
　244
丸田秀実　49
御木本幸吉　101
水谷六郎　49
水原正亨　22-24, 26, 27
御手洗毅　162
三井重俊　16
三井殊法　15-17
三井高利　7, 15-20, 28, 72, 243
三井高俊　15, 16
三井高富　17
三井高治　17
三井高平　17, 20
三井高安　15
三井俊次　16, 17
三野村利左衛門　37
三村君平　49
宮木男也　208
三宅秀　102
宮本又郎　6, 10-14, 20, 28, 29, 65
三和良一　42, 77
武藤山治　40
村山定　40
メンデルス（Franklin Mendels）　30
森矗昶　120
森川英正　34, 39, 48, 50, 149
盛田昭夫　80, 162, 163, 165, 167, 168, 172,
　176, 178, 180, 181, 213, 214, 244

❖や　行

安岡重明　20, 21, 41, 48

安田善悦　54
安田善三郎　53
安田善次郎　33, 50-59, 61, 62, 71, 72, 243
安田善之助　53
安田暉子　53
安田一　52
矢田績　40
柳井正　205, 220, 226-230, 232, 237, 241,
　246
柳井等　226
柳荘太郎　40
山内佐太郎　182, 183
山崎広明　34, 110, 111, 232, 235, 236
山田雄久　25
山中新六（新右衛門）　9, 11, 14

山本達雄　48
由井常彦　51-53, 55, 58, 89, 90, 111, 112
横山通夫　98, 99
吉川泰二郎　49
米倉誠一郎　145

❖ら　行

李美花　224
レイナー（Michael E. Raynor）　240
六岡周三　188

❖わ　行

和田一夫　111, 113, 114
和田豊治　40

企業名・組織名等

❖アルファベット

ARM Holdings　236
Bloom Energy Japan　237
GE　185, 187
GHQ　97
JFE　144
JR 西日本　37
KDDI　213-215, 237
MONET Tchnologies　237
NEC　233
NTT　235
NTT ドコモ　215, 235, 237
PHP 研究所　161
ROSSETI　237
SB エナジー　237
Sprint Nextel　236
UNIQLO Design Studio　230

❖あ　行

あおぞら銀行　235
浅野財閥　35, 57-59
浅野セメント　57, 58

浅野造船所　57
浅野昼夜銀行　57
浅野同族会社　57
旭化成　123
旭絹織　123
アサヒビール　101
旭ベンベルグ絹糸　123
アジア石油　134
味の素　101
アスペジ・ジャパン　230
安曇電気　121
アート商会　163
アメリカ・ホンダ　171, 173
アングロ・イラニアン　132
石川島コーリング　187
石川島芝浦タービン　184, 185, 188, 190
石川島重工業　185-188, 190
石川島造船所　183-185, 188
石川島播磨重工業（IHI）　188
石川島ブラジル造船所（イシブラス）　188
伊丹鴻池家　9
出光興産　132, 134, 137, 139, 142, 144, 162
出光商会　133-142

イトーヨーカ堂　220, 223, 224
稲盛財団　212
伊能喜一郎商店　105
今橋鴻池家　9
磐城炭礦　57
インターロップ　233
ヴァキューム　136
ウィルコム　237
ウエスタン・エレクトリック　168
ウォルマート　223-225
ウシオ電機　213
越後屋　15, 17
エッシャー・ウィス　183, 187
エトナ・ジャパン　187
エフアールエルコリア　230
王子製紙　41, 48
大倉財閥　35
大阪商船　57
大阪倉庫　15
大阪通商会社・為替会社　15
大阪鉄工所　120
大阪電灯　156, 157
大阪紡績　32
沖縄電力　98
小郡商事　226
オンワード樫山　219

❖か 行

花王石鹸　101, 105
樫　山　219
鐘淵紡績　41
釜石製鉄所　69
川崎重工業　178
川崎製鉄　144, 145, 147-149
川崎造船所　69, 145
川崎＝松方財閥　35
川崎明発工業　178
官営長崎造船所　46
官営深川セメント工場　57
官営八幡製鉄所　32, 69
韓国電力公社　237
関西電気　92, 95

関西電力　89-91, 98
関西配電　98
関東配電　98
キヤノン　162, 233, 240
九州電気　91-93
九州電灯鉄道　81, 92, 93
九州電力　89
共済五百名社　55
京セラ　210-212, 214, 216
共同運輸会社　44, 45
共同漁業　120
京都セラミック　206-210
共立企業　126, 127
キングストンテクノロジー　234
久原財閥　35
久原鉱業　127
グルド・カプラー　126
グループ一九八四年　192, 193
慶應義塾　36, 37, 39, 48, 49, 81, 91
経済団体連合会（経団連）　188, 190, 191
ケイディディ　213
京阪電鉄　85
公益事業委員会　90, 94
合同土地　120
鴻池（家）　7, 9-15, 21, 22, 26, 27, 72
鴻池銀行　14
鴻池合名会社　15
甲武鉄道　56
神戸工業　179
神戸製鋼（所）　69, 144, 145, 147, 148, 170, 181
神戸造船所　50
郡山電燈　121
国際電信電話　213
国　鉄　214, 215
小林富次郎商店　101
コムデックス　234
コーリング　187
コンツェルン　128

❖さ 行

サウスランド　220

索　引　265

サッポロビール　101
サーベラス　235
三十四銀行　15
サントリー　162
山陽鉄道　37, 50
三洋電機　154, 162
三和銀行　15
シェル石油　57
四国電力　89
時事新報社　37
資生堂　101
自動車製造　128
芝浦製作所　41, 125, 184, 188
渋沢栄一記念財団　59, 61, 63-65, 67
ジフ・デイビス・パブリッシング　233, 234
ジーメンス　121
写真化学研究所　163
シャープ（早川電機）　154, 162, 233
ジーユー　231
ジョイ　187
上新電機　233
松風工業　206-208
商法会所　60
昭和製鋼所　149
昭和電工　120
昭和肥料　120
新興鉄道　121
新日本製鉄　240
新日本窒素肥料　125
鈴木商店　35, 101, 103, 108, 109
スタンダード　134, 136
住友（家，財閥）　7, 10, 15, 21, 22, 35, 56,
　120, 122
住友金属工業　144, 145, 147, 148
住友鋳鋼場　69
セイコー　240
世界銀行　196, 197
石油資源開発　129
石油配給公団　142
セコム　213
セブン＆アイ・ホールディングス　220, 221
セブン-イレブン・ジャパン　220-222, 224,

　225
曾木電気　121, 122
ソニー　162-164, 168, 172, 174-176, 178-
　181, 208, 213, 233, 240
ソニー・コーポレーション・オブ・アメリカ
　171, 172
ソフトバンク　226, 233-235, 237
ソフトバンクグループ　236, 237
ソフトバンクモバイル　237

❖た　行

第一勧業銀行　233
第一銀行　63, 71, 147, 149, 188
第一国立銀行　60
ダイエー　218, 221, 222
第五銀行　57
第三国立銀行　51, 52, 55
第三十三国立銀行　39
第十三国立銀行　14
大日本麦酒　101
第二電電（DDI）　206, 212-215
第二電電企画　213
太平洋蒸汽船会社　43
宝塚歌劇団　81, 88
橘学苑　182
ダット自動車製造　128
端豊鉄道　121
秩父セメント　184
チッソ　122, 125
中央土木　120
中華出光興産　139
中国国家電網公司　237
中国電力　89
中部電力　89, 98
中部配電　98
長津江水電　121
朝鮮銀行　124
朝鮮鉱業開発　121
朝鮮殖産銀行　124
朝鮮水産工業　121
朝鮮石炭工業　121
朝鮮窒素　121

朝鮮ビル　121
朝鮮マイト　121
朝窒火薬　121
九十九商会　42
鶴見埋築　57
帝国石油　129
帝国土材工業　120
ディーディーアイ　213
テキサス石油　134
鉄鋼統制会　146
田園都市　82
電源開発（J-POWER）　129
電電公社　→日本電信電話公社
電力中央研究所　99
電力連盟　96
東海銀行　142
東海精機　164
東京海上保険　32
東京瓦斯　57
東京銀行　142
東京高等商業　63, 71
東京出版販売（トーハン）　220
東京通信工業　163-169, 171, 172, 179-181
東京電気　101, 188
東京電灯　88, 94
東京電力　88, 89, 98, 202
東　芝　101, 154, 159, 178, 184, 188-190,
　208, 233
東芝商事　154
東　宝　81, 163
東邦電力　81, 92-99
東北電力　89
東洋汽船　57, 58
東洋窒素組合　122
東　レ　227, 232
道路公団　129, 214
戸畑鋳物　126, 128, 130
トヨタ自動車　110, 115-119, 175, 180, 213,
　215, 237, 240
豊田自動織布（自動紡織）工場　111, 112
豊田自動織機（製作所）　111, 113, 115
豊田自動紡織工場　112

豊田紡織　111-113, 115
豊田紡織廠　111, 112, 115

❖な　行

中井家　7, 22, 23, 25-27, 72
長崎造船所　46, 49
長瀬商店　105
名古屋電灯　92, 95
ナショナル会　159
ナショナル店会　154, 159
ナスダック・ジャパン　234
南海電鉄　85
南米水産　120
日産汽船　120
日産護謨　120
日産コンツェルン　120, 121, 125, 127-131
日産自動車　120, 128, 175, 180
日曹（日本曹達）コンツェルン　120
日窒火薬　121
日窒鉱業　121
日窒コンツェルン　120, 121, 124, 125, 131
日窒証券　121
日本移動通信　213
日本碍子　206
日本開発銀行　147
日本カーバイド商会　122
日本勧業銀行　33
日本機工研究所　164
日本銀行　31, 48, 51-53, 55, 144
日本光音工業　163
日本鋼管　144, 147, 148
日本鉱業　120, 127
日本興業銀行　33, 124
日本航空　206, 211, 216
日本高速通信　213
日本合同工船　120
日本国郵便蒸汽船会社　43
日本債券信用銀行　202, 235
日本産業　127, 130, 131
日本食料工業　120
日本製鋼所　69
日本製鉄　146, 147

日本生命 15
日本石油 57
日本測定器 163
日本ソフトバンク 232, 233, 236
日本炭礦 120
日本窒素肥料 121, 122, 125, 131
日本中小企業政治連盟 129
日本昼夜銀行 57, 58
日本長期信用銀行 202
日本鉄道 32
日本電工 120
日本電信電話公社（電電公社） 100, 213-215
日本発送電 90, 96
日本ビジネスランド 233
日本ベンベルグ絹糸 123
日本捕鯨 120
日本郵船 45, 47, 57, 58
ニューヨーク証券取引所 172
ノベル 233
野村財閥 35

❖は 行

博多電灯軌道 92, 93
パーソナルケアシステムズ 227
ハドソン 233
パナソニック 155, 159
播磨造船所 188
阪急百貨店 88
阪神急行電鉄（阪急電鉄） 81, 84, 88, 89, 91
阪神電鉄 85, 87
ピーオー汽船会社 43
東本願寺 38
ビジネスランド 233
日立家電販売 154
日立製作所 120, 127, 154, 178, 207, 208
日立電力 120
常陸丸 46
一橋大学 63
ファーストリテイリング 226, 227, 229-232
フィリップス 159, 206
フェアチャイルド 209

フォスターウイラー 187
福博電気軌道 91, 92
福松商会 91
府県農工銀行 33
富士製鉄 144, 147, 148
富士通 233
プラット 113, 114
ブリヂストンタイヤ 162
古河財閥 35
ブローバー 172, 180
別子銅山 7
ベル研究所 168
宝田石油 57
蓬莱社 15
北陸電力 89
ボーダフォン 215, 235
北海道拓殖銀行 33, 202
北海道電力 89
本田技研工業 162-164, 167, 169-176, 180, 181, 240
本田技術研究所 164, 166, 178, 179

❖ま 行

マーカス・サミュエル商会 57
松下政経塾 161, 162
松下電気器具製作所 157, 158
松下電器産業 154-158, 160-163, 180
松下電子工業 206, 208
丸三商会 91
丸正自動車 180
満州出光興産 139
満州重工業開発（満業） 128, 130
満州石油（満石） 137
三井（家，財閥） 7, 10, 15-22, 26, 27, 35, 36, 39, 41, 42, 44, 47, 48, 50, 56, 71, 72, 81, 107, 111, 120, 122, 125, 126, 128
三井越後屋呉服店 15, 17
三井大元方 20, 21, 41
三井銀行 35, 37-40, 81, 111, 169, 181
三井家同族会
三井広報委員会 15, 17
三井物産 39, 63, 71, 107, 125

三川商会　43
三　越　217, 218
三菱（財閥）　35, 36, 41, 43-48, 50, 56, 62,
　71, 107, 120, 122-124, 128
三菱銀行　124, 170, 171, 181
三菱合資（会社）　47, 50
三菱地所　46, 50
三菱自動車工業　46
三菱社　47
三菱重工業　46
三菱商会　43, 44
三菱電機　46, 154, 178, 208
南満州鉄道（満鉄）　33, 128, 134-136, 149
箕面有馬電気軌道　81, 82, 84-87
宮木電機　208
明治生命　50
明治屋　48
目蒲電鉄　82
森コンツェルン　120
森永製菓　101

❖や　行

安田（財閥）　35, 53, 55, 56, 58, 59, 120

安田銀行　51, 52, 55
安田商店　52, 54, 55
安田生命　55
安田屋　51, 54
八幡製鉄　144, 147, 148
ヤフー　234, 236
山一證券　202
山口銀行　15
山田炭礦　120
郵便汽船三菱会社　43-45, 47
ユニクロ　226-231
ヨークセブン　220

❖ら　行

ライオン　101
ライジングサン石油　57
理研（理化学研究所）コンツェルン　120
リーマン・ブラザーズ　202
菱電商事　154
臨時行政改革推進審議会（行革審）　191
臨時行政調査会（臨調）　191
ロッテショッピング　230

◆ 著者紹介

橘川　武郎（きっかわ　たけお）

東京理科大学大学院経営学研究科教授。東京大学名誉教授。一橋大学名誉教授。経済学博士。
1983年，東京大学大学院経済学研究科単位取得退学。
青山学院大学経営学部助教授，東京大学社会科学研究所教授，一橋大学大学院商学研究科教授を経て，2015年より現職。
専門は日本経営史，エネルギー産業論。
主要著作は『日本電力業の発展と松永安左ヱ門』（名古屋大学出版会，1995年）；『日本の企業集団』（有斐閣，1996年）；『日本電力業発展のダイナミズム』（名古屋大学出版会，2004年）；『松永安左ヱ門』（ミネルヴァ書房，2004年）；『原子力発電をどうするか』（名古屋大学出版会，2011年）；『資源エネルギー政策　通商産業政策史（10）』（経済産業調査会，2011年）；『東京電力　失敗の本質』（東洋経済新報社，2011年）；『出光佐三』（ミネルヴァ書房，2012年）；『戦前日本の石油攻防戦』（ミネルヴァ書房，2012年）；『電力改革』（講談社，2012年）；『日本石油産業の競争力構築』（名古屋大学出版会，2012年）；『歴史学者　経営の難問を解く』（日本経済新聞出版社，2012年）；『日本のエネルギー問題』（NTT出版，2013年）；『火力発電と化石燃料の未来形』（エネルギーフォーラム，2015年）；『応用経営史』（文眞堂，2016年）；『土光敏夫』（PHP研究所，2017年）；『ゼロからわかる日本経営史』（日本経済新聞出版社，2018年）など。

イノベーションの歴史──日本の革新的企業家群像
History of Innovations in Japan

2019年11月30日　初版第1刷発行

著　者　橘　川　武　郎
発行者　江　草　貞　治
発行所　株式会社　有　斐　閣

〔101-0051〕東京都千代田区神田神保町2-17
電話　(03)3264-1315〔編集〕
　　　(03)3265-6811〔営業〕
http://www.yuhikaku.co.jp/

組版・有限会社ティオ／印刷・萩原印刷株式会社／製本・牧製本印刷株式会社
© 2019, Takeo Kikkawa. Printed in Japan
落丁・乱丁本はお取替えいたします。
★定価はカバーに表示してあります。
ISBN 978-4-641-16552-6

JCOPY　本書の無断複写（コピー）は，著作権法上での例外を除き，禁じられています。複写される場合は，そのつど事前に，(一社)出版者著作権管理機構（電話03-5244-5088, FAX03-5244-5089, e-mail:info@jcopy.or.jp）の許諾を得てください。